소비자 연구방법
CONSUMER RESEARCH

CONSUMER RESEARCH

Quantitative Methods and Qualitative Methods

소비자 연구방법

정량적 분석과 정성적 분석

여정성 · 전상민 · 김소연 지음

(주)교문사

머리말

제가 방법론 강의를 한 지도 어느새 대학원에서 20년, 학부에서 10년이 지났습니다. 아주 오래 전부터 연구방법론 교재를 집필하고 싶다는 생각을 해 왔으나 이런 저런 이유로 막상 실행에 옮기지 못했습니다. 그러다 지난 가을 어느 날, 10여 년 전에 나의 방법론 수업에 있었던, 그리고 이제 새로이 방법론 강의를 시작한 전상민 박사와 김소연 박사를 만나 의기가 투합하였습니다. 두 박사님의 열정과 감탄할 만큼 신속한 수행능력이 없었다면 원고는 여전히 책의 모습을 갖추기 못한 채 책상 위에 놓여 있었을 것입니다. 또한 소비자정책연구실 박사과정의 고은경 양은 첫 번째 독자로서 예의 편집 실력을 발휘하며 원고를 꼼꼼하게 교정해 주었습니다.

책을 준비하며 가장 많이 시간을 할애한 것은 역시 책을 구성할 내용을 정하는 것이었습니다. 제일 먼저, 정량적인 분석에 한정할 것인지 아니면 정성적인 분석도 추가할 것인지 고민하였습니다. 정량적인 분석과 정성적인 분석이 혼합되어 사용되는 최근의 경향을 볼 때, 과거처럼 두 분야를 독립된 과목으로 각각 수강해야만 하는 것은 적절하지 않다는 생각이 들었기 때문입니다. 그렇다고 필요한 내용을 모두 담기에는 한 권의 지면이 턱없이 부족했습니다. 결국 두 가지 접근 방법을 다루되 그 깊이를 조절하는 것으로 타협할 수밖에 없었습니다. 그러다 보니 막상 의도와 달리 '수박 겉핥기'가 된 것이 아닌지 적잖이 걱정됩니다.

다음으로 목차를 정하며, 정량적인 접근법을 모두 다룬 후에 정성적인 접근법을 전개할 것인지, 아니면 자료 수집과 자료 분석으로 부를 나누어 두 가지 접근법을 각각 소개할 것인지를 고민해야 했습니다. 후자와 같이 전개하는 것이 두 가지 접근을 보다 쉽게 비교할 수 있겠다는 판단에 자료 수집을 먼저, 그리고 자료 분석을 후에 소개하기로 했습니다. 그러나 막상 완성본을 보니, 정량적 접근과 정성적 접근이 계속 번갈아가며 나오게 되어 너무 뒤섞어 놓은 것은 아닌가 걱정이 앞섭니다.

학부 강의가 되건 대학원 강의가 되건, 항상 강의 첫날에 가장 먼저 강조하는 점이 있습니다. 바로 연구방법론은 학교를 졸업하고 현장으로 나갈 때 학생들이 갖출 수 있는 아주 중요한 '무기'가 된다는 것입니다. 흔히 방법론을 '도구 과목'이라고 부르듯이, 방법론은 주어진 문제를 진단하고 분석할 수 있게 해 주는 중요한 도구이자 무기이기 때문입니다. 이 도구를 가지고 졸업생이 기업으로 진출하게 된다면 기업현장에서

닥친 문제를 해결하게 될 것이고, 행정 분야로 진출한다면 정책 형성과 평가단계에서 부딪친 문제를 해결해 줄 것이며, 연구 분야로 진출한다면 연구문제를 해결할 수 있게 될 것입니다.

그러나 아이러니하게도 마지막 강의에서 더 힘을 주어 강조하는 점은 조사나 통계분석의 결과를 맹신하지 말라는 것입니다. 학창시절 내내 수학 점수가 강조되는 풍토에서 자라서인지 우리는 수치만 보면 왠지 유난히 주눅이 드는 경향이 있습니다. 신문기사에서조차 '조사결과가 그렇다' 고 하면 그런가 보다 하고 쉽게 수긍하곤 합니다. 하지만 우리는 방법론을 배우기 시작하는 순간부터 누구든지 너무나 쉽게 자료를 왜곡하여 제시할 수 있다는 것을 깨닫게 됩니다.

그러므로 통계를 조금 할 줄 안다고 해서 현란한 방법을 동원하고 근사하게 제시된 통계치로 누군가를 현혹시키려 하지 말고, 또 현혹되지도 말라는 부탁을 강의를 마치며 마지막으로 당부합니다. 통계치에만 의존해서 상대방을 설득하려 하지 말고, 본인의 주장이 논리적으로 적절한가를 반드시 살펴보기를 부탁합니다. 또한, 조사 결과도 중요하지만 항상 현장을 관찰하고 경험할 수 있는 기회를 보다 많이 갖기를 부탁합니다. 그래야만 정확하게 상황을 파악할 수 있기 때문입니다.

지난 1년간 책을 준비하며 격주마다 전상민 박사와 김소연 박사를 만나며 참으로 즐거웠습니다. 똘똘한 질문으로 강사를 놀라게 하던 20대 대학생으로 처음 마주쳤던 사람들을 이제는 진지하게 의견을 나눌 수 있는 동료로 만날 수 있게 되었다는 것은 개인적으로 너무나 큰 축복이라 생각합니다. 게다가 내가 맡기로 했던 부분이 간신히 제일 늦게야 완성되는 것을 보며, '청출어람 청어람(青出於藍 青於藍)' 의 기쁨까지도 느낄 수 있었습니다.

특별히 책이 준비되는 동안 평소보다 더 오래 엄마를 기다려야 했을 전상민 박사님의 현서와 진서, 그리고 김소연 박사님의 석진에게 엄마를 대신해 미안함과 고마움을 전하며 들어가는 글을 마칩니다.

지은이를 대표하여 여정성 씀

차 례

Part I

소비자 연구의 기초

Chapter 01

소비자 연구의 개념

01 | 왜 소비자 연구가 필요한가?

현대 '소비사회'에서 개인의 일상생활에서 소비가 차지하는 비중이 나날이 커지면서, '소비', '소비자'에 대한 관심이 증폭되고 있으며, 소비자를 분석하고자 하는 조사나 연구가 다양한 학문 분야뿐만 아니라 산업 현장에서 중요한 주제로 떠오르고 있다. 상대적으로 보다 이른 시점부터 소비자를 연구해 온 마케팅이나 소비자학 분야뿐만 아니라 최근에는 법학, 사회학, 인류학, 사학 등에서도 각 학문의 독창적인 방법을 사용하여 '소비', 그리고 '소비자'에 대해 학문적으로 접근하려는 시도가 지속되고 있다.

우리나라의 가정학계에서 소비자와 소비자문제가 학문적으로 부각되기 시작한 것은 1970년대 후반이다. 가계의 경제생활을 주요 연구대상으로 하던 '가정경제'의 영역에서 소비자에 대한 연구가 자연스럽게 확대되기 시작하였으며, 이에 따라 초기에는 '가정경제 및 소비자'라는 용어가 사용되었다. 이후 1990년대에 들어서면서 점차 가정경제분야를 포함하는 광의의 소비자학이 가정학 내에서 독립된 분야로 자리잡았다.

다른 많은 학문 분야에서도 구매행위나 소비와 관련된 현상들에 대해 연구하고 있지만, 특히 소비자복지의 증진을 목적으로 하는 소비자학 에서는, 소비자에 대한 정확한 이해는 반드시 필요한 부분이다. 또한 소비자와 소비자를 둘러싼 사회, 경제, 문화적인 환경에 대한 현황을 파악하기 위해서는 분석능력을 충분히 갖추어야 하기 때문이다. 그러므로 '소비자 연구'가 소비자학에서 차지하는 위치는 매우 지대하다.

일반적으로 '연구'란 이야기하고자 하는 주제가 있을 때, 개인의 생각의 바탕으로 소설을 쓰는 것이 아니라 '자료'를 근거로 '주장'을 펼치는 것이다. 직관에 의한 판단이나 개인의 상상이 아니라 주장의 근거가 되는 자료를 여러 가지 방법을 통해 구해야 한다. 이렇게 관찰을 바탕으로 얻어진 자료를 근거로 연구문제를 검증하는 것을 경험적 연구(empirical research)라고 한다.

소비자에 대한 연구는 연구자의 관심이나 목적에 따라 탐색적 연구, 기술적 연구, 인과적 연구의 세 종류로 나눌 수 있으며, 연구의 목적에 따라 자료의 종류와 분석 방법이 달라지게 된다.

우선, 탐색적 연구(exploratory research)란 새로운 현상을 탐구하거나 정확하게 알려지지 않은 문제에 대해 규명하고자 하는 연구이다. 현황을 정확히 모르는 경우, 결과가 일치하지 않는 경우, 또는 현상이 기존의 이론으로 설명이 불가능한 경우가 이에 해당된다. 일반적으로 다른 연구의 선행단계로서 문제를 보다 명확히 파악하고 관련된 변수를 찾을 목적으로 수행하게 된다.

관찰 → 이론 개발 (귀납적 연구)

지금까지 정립된 어떤 이론도 설명하지 못하는 새로운 소비현상이 나타났다고 하자. 이때는 이론에서 시작해서 관찰로 가는 연역적 접근이 불가능해진다. 이때 취할 수 있는 연구과정은 먼저 바로 현상에 대해 관찰한 후, 관찰결과를 바탕으로 새롭게 이론으로 정립해 가는 것이다. 이를 귀납적 접근(inductive approach)이라고 한다. 이때 현상을 관찰하는 방법으로는 실험, 참여관찰, 조사연구 등 여러 가지

1 "소비자학은 소비자의 합리적 자원배분과 구매의사결정을 지원할 수 있도록 학문적으로 탐구하며 소비자의 권익과 책임을 증진할 수 있는 교육적·제도적 방안을 연구함으로써 소비자 지향적인 기업 활동과 국가경제를 가능하게 하여 소비자복지를 증진하고자 하는 학문이다."(이기춘 외, "소비자학의 재조명과 조망", 소비자학연구, 18(4), 2007, 93~111.)

다양한 자료수집 방법을 사용할 수 있다.

소비자학에서는 아무래도 최근에 새롭게 등장하는 소비 문제들에 관심을 갖다 보니 상대적으로 탐색적인 연구의 비중이 높다. 명품모조품 구매행태를 분석하는 연구, 인터넷쇼핑이라는 새로운 유통환경에서 나타나는 소비자문제에 대한 연구 등이 있다.

다음으로 기술적 연구(descriptive research)란 관심을 가진 현상에 대해 기술하고 설명하고자 하는 연구이다. 관련 상황의 특성을 파악하고 변수 간의 상호 관계를 파악하거나, 상황변화에 대해 각 변수들의 반응을 예측한 연구들이 이에 속한다.

이론 → 관찰 → 이론의 확인, 재정립

관찰을 통해 어떤 유형을 발견해 낼 수 있고, 이론을 확인할 수 있게 해 주거나 또는 기존의 이론을 반박하여 새로운 이론의 정립을 가능하게 해 준다. 이때는 경험적 일반화를 추구하기 때문에 조사연구가 주로 사용되고 있다. 예를 들면, 가계지출조사의 자료를 분석하여 가계소비 구조를 연구하거나 또는 표본조사를 통해 베이비부머세대의 특성에 대해 분석하는 연구 등이 이에 속한다.

단, 여기서 중요한 것은 특정 상황을 기술한다고 해서 모두 기술적 연구가 되는 것은 아니라는 점이다. 대표성이 확보된 표본을 분석하였을 경우에만 기술적 연구에 해당되며, 그렇지 못할 경우 탐색적인 작업을 수행한 것이라 할 수 있다. 왜냐하면 대표성이 충분히 확보되지 않았을 경우 상황을 정확하게 기술했다고 할 수 없기 때문이다.

마지막으로 인과적 연구(causal research)란 변수와 변수 간의 인과관계를 밝히고자 하는 것이다. 처음에 세웠던 가설을 지지해 주거나 또는 지지하지 못하게 되면서 이론적 설명에 적합한 증거를 발견할 수 있도록 해 주게 되며, 이를 연역적 접근(deductive approach)이라고 한다. 실험법을 이용해 다른 변수의 영향력을 통제한 후 특정 변수의 효과를 검증하기도 하지만, 수집된 횡단조사 자료를 여러 가지 통계기법을 이용하여 통계적으로 가설을 검증하여 결론을 이끌어 내기도 한다. 가계지출조사 자료를 이용하여 주부의 취업이 소비에 미치는 영향을 분석하거나, 또는 실험법을 통해 특정 광고가 구매에 미치는 영향을 실험한 연구도 이에 해당한다.

이론 → 가설 → 관찰 → 검증 (연역적 연구)

여기서 연역적 접근과 귀납적 접근을 좀 더 비교해 보자. 휘발유 가격이 올라가면 휘발유 수요와 교통혼잡률이 감소할 것인지를 예측해야 한다고 가정하자. 우리는 이미 소비자선택이론을 통해 가격과 수요 간에는 부적인 인과관계가 있음을 알고 있다. 그러므로 이 이론을 바탕으로 '가격이 올라가면 수요가 줄어든다'는 가설을 세우게 되며, 소비자조사를 통해 자료를 얻고 검증하게 된다. 이를 연역적 접근이라고 한다. 그러나 교통혼잡률에 미치는 휘발유 가격의 효과에 대해서는 알려진 바가 없다고 하자. 그러면 가설을 세울 수 없게 되며, 우선 관찰을 통해 관계를 파악하게 된다. 즉 귀납적 접근을 하게 된다. 이때 만약 부적인 관계가 나왔다면, 휘발유 가격이 올라가게 되면 교통량이 줄어 그 결과 교통혼잡률도 줄게 되었다고 설명할 수 있을 것이다. 그러므로 이론의 존재 여부에 따라 어떤 접근을 사용할 것인가가 결정된다고 할 수 있다.

위와 같이 세 가지 종류의 연구목적을 달성하기 위한 연구를 통해 새로운 이론을 규명하고 지식을 축적하는 것이 바로 학문적 탐구의 목표라 할 수 있다. 그러므로 상대적으로 새로운 학문인 소비자학에서는 새롭게 탐구해야 할 주제가 무궁무진하며, 이는 학문을 하는 사람들에게는 새로운 기회이자 도전이 될 수 있다.

02 | 어떤 절차로 소비자를 연구할 것인가?

1) 일반적인 연구의 절차

일반적으로 사회 현상을 대상으로 하는 연구는 다음과 같은 단계를 거쳐 진행된다. 이때 가설에 괄호를 한 것은 연구 내용에 따라 가설이 있을 수도 있고 또 없을 수도 있기 때문이다. 예상가능한 방향이 있다면 가설로 만들 수 있지만, 그렇지 않은 경우 가설을 세우지 않고 연구문제로 진술하게 된다.

연구 절차를 단계별로 좀 더 살펴보기로 하자.

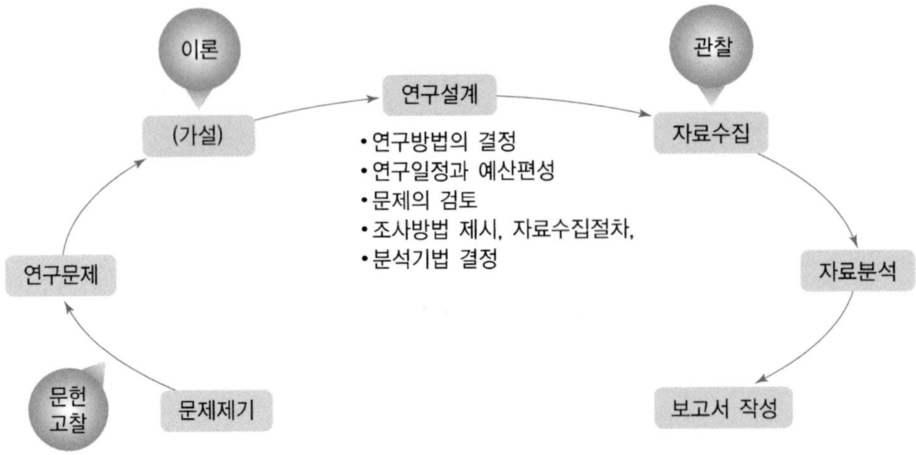

그림 1-1 연구의 절차

(1) 연구문제의 선정

연구의 첫 단계로 연구자들은 관심을 가진 연구 주제에 따라 연구문제를 선정하게 된다. 연구문제의 선정은 일반적으로 관련 문헌을 고찰하는 작업에서부터 시작되며, 학문적 중요성, 사회 상황, 개인적 관심사 등에 따라 다양하게 정해지게 된다. 그러나 어떤 연구문제일지라도 이는 관련분야의 지식축적에 반드시 기여할 수 있어야 하며 동시에 수행가능한 것이어야만 한다. 그리고 특히 실질적 유관성, 이론적 유관성, 방법론적 유관성을 반드시 고려하여야만 보다 의미 있는 연구결과를 도출할 수 있게 된다.

실질적 유관성이란 현재 상황에 얼마나 도움을 줄 수 있는지의 여부이다. 현재 소비자들이 관심을 가진 시의적절한 주제인지, 사회에 일정한 보탬이 될 수 있는 구체적인 주제인지, 또한 얼마나 많은 사람들에게 영향을 줄 수 있는지 그 영향력을 파악하여야 한다.

다음으로 이론적 유관성이란 기존의 이론과 얼마나 유효한 관계를 가지고 있는가이다. 기존 이론을 보완할 수 있는지 아니면 반박할 수 있는지, 또는 기존 연구에서 밝히지 못했던 부분을 규명할 수 있는 판단하는 것이다.

마지막으로 방법론적 유관성이란 기존의 연구들에 비해 보다 진일보한 조사방법이나 분석방법을 사용함으로 통계기법의 발전을 가져오는가를 판단하는 것이다.

표 1-1 연구문제의 선정 기준

구 분	내 용
실질적 유관성	• 시의적절성: '지금' 관심 있어야 • 구체적 실천, 정책과의 관련: 사회에 보탬이 되어야 • 광범위한 인구 또는 핵심적 중요성이 있는 사람들과의 관련 여부
이론적 유관성	• 기존 이론과의 관계 • 현존 조사연구 맹점 보완 • 일반이론과 연관성 내지 일반화 가능성 • 어떤 중요 개념 또는 관계를 규정
방법론적 유관성	• 자료수집 및 분석기법, 도구의 창안 또는 개선 • 기존의 기법으로 유용한 탐색 가능성 • 기존의 기법을 더 정교하게

출처: 김경동·이온죽(1986), 사회조사연구방법, 박영사. 참고로 수정.

선정한 연구문제를 변수와 변수 간의 관계로 서술한 것을 가설이라고 하며, 가설은 경험적으로 검증 가능하여야 한다. 이때 가설은 명료해야 하고, 가치중립적이어야 하며, 특정화되어 있어야 한다.

두 가지 변수 간의 관계는 세 가지로 나타나게 된다. 먼저 전혀 관계가 없는 경우이다. 두 번째는 동일한 또는 다른 방향으로 함께 변하는 관계이며 이를 상관관계라고 한다. 마지막으로 한 변수가 다른 변수에 영향을 미치게 되는 인과적 관계이다. 특정 현상이 야기된 원인과 그 결과 사이의 관계를 정확히 밝혀내야만 근본적인 문제해결과 올바른 의사결정을 할 수 있으므로, 인과관계의 파악은 매우 중요한 의미를 갖고 있다. 그러나 유의할 점은 인과적 관계는 이론과 상식으로 설명할 수 있어야 하며, 단지 통계적 도움을 받아 검증할 수 있을 뿐이라는 것이다.

(2) 연구설계

연구설계란 연구문제를 획정하고 그에 걸맞은 자료수집 방법과 분석방법에 대해 총체적으로 계획함으로써 보다 효율적으로 연구를 진행할 수 있도록 하는 절차이다. 우선 앞 단계에서 정한 연구문제를 어떤 연구방법으로 분석할 것인지 정하게 된다. 물론 연구방법은 연구문제에 따라 달라지게 되며, 가장 적절한 방법을 채택할 수 있도록 고민해야 한다. 그리고 연구일정과 예산 편성에 대해서도 적절하게 작성될 수 있도록 고민하여야 한다.

특히 이때 유의해야 하는 점은 연구목적에 적합한 바람직한 자료를 수집할 수 있어야 한다는 것이다. 바람직한 자료는 다음과 같이 네 가지 특성을 갖추어야 한다. 먼저 신뢰도와 타당도가 확보되어야 하며, 대표성이 있는 관찰 대상이어야 하고, 측정도구는 정확하여야 하며, 연구 절차는 적절히 통제되어 누구나 같은 절차를 밟아 관찰하면 동일한 결과를 얻을 수 있어야 한다.

(3) 자료의 수집

연구설계 과정에서 채택된 자료 수집 방법에 따라 자료를 수집하여야 하며, 수집된 자료는 적절히 방법으로 분석되어야 한다. 연구에 있어 자료는 설명의 근거가 되는 중요한 부분임으로 특히 자료 수집에 있어 만전을 기해야 한다.

자료 중 조사자료의 경우는 1차 자료와 2차 자료로 나누어진다. 1차 자료는 조사자가 직접조사를 시행하여 수집한 자료로, 이때 자료 수집 시의 실수는 비표본오류의 원인이 될 수 있다. 2차 자료는 다른 연구자에 의해 이미 수집된 자료로 통계기관이 수집해 놓은 자료들이 이에 해당된다. 일반적으로 대표성이 확보된 좋은 자료들이지만 연구목적에 정확하게 일치하는 2차 자료를 확보하기는 어렵다.

(4) 자료의 분석 및 해석

자료 분석은 단순히 자료를 기술(description)하는 것이 아니라 자료를 바탕으로 근거를 가지고 충분히 설명(explanation)할 수 있어야 한다. 수집뒤 자료에 대한 적절한 분석이 수행된 후에는 이러한 결과에 대해 의미있는 해석이 이루어져야 한다. 동일한 과정을 거쳐 실시된 연구에 의해 얻어진 동일한 자료도 분석자가 달리 해석하게 되면 상반된 결론이 도출될 수도 있다. 그러므로 연구의 최종 단계인 해석 단계에서 가치판단을 배제한 신중한 접근이 요구되며, 결과 해석에 대한 학문적 타당성의 확보는 바로 연구자의 몫이다.

(5) 보고서 작성

연구를 통해 수집된 자료를 분석한 연구결과와 함께 연구자의 주장을 담아 최종 보고서를 작성하게 된다. 보고서의 내용은 독자의 이해를 도울 수 있도록 적절한 내용으로 명쾌하고 함축적으로 편집되어야 한다. 또한 연구결과를 왜곡하여 전달하는 일이 없도록 반드시 유의하여야 한다. 특히 어떤 연구자들은 본인이 수행한 연구에 몰입한 나머지 간혹 독자의 수준을 간과한 채 전문적인 또는 학문적인 용어를 남용하여 독자의 이해를 저해하는 경우도 있다.

2) 연구계획서 작성

연구를 수행함에 앞서 연구계획서를 작성하게 된다. 주로 일정 기관에 연구비를 신청할 때 또는 연구수행 전에 수행할 가치가 있는 연구인가를 평가 받아야 할 때 필요하다. Maxwell(2005)은 연구계획서에 반드시 담겨야 할 내용에 대해 다음 아홉 가지의 질문으로 정리하였다.

- 사람들이 당신의 연구주제에 대해 보다 잘 이해하기 위해 무엇이 필요할까?
- 사람들이 당신의 연구주제에 대해 무엇을 잘 알지 못할까?
- 당신은 무엇을 연구하겠다고 제안하고 있는가?
- 당신은 어디서, 무엇에 대해 연구할 것인가?
- 당신은 자료를 얻기 위해 어떤 방법을 사용할 것인가?
- 당신은 자료를 어떻게 분석할 것인가?
- 당신은 결과를 어떻게 입증할 것인가?
- 당신 연구에 있어 윤리적인 문제는 무엇인가?
- 제안한 연구의 실용가능성과 가치에 대해 예상할 수 있는 근거가 있는가?

연구계획서에는 일반적으로 아래와 같은 틀을 따라 위에 제시된 아홉 가지 요소를 담게 된다.

- 연구 목적 및 필요성
- 연구문제 또는 가설(연구내용)
- 국내외 연구동향
- 연구방법: 연구설계, 모집단과 표본, 자료수집방법, 자료분석 방법
- 연구결과에 대한 기대효과 및 활용방안
- 참고문헌
- 연구추진 일정
- 예산서

Chapter 02

소비자 연구의 접근 방법

소비자나 소비자행동에 대한 연구는 방법론적인 측면에서 크게 정량적인 접근과 정성적인 접근법으로 나눌 수 있다. 정량적인 연구(quantitative methods research: 양적 연구)란 표준과학관 또는 실증주의적(positivism) 측면에서 모든 자료를 숫자로 측정하여 표현하고 통계적으로 분석할 수 있다는 입장이고, 정성적인 연구(qualitative methods research: 질적 연구)란 해석적 관점 또는 현상학적 관점에서 언어, 주관적 표현, 행동양식 등에서 숨겨진 의미를 찾아야 하며 객관적인 숫자로 표현될 수 없으므로 그 맥락 속에서 이해되어야 한다는 입장이다.

정량적 연구는 다양한 측정도구를 활용하여 객관적인 방법과 객관적인 절차를 통해 구조화된 양적인 자료를 수집하지만, 정성적 연구는 현지조사와 같은 관찰을 통해 비구조화된 질적 자료를 수집하게 된다. 정량적 연구는 일반화에 목표가 있지만, 정성적 연구는 특정 상황에 대해서만 기술할 뿐이다. 가장 단순하게 비교할 때는, 정량적인 연구의 자료는 숫자로 표현되는 반면, 정성적인 연구의 자료는 수치가 아닌 단어의 의미로 표현된다고도 할 수 있으며, 정량적인 연구는 폐쇄형 질문을 사용하는 데 반해, 정성적인 연구는 개방형 질문을 사용한다고도 말할 수 있다.

사회 현상의 연구에 있어 19세기 말부터 20세기 중반까지는 정량적인 분석이 주류를 이루었지만, 20세기 후반부터는 정성적인 분석에 대한 관심이 증가하게 되었으며,

최근에는 두 가지 분석법을 함께 사용하는 혼합적 접근법(mixed methods research)도 등장하게 되었다. 혼합적인 연구는 정량적인 접근과 정성적인 접근을 혼합한 방법으로, 두 가지 방법으로 수집된 자료들을 분석하게 되며, 각 방법만을 사용한 연구에 비해 좀 더 설득력이 있는 연구를 만들고자 할 때 사용되는 접근법이다.

정성적 접근과 정량적 접근은 매우 다른 시각에서 출발한 대별되는 방법이지만, 최근에는 두 가지 방법을 서로 보완적으로 사용하고 있으므로, 본서에서는 소비자에 대한 경험적 연구에 있어 정량적 접근과 정성적 접근 양쪽을 모두 다루고자 시도하였다. 지금까지 소비자 연구에서는 정량적인 연구, 특히 조사연구가 주를 이루어 왔으나, 최근에는 보다 심층적인 탐구를 위해 정성적인 접근법을 이용한 연구들도 증가하고 있으며, 두 가지 방법을 혼합한 연구들도 등장하고 있다.

01 | 정량적인 연구방법

정량적인 연구(quantitative methods research)는 표준과학적 접근(the standard view of science)에 근거한다. 표준과학적 접근이란 이론과 모형을 구성하여 연구 대상을 신중하게 관찰·측정하면 관계의 규칙성을 발견할 수 있다는 관점이다. 그러므로 연구대상을 엄격한 절차를 거쳐 관찰하고, 수량적인 자료로 표현하며, 통계적 방법론을 사용하여 분석하게 되며, 얻어진 결과를 바탕으로 일반적인 법칙을 도출해 낸다.

주로 조사연구(survey research)나 실험법(experimental research)을 통하여 연구대상에 대해 정교화된 측정방법을 사용하여 양적인 자료를 얻게 되며, 체계화된 연구모델을 갖춘 연구방법이다. 각 변수들은 측정가능하며, 변수들 간의 관계를 규명함으로써 이론을 검증할 수 있어 연역적인 접근을 하게 된다.

조사연구에서는 일반적으로 모집단에서 추출된 표본으로부터 구조화된 설문지를 사용하여 자료를 얻어 일정한 모집단의 태도, 의견 등을 양적으로 기술하거나 변수와 변수 사이의 인과관계를 파악하게 된다. 반면에 실험법은 다른 조건을 일정하게 유지할 때 특정한 변수의 변화가 어떤 결과를 가져오는지 인과적 관계를 검증할 때 사용된다. 관심 있는 변수에 대해 그 변수만의 효과를 정확히 측정할 수 있어 처치와 변수의 관계를 명확히 할 수 있으나, 사회현상일 경우 실험조건으로 설계하는 것이 불가능하다.

정량적인 연구방법에서의 문제점은 설문지법을 이용해 언어적 표현으로 수집하는 조사연구에서 원천적으로 나타날 수 있다. 설문지나 면접을 통해 연구자는 연구대상의 행위에 대한 자료를 얻으려고 하지만, 결국은 행위에 대한 자료가 아니라 '행위에 대한 보고자료' 만을 얻게 되는 경우가 생길 수 있기 때문이다. 예를 들어, 어떤 응답자는 수면시간을 질문했을 때 실제로 8시간을 취침하면서도 5시간만 잔다고 거짓 응답을 할 수도 있으며, 이때 응답자가 준 답이 정확한 것인지 그렇지 않은지를 연구자가 판단한다는 것은 사실상 거의 불가능하다. 그러므로 설문지법에서는 행위자료와 행위보고자료 사이의 차이를 줄이는 것이 연구 성과의 관건이 된다.

그동안 소비자 관련 연구들에서는 정량적인 방법이 주로 사용되어 왔다. 소비자학 분야의 대표적인 학술지인 「소비자학연구」를 창간호부터 10년간 분석한 김용준 등(1999)의 연구에 의하면 「소비자학연구」에 게재된 154편의 논문 중 73.4%(113편)가 조사연구를 수행하였으며, 주로 일정한 모집단에 대해 표본을 추출한 후 구조화된 설문지법을 이용하여 자료를 수집한 것이었다.

사용된 자료들은 대부분 연구자가 직접 수집한 1차 조사자료들이었으나, 가계소비지출 등을 분석하는 연구들에서는 공식 기관에서 수집한 2차 자료인 '도시가계조사', '가구소비실태조사', '한국가구패널조사', 그리고 '노동패널조사' 등을 연구주제에 맞게 가공하여 사용하고 있다. 2차 자료들의 경우 대표성을 확보하고자 정밀한 표집설계와 자료수집 과정을 거치기 때문에, 결과를 해석하며 경험적 일반화를 하는 것이 일면 수월하다고 할 수 있다. 그러나 연구자들이 개별적으로 수집하게 되는 1차 자료의 경우 모집단의 대표성을 담보할 수 있는 표본을 설정하기 위해 보다 주의 깊은 표집설계가 필요하며, 만약 대표성이 확보되지 못했을 경우에는 결과 해석 시 이 점을 간과해서는 안 된다.

02 | 정성적인 연구방법

정성적인 연구(qualitative methods research)는 해석적 사회과학관(interpretive social science)에 근거한다. 이 접근에서는 사회 현상을 자연 현상과 달리 주관적 의식, 의미의 상호이해를 바탕으로 일어나는 상징적 상호작용 등에서 생성되는 역동적인 현상으로 규정하기 때문에, 일반적인 법칙을 발견하여 설명하는 것보다 지속적으로 관찰하고 의미를 해석하는 일을 더 중요하게 다룬다.

정성적인 연구에서는 어떤 연구문제에 대해 개인이나 특정 집단이 부여한 의미를 탐구하거나 이해하고자 함으로 일반적으로 개인이나 집단이 놓인 바로 그 상황에서 자료를 수집하게 된다. 현지조사(field study), 참여관찰법, 심층면접, 포커스 그룹 인터뷰, 그리고 사례연구(case study) 등이 이에 해당하며, 정량적 연구방법에 비해 가능한 한 있는 그대로의 자연스러운 상황에서 왜곡되지 않은 채 관찰하게 됨에 따라 훨씬 덜 인위적이다. 또한 정량적 접근인 조사연구에서처럼 설문지를 이용해 언어적 표현만을 수집하는 것이 아니라, 느낌, 태도, 행동 등을 관찰함으로써 비언어적 자료도 동시에 수집할 수 있게 된다.

그러나 정성적인 연구에서는 관찰하고자 하는 상황을 연구자가 적절히 통제할 수 없다는 단점이 있다. 예를 들면, 슈퍼마켓에서 특정 상표의 통조림을 사러 오는 사람을 관찰하고자 하지만, 연구자가 관찰을 위해 슈퍼마켓에 머물러 있는 내내 아무도 그 통조림을 사러 오지 않을 수도 있다.

가장 근본적인 문제점은 연구자에 따라 동일한 상황에 대해서도 관찰 결과가 달라질 수 있다는 한계이다. 연구자는 가치중립적인 태도를 견지하여야 함이 분명하나, 상황을 자신의 눈으로 읽어 내야 하는 정성적인 연구에서는 연구자의 가치관이나 성향이 반영될 수밖에 없다. 그러므로 연구자/관찰자의 자질과 전문성이 연구의 매우 중요한 관건이 되며, 이때 연구자에 대한 신뢰성은 또 다른 쟁점이 될 수 있다.

최근 소비자 연구에서도 정성적 연구방법을 사용한 연구들이 새롭게 등장하고 있다. 주로 소비문화나 소비트렌드를 관찰하기 위해 현지조사나 참여관찰법을 사용하거나, 소비자정책 결정이나 집행과정에 대해 심층면접을 사용해 수행한 연구들이 있다.

먼저 소비문화와 관련된 연구들을 살펴보면 다음과 같다. 전해은(2002)은 현대 소비공간의 소비문화적 의미를 분석하기 위해 동대문쇼핑몰에서 십대 소비자들을 관찰하였다. 이준영(2009)은 명품에 대한 소비욕망을 탐구하기 위해 심층면접을 활용하였으며, 진혜은(2005)은 문헌자료를 분석하여 조선시대와 근대화기의 기능소비와 상징소비 성향에 대해 연구하였다. 또한, 이성림 등(2011)은 소비생활에서의 행복과 갈등에 대해 연구하며, 아홉 명의 소비자를 개별적으로 심층면접한 진술내용을 Colazzi가 제안한 6단계를 걸쳐 반복 분석한 후 주제 묶음을 통합하여 소비경험의 공통적인 현상에 대해 기술하였다.

한편, 소비자정책과 관련된 연구들을 보면, 이혜연(2000)의 연구에서는 제조물책임법의 입법과정에서 소비자단체들이 정책결정에 어떻게 참여했는가를 분석하기 위해 그 과정에 관여하였던 관계자들의 경험담을 청취하는 내러티브분석법(narrative analysis)을 이용하였다. 최신애(2010)는 소비자정책 전문가인 행정관료, 소비자운동가, 그리고 학자들을 심층면접한 후 표시광고규제의 성과를 평가하고 개선방안을 제시하였다. 전상민(2008)은 소비자지향적 건강강조표시제도 도입방안을 연구하기 위해 식품전문가들을 대상으로 3단계에 걸쳐 델파이분석법을 사용하여 의견을 수렴하였다.

03 | 혼합적인 연구방법

혼합적인 연구방법(mixed methods research)은 정량적인 연구방법이나 정성적인 연구방법 중 한 가지만을 채택할 경우에 야기되는 편견이나 오류를 최소화하기 위해 상대편 방법의 장점을 활용하기 시작하며 새로이 등장한 일종의 융합적 접근법이다. 기존의 두 가지 연구방법에 비해 상대적으로 잘 알려지지 않았으며, 그동안 다차원법(multi-method), 융합적 방법(convergence method), 통합적 방법(integrated method), 결합적 방법(combined method) 등의 단어들이 사용되어 왔다.

과거에는 정량적 접근을 주장하는 학자들과 정성적 접근을 주장하는 학자들이 서로 상대방 방법론의 한계를 지적하고 비판하며 상대를 인정하지 않는 경향이 있었다. 그러나 1970년대에 들어서면서 서로 각자의 연구방법에는 일정 부분 한계가 있다는 것을 인정하고, 상대방의 연구방법론에 대해 관심을 가지기 시작했다.

예를 들면, 사회현상을 연구하는 학자들 중에 일반적으로 정량적 접근을 해 왔던 사회학자들과 정성적인 접근을 해 온 인류학자들 사이에 논란이 있었다. 양적인 자료를 분석하는 사회학의 연구결과는 너무나 피상적이라는 점이, 질적인 자료를 분석하는 인류학의 연구결과는 너무나 협소한 지역을 다루고 있어 일반화할 수 없다는 한계점이 부각되었다. 그 결과 사회학자들은 정성적인 방법론에, 인류학자들은 정량적인 방법론에 대해 관심을 갖고 장단점을 살피기 시작하였다.

혼합적인 연구방법에서는 정량적인 방법과 정성적인 방법을 연구단계별로 적절하게 혼합하여 다양하게 사용하고 있다. 예를 들면, 정량적 접근 시 설문지를 개발하기 위해 정성적 방법의 하나인 포커스그룹 인터뷰를 이용하기도 하며, 정량적 분석으로 얻은 결과를 설명하면서 보다 상세히 파악하기 위해 새로이 포커스그룹 인터뷰를 실시하기도 한다. 또한 정성적으로 수집한 자료를 분석하며 해당 지역에 대해 정량적 분석으로 얻어진 거시적인 양적 자료를 참고하기도 하며, 연구의 초기 단계부터 양 방법을 균등하게 사용하기도 한다.

그림 2-1 첫 번째 경우의 예로, 나종연 등(2010)의 연구에서는 명품모조품 소비 현상을 연구했는데, 연구 초기에 명품모조품을 많이 구입하고 있는 소비자들을 연령대별로 한 명씩 섭외해 심층면접을 진행하였으며(정성적 접근), 그 결과를 바탕으로 조사연구(정량적 접근)를 위한 설문지를 개발하였다.

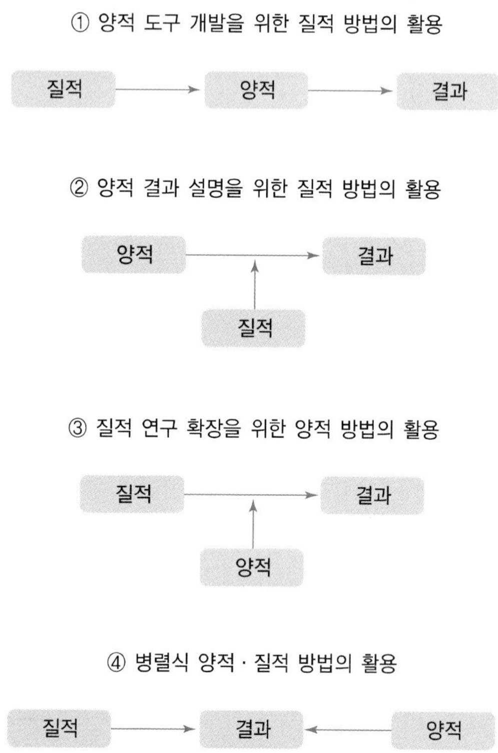

그림 2-1 혼합적 연구방법

출처: Tashakkori & Teddlie, Mixed Methodology: Combining Qualitative and Quantitative Approaches, Sage Publications, Inc, 1998. 통합연구방법론, 학지사, 2001.

그림 2-1 두 번째의 경우로, 여정성 등(2011)의 연구에서는 소비자들의 녹색상품 구매를 연구했는데, 정량적 접근인 조사연구를 사용한 후 정성적 접근인 포커스 그룹 인터뷰를 추가로 수행함으로써, 양적 조사의 결과에 질적 조사결과를 보완하여 심도 있게 결과를 해석하고자 하였다.

그림 2-1 세 번째의 경우로, 천경희(2006)의 연구에서는 연구자가 교환도구의 하나인 공동체 화폐운동 커뮤니티에 직접 참여하여 관찰하고, 참여자들을 심층면접하여 소비자주의적 함의를 도출하였다. 더불어 공동체 화폐에 대한 세계적인 경향을 파악하기 위해 양적으로 파악된 자료를 보완하여 사용하였다.

그림 2-1 네 번째의 경우로, 전미영(2011)은 소비에서 나타나는 행복의 특징을 규명하기 위해 질적 방법론을 활용해 탐색하였으며, 소비에서 발현되는 소비자행복의 수준과 영향요인을 규명할 때는 조사연구법을 사용하였다. 이를 통해 소비가 갖는 본질적인 특성에 보다 더 구체적으로 접근할 수 있었다고 생각된다.

Part II

자료의 수집

Chapter 03

자료의 측정

01 | 자료의 측정 단위

1) 정량적 자료의 측정

정량적 자료의 측정이란 실제 소비자가 인식하고, 느끼고, 행동하는 경험적인 현상을 이론적으로 수치화하는 작업이다. 예를 들어, A사 핸드폰이 얼마나 마음에 드는지를 일정한 규칙을 바탕으로 측정할 수 있다. 매우 마음에 든다면 5점, 보통이면 3점, 전혀 마음에 들지 않는다면 1점으로 측정할 수 있고, 여러 핸드폰 중 마음에 드는 순서대로 순위를 매길 수도 있다(1~5위). 또한, 디자인이 최신식이면 7점, 완전히 구식이면 1점으로 측정할 수도 있는데, 디자인이 최신식도 완전히 구식도 아닌 중간쯤이 된다면 4점으로 수치화할 수 있다.

정량적 자료의 측정에서 중요한 것은 연구자가 알고 싶은 이론적 개념(예: 선호도, 만족도)을 연구주제에 적합하도록 조작적으로 정의하는 것과 이를 일정한 규칙에 맞춰 수치화하는 것이다. 여기에서 조작적 정의란, 하나의 개념을 설문문항으로 만들어 응답자의 의견을 수치로 측정할 수 있도록 상세하고 구체적으로 정의하는 것을 말한다. 연구자는 응답자가 쉽고 편하게, 그리고 신속하게 응답할 수 있도록 측정의 수준을 정하고 척도를 구성해야 한다. 또한, 향후 자료를 분석할 때, 측정

수준에 따라 사용가능한 분석 기법이 달라지므로 연구자는 본인이 사용할 것으로 예상되는 분석 기법까지 감안하여 자료의 측정 수준을 결정하여야 한다.

(1) 측정 수준

측정이란 일정한 규칙에 따라 수치를 매기는 작업이다. 측정된 자료의 수치(예: 5점 만점 중 3점)는 의미를 가지며, 측정되는 수준에 따라 그 의미의 해석이 달라진다. 하지만 모든 대상에 대해서 원하는 측정 수준을 적용시킬 수 있는 것은 아니다. 측정하고자 하는 대상의 속성에 따라 측정할 수 있는 수준이 달라지기 때문이다. 예를 들어, 소비자가 평소 좋아하는 백화점 브랜드를 조사할 때 ① A백화점, ② B백화점, 이렇게 제시된 보기 중 하나를 선택하라고 한 경우, 1과 2는 서로를 구분하는 정도의 측정 수준을 가질 뿐 B백화점이 A백화점보다 2배 높은 선호도를 가지는 것은 아니다. 반면, 한 달에 A백화점과 B백화점을 각각 몇 번 방문하는지를 조사한다면, A백화점의 방문 횟수 2회와 B백화점의 방문 횟수 1회는 서로 비교가 가능한 측정 수준이 된다. 즉, A백화점을 B백화점보다 두 배 더 자주 방문한다고 말할 수 있는 것이다. 이 경우에 1과 2는 측정된 수치 간의 비율계산까지 가능한 측정 수준을 가진다.

소비자분석에서 일반적으로 사용되는 측정 수준은 명목, 서열, 등간, 비율척도 등의 네 가지가 있다. 일반적으로 측정 도구에 척도(예: 리커트척도)라는 용어를 사용하므로, 측정 수준에 '척도'라는 용어를 사용하는 것은 엄격한 기준에서는 맞지 않다. 하지만 측정 수준에서 척도(예: 명목척도)라는 용어가 널리 사용되므로, 이 둘을 혼동하지 않도록 주의하여야 한다.

- 귀하의 성별은 무엇입니까?
  ① 남성　　② 여성
- 귀하는 자동차를 갖고 계십니까?
  ① 가지고 있다.　　② 가지고 있지 않다.
- 아래 제시된 커피숍 브랜드 중, 이용한 경험이 있는 브랜드를 모두 골라 주십시오.
  ① 스타벅스　　② 커피빈　　③ 할리스커피
  ④ 카페베네　　⑤ 기타(직접 적어 주십시오.)

측정 수준은 앞서 설명한 바와 같이 측정하고자 하는 대상, 즉 변수의 성격에 따라 결정된다. 명목척도란, 측정 대상의 특성을 확인하거나 분류하기 위하여 수치를 부여하는 척도이다. 여러 척도 중에서 가장 기초적인 측정 수준으로, 제공하는 정보의 양이 가장 적고, 빈도분석과 분할표 분석이 가능한 척도이다.

여기에서 '1.5' 라는 수치는 남성과 여성의 중간쯤 되는 성별이 될 수 없으며, 자동차를 소유한 것도 아니고, 소유하지 않은 것도 아닌 상태(예: 자동차 렌트)를 의미하지도 않는다. 응답자가 세 번째 문항에서 4번(카페베네)을 골랐다고 해서 카페베네가 1번 스타벅스보다 4배 더 좋은 브랜드라고 할 수도 없다. 명목척도에서 수치(1, 2, 3)는 단순히 각 보기 간의 구분을 위한 것이며 수치 간의 비교, 연산은 불가능하다.

서열척도란 측정 대상들의 순서 관계를 나열하여 해당 순위를 수치화하는 척도이다. 앞서 설명한 명목척도의 성격(측정 대상의 구분)에 추가하여 서열화(높음/낮음)할 수 있어 명목척도보다 높은 수준의 척도이다. 서열척도는 빈도분석과 분할표 분석에 추가하여 서열상관관계(spearman, kendall-tau) 분석이 가능하다.

• 귀하는 우리 사회에서 어느 계층에 속한다고 생각하십니까?

① 하층 ② 중하층 ③ 중상층 ④ 상층

• 귀하의 최종학력수준을 선택하여 주십시오.

① 중졸 이하 ② 고졸 이하 ③ 대졸 이하 ④ 대학원졸 이상

• 귀하의 연령대를 선택하여 주십시오.

① 10대 ② 20대 ③ 30대

④ 40대 ⑤ 50대 ⑥ 60대 이상

위 문항들에서 2번은 1번에 비해 높은 사회계층, 높은 학력수준, 높은 연령대를 의미하고, 1번에서 4번으로 갈수록 순서대로 서열이 높아진다. 그러나 '1.5' 라는 수치가 각 문항별로 하층과 중하층의 중간 계층을, 고등학교 중퇴를, 15세를 의미하지 않는다. 즉, 명목척도와 달리 수치 간 비교는 가능하나, 명목척도와 마찬가지로 수치 간 연산은 불가능하다.

등간척도란 측정 대상 간의 순위를 나열할 뿐 아니라 수치 간의 간격이 동일하여 측정 대상 간의 크기 비교와 수치 간 연산이 가능하며 명목, 서열척도보다 높은 수준의 척도이다. 소비자의 인식 및 태도, 행동의 정도를 측정하는데 많이 사용되

어 소비자분석에서 활용도가 가장 높다. 등간척도에서는 1보다 2가 크고, 1과 3의 평균이 2라고 분석할 수 있어 모든 정량적 분석(평균차이 검정, 인과/비인과 관계분석)이 가능하다.

- 귀하는 현재 사용하고 계신 핸드폰의 통화품질에 만족하십니까?
  ① 매우 불만족 ② 대체로 불만족 ③ 보통
  ④ 대체로 만족 ⑤ 매우 만족
- 귀하는 향후 A브랜드의 가방을 구입할 계획이 있으십니까?
  ① 전혀 그렇지 않음 ② 그렇지 않음 ③ 보통
  ④ 그러함 ⑤ 매우 그러함
- 귀하의 연령을 직접 적어 주십시오.
  만 (   ) 세

위 문항들의 경우, 소비자들이 응답한 자료를 바탕으로 만족도와 구매의도, 그리고 소비자 연령의 평균을 산출할 수 있다. 여기에서 '1.5'는 1과 2의 평균이라고 할 수 있다. 첫 번째 문항에서 5는 1보다 높은 만족도이고, 1에서 5로 갈수록 같은 수준만큼 만족도가 높아진다고 해석할 수 있다. 다만, 절대영점이 존재하지 않아 비율계산은 불가능하다. 절대영점이란 임의영점과 달리 전혀 아무것도 없는 상태로, 무게(0kg은 아무 무게도 없는 상태임)가 대표적인 예이다. 등간척도에서는 임의영점이 존재하는데, 예를 들어 문항 3번의 경우 0세라고 하여도 나이가 존재하지 않는 것은 아니다. 30세와 10세의 평균을 20세라고 할 수 있으나, 30세가 10세보다 3배 더 늙었다고는 해석할 수 없다. 등간척도의 대표적인 사례인 온도의 경우도 마찬가지로 0도라고 해서 온도가 사라진다고 할 수는 없다(임의영점).

비율척도란 측정 대상 간의 분류, 순위나열뿐만 아니라 수치 간 간격이 동일하고 절대영점까지 갖고 있어 가장 높은 수준의 척도로 비율 계산(곱하기/나누기)을 포함한 모든 연산이 가능하다. 즉, 비율척도에서 3은 1보다 2가 더 크고, 1의 3배라고 해석할 수 있다. 등간척도와 마찬가지로 모든 정량적 분석(평균차이 검정, 인과/비인과 관계분석)이 가능하다.

여기에서 20만 원에 핸드폰을 구입한 소비자의 경우, 10만 원에 핸드폰을 구입한 소비자보다 2배 비싼 가격을 지불했다고 할 수 있고, 월 가계소득이 450만 원인 가계는 150만 원인 가계보다 3배 더 높은 소득수준을 가진다고 해석할 수 있다.

위 두 문항에서 '0'은 절대영점으로 핸드폰을 공짜로 구입했거나 소득이 전혀 없다는 것을 의미한다.

> • 귀하는 현재 사용하고 계신 핸드폰을 얼마에 구입하셨습니까?
> 실제 지불하신 금액을 직접 적어 주십시오.
> (　　　)원
>
> • 귀하 가정의 월 가계소득을 직접 적어 주십시오.
> 월 (　　　)만 원

위에서 살펴본 네 가지 측정 수준을 정리하면, 아래 표 3-1과 같다. 여기에서 주의해야 할 점은 보다 높은 수준의 등간·비율 척도를 명목·서열 척도를 주로 이용하는 빈도분석이나 분할표 분석 등의 분석법에 의존하여 활용할 경우 정보의 손실이 발생할 수 있다는 점이다. 또한, 등간·비율 척도로 측정이 가능한 측정 대상을 명목·서열 척도로 측정할 경우에는 평균차이 검정이나 인과관계 분석 등의 추가적인 분석이 불가능하다. 따라서, 연구자는 연구주제에 적합하면서 측정 가능한 가장 높은 수준의 척도를 선택하여야 정보의 손실을 최소화하면서 정교한 분석을 할 수 있음을 명심해야 한다.

표 3-1 측정 수준별 사용 목적 및 특성

구 분	분 류	순위 비교	수치 간 동일한 간격	절대영점	연산 범위	활용 가능한 분석법
명목척도	V				불 가	빈도분석, 분할표 분석
서열척도	V	V			불 가	빈도분석, 분할표 분석, 서열상관관계 분석
등간척도	V	V	V		+, −	빈도분석, 분할표 분석, 평균차이 검정, 인과/비인과관계 분석
비율척도	V	V	V	V	+, −, x, ÷	

(2) 척 도

척도란 측정을 하기 위한 도구로, 설문문항 또는 설문문항의 보기라고 할 수 있다. 어떤 개념을 측정할 때 자료의 질을 높이기 위하여 여러 문항을 이용하는 것이 일반적인데, 이 때 각 문항들이 해당 개념을 정확하고 충분히 설명할 수 있도록 척도를 구성하여야 한다. 예를 들어, 스마트폰의 주요 기능을 소비자가 얼마나 손쉽게 사용하고 있는가를 측정하기 위하여 버튼 조작, 화면 터치, 카메라 기능의 사용 용이성에 대한 평가 문항을 작성할 때, 문항별 평가를 "매우 쉽다-쉬운 편이다-보통이다-어렵다-매우 어렵다"의 5점 척도로 구성할 수 있는데, 이것이 측정을 하기 위한 도구, 즉 척도이다. 여기에서 "매우 쉽다"에는 5점, "매우 어렵다"에는 1점을 부과하여 수치화한 것이 앞서 설명한 측정 수준으로서의 척도로, 각 문항별 평가는 등간척도로 측정되었다고 할 수 있다.

소비자분석에서 많이 사용되는 척도로는 순위척도(차이발생법), 리커트척도(등급법), 어의차이척도(양적판단법) 등의 세 가지가 있다. 일반적으로 순위척도는 서열척도로 수치화되고, 리커트척도와 어의차이척도는 등간척도로 수치화된다.

순위척도란, 측정 대상들을 서로 비교하여 주어진 기준에 따라 순위를 정하는 척도를 말하는데, 측정 대상 모두의 순위를 정하는 방식과 측정 대상 중에서 우선순위 2개 또는 3개를 골라 순위를 정하는 방식이 있다. 순위척도는 비교를 통한 측정이기 때문에 응답자가 쉽고 빠르게 응답할 수 있다는 장점이 있다. 따라서, 측정 대상 모두의 순위를 정하게 할 경우에는 5개 이내로 측정 대상의 수를 제한하여 응답자가 쉽게 응답할 수 있도록 하는 것이 좋다.

- 귀하는 향후 휴대폰을 바꿀 때, 어떤 이동통신회사의 서비스를 선택하시겠습니까?
  선택하고 싶은 이동통신회사의 순서대로 해당 번호를 적어 주십시오.
  1순위 (　), 2순위 (　), 3순위 (　)
  ① SK텔레콤　　② KT　　③ LG U+
- 색조화장품 광고모델로 가장 적합하다고 생각되는 여자 연예인은 누구입니까?
  아래 제시된 여자 연예인들 중, 적합하다고 생각되는 순서대로 2명을 골라 주십시오.
  1순위 (　), 2순위 (　)
  ① 송혜교　　② 이민정　　③ 이효리
  ④ 김태희　　⑤ 아이유　　⑥ 한가인

만약, 소비자가 1순위에 1번 SK텔레콤, 2순위에 2번 KT를 선택했다면, 1번이 2번보다 상위의 수준이라고 할 수 있다. 단, 이 문항들에서 측정한 수치는 서열척도이므로, 1번인 송혜교가 가장 적합한 모델이라고 할 수는 없다. 순위척도에서는 수치를 서열화한 결과가 제시되므로 평균값 산출 등의 연산은 할 수 없고, 빈도분석과 분할표 분석, 서열상관관계 분석이 가능하다.

리커트척도란 문항에 대한 소비자의 가치, 의견, 태도 등을 매우 긍정(5점)부터 매우 부정(1점)까지로 점수화하되, 각 구간이 같은 간격이라고 간주하는 대표적인 등간척도이다. 엄격하게 말하면 서열척도이나, 분석의 편의와 다양한 분석방법을 사용하기 위하여 등간척도로 간주되어 흔히 사용된다. 소비자분석에서 활용도가 매우 높은 척도로, 5점 또는 7점 척도가 많이 사용된다.

- 귀하는 공정무역 제품을 구입할 계획이 있으십니까?
  ① 매우 그렇다　　② 그렇다　　③ 보통이다
  ④ 그렇지 않다　　⑤ 전혀 그렇지 않다
- 아래 제시된 스마트폰 사용에 대한 귀하의 의견을 표시해 주십시오.

	매우 긍정	긍정	보통	부정	매우 부정
① 스마트폰은 편리하다	5	4	3	2	1
② 스마트폰은 재미있다	5	4	3	2	1
③ 스마트폰은 유용하다	5	4	3	2	1

첫 번째 문항에서 공정무역 제품의 구매의도가 평균 3.5점(5점 만점)이라면, 보통 이상의 구매의도가 있다고 분석할 수 있다. 두 번째 문항인 스마트폰에 대한 태도 문항들의 평균값을 산출하면 소비자의 전반적인 태도점수를 제시할 수 있고, 이 평균값을 바탕으로 다양한 정량적 분석기법을 사용할 수 있다(예: 스마트폰 사용태도가 스마트폰 구매에 미치는 영향).

어의차이척도란 척도의 양 끝에 서로 반대되는 형용사를 배치하여 5점 또는 7점으로 측정하는 척도로, 소비자태도를 측정하는 데 유리하다. '맛있다-맛없다, 비싸다-싸다, 고급스럽다-대중적이다' 등으로 단순히 긍정·부정, 호불호가 아닌 직접적인 묘사가 가능하여 소비자가 쉽고 편하게 응답할 수 있다. 척도 간 간격은 동일하다고 간주하여 등간척도로 측정되기 때문에 이용할 수 있는 정량적 분석기법에 제약이 없어 리커트척도와 함께 소비자분석에서 활용도가 매우 높다.

• 아래 제시된 스마트폰에 대한 귀하의 의견을 표시해 주십시오.

①	스마트폰은 편리하다	5--------4--------3--------2--------1	불편하다
②	스마트폰은 재미있다	5--------4--------3--------2--------1	지루하다
③	스마트폰은 유용하다	5--------4--------3--------2--------1	쓸모없다

위의 예시는 앞서 설명한 리커트척도의 사례에서 제시한 스마트폰 사용 태도를 어의차이척도로 재구성한 것이다. 수치화하는 작업은 5점 등간척도로 동일하나, '불편하다, 지루하다, 쓸모없다' 등의 태도를 측정하는 반대되는 형용사를 활용하여 언어와 수치를 혼합한 형태를 가진다.

2) 정성적 자료의 측정

정성적 자료의 측정이란, 소비자가 표현하고 행동한 응답들을 자료화하는 작업이다. 여기에서 '자료화'에 포함되는 자료의 범위는 영상자료, 음성자료, 문서자료, 수치자료 등으로 정량적 분석에서 측정하는 자료의 범위보다 넓다. 정성적 자료의 측정은 정량적 자료의 측정과 달리, 사전에 정해진 구체화된 측정 단위가 없고 조사실행 현장에서 측정된 자료에 근거하여 측정 단위가 생성된다. 예를 들어 대형할인점에서의 소비행동을 측정할 때, 30대 기혼여성이 카트에 아이를 태우고 물건을 고른다면, 동반자에 자녀를 추가하고 아이와의 상호작용이 예상되지 않은 항목이라고 할지라도 즉각적으로 측정하여 분석에 반영하여야 한다. 또한 장보기를 마친 소비자를 대상으로 간단한 인터뷰를 진행할 때, 자녀와의 동반 상황에 대해서도 질문을 추가하여야 한다.

정성적 자료의 측정은 정량적 자료의 측정과 달리 사전에 체계화된 측정단위를 마련할 수 없지만, 조사 실행 전에 가이드라인을 작성하여 활용함으로써 원활한 조사 진행과 효과적인 자료 측정에 도움을 받을 수 있다. 정성적 자료 측정에 있어 가이드라인은 정량적 자료 측정의 설문지와 유사한 역할을 하는데, 측정해야 할 핵심적인 항목들을 정리한 가이드라인은 조사 진행과정에서 중요한 기준이 된다.

(1) 가이드라인

정성적 분석에서의 가이드라인은 자료 측정을 위한 지침으로, 연구 목적을 달성하기 위하여 반드시 측정해야 할 항목들을 정리한 것을 말한다. 일반적으로 최소 2~3개에서 최대 5~6개의 연구 주제를 선정하여 각 연구 주제별로 보다 구체적인 질문들을 마련한다. 질문 순서는 일상적이고 대답하기 쉬운 것에서부터 구체적이고 연구 주제에 근접한 것 순으로 배열하여야 한다. 이를 통해 조사대상자가 편안하게 응답할 수 있는 분위기를 만들 수 있고, 조사대상자의 일상생활과 소비생활 관련 자료를 함께 측정하여 이들 간의 연결고리를 찾을 수 있다.

예를 들어 자동차 소비에 대해 연구할 때, 가족생활, 여가생활, 직장생활 등을 모두 물어본 후에(또는 관찰이나 사진, 일기, 기록 등을 통한 내용분석을 수행) 어떤 자동차를 샀는지, 좋은 점과 불편한 점은 무엇인지 등을 물어볼 수 있다. 이때, 자녀출산으로 가족 인원수가 증가했다거나, 출퇴근 거리가 멀어서 연비가 좋은 자동차를 사야 했다거나 등의 이유가 자동차 구매결정의 중요한 단서로 발견될 수 있을 것이다. 아이용으로 치즈를 구입하는 기혼여성을 대상으로 한 치즈 소비 포커스그룹 인터뷰의 가이드라인 일부를 소개하면 아래와 같다.

- 워밍업-Ice Breaking(10분)
  (상세내용 생략)
- 자녀에 대한 이야기(15분)
  - 자녀 수, 성별, 연령, 현재 건강 및 발육 상태
  - 자녀 건강에 대한 인식, 기대, 건강을 위한 활동
  - 자녀 건강식에 대한 인식, 현재 구입하고 있는, 또는 과거 구입 경험이 있는 제품이나 건강보조식품/구입 이유/가격대
- 낙농제품에 대한 이야기(20분)
  - 우유에 대한 이야기: 주 구입(선호하는) 제품/이유/브랜드/제조사/가격대
    (구입하는 제품과 선호하는 제품이 다르다면, 이유 반드시 파악할 것)
  - 치즈에 대한 이야기: 상동
- 치즈 제품과 브랜드에 대한 이야기(20분)
  - 치즈 제품 선택 시, 주 고려 사항: 가격, 프로모션, 브랜드, 유기농, 맛, 편의성 등
  - 구입 장소, 구입 주기, 구입 후 만족도
- OO사의 ##브랜드 치즈 제품에 대한 이야기(20분)
  - 해당 제품 제공, 취식 후 관능 테스트(맛, 향, 식감, 색상, 포장디자인)
  - 제품 만족도, 주위 사람들의 반응
  - 구입 경험 및 향후 구매 의도
  - 제품의 장단점 (이하 생략)

위에서 제시한 가이드라인을 살펴보면, 자녀와 자녀의 건강 및 식생활에 대한 자료 측정이 먼저 이루어진 후에, 대표적인 낙농제품인 우유를 시작으로 연구 대상인 치즈에 대한 내용들이 조사 후반부로 갈수록 구체적으로 제시됨을 알 수 있다. 또한, 가이드라인에 포함되어야 할 특정 제품이나 브랜드가 있는 경우, 가급적 가이드라인의 가장 후반부에 두는 것이 좋다. 특정 제품이나 브랜드를 먼저 평가한 다음 조사가 진행된다면, 조사대상자들은 편향된 의견을 제시할 수 있고, 구매결정의 배경이나 이유에 대한 조사가 어려워질 수 있기 때문이다.

위에서 제시한 가이드라인을 바탕으로 한 자료 측정 결과 중에서 일부를 제시하면 다음과 같다. "자녀가 1명이고 성조숙증이 염려되는 여자아이를 둔 조사대상자의 경우에 특히 자녀의 건강에 관심이 많고, 영양성분과 첨가물, 유기농에 대한 지식수준이 높으며, 가격과 프로모션보다는 우유와 치즈를 유기농 제품에 한정하여 비교적 고가격에 구입한다." 이처럼 자녀에 대한 이야기, 일반적인 식생활과 대표적인 낙농제품인 우유에 대한 자료를 함께 측정함으로써 보다 편안한 현장 분위기를 유도할 수 있고, 구매결정의 배경과 직·간접적인 이유도 파악할 수 있다. 연구자는 가이드라인을 활용하여 중요한 질문을 빠짐없이 할 수 있고, 조사 진행을 사전에 예상할 수 있어 보다 능숙하게 자료를 측정할 수 있다. 만약 가이드라인에 없는 내용이 예상치 않게 측정되었고, 그 내용이 연구주제와 매우 밀접하게 관련이 되거나 새로운 것으로 가치가 있다고 판단되면, 기존의 가이드라인을 즉석으로 수정·보완하는 융통성 있는 조사 수행이 필요하다.

(2) 삼각측정

삼각측정(triangulation)이란 소비자와 관련된 경험적 현상을 다양한 방식으로 측정하여 도출된 결과들을 상호 비교하면서 이를 조합해 가는 작업을 말한다. 정성적 자료를 측정할 때 자료의 질을 높이기 위해 삼각측정을 이용하는 것이 바람직한데, 삼각측정을 통해 측정값을 비교·검토할 수 있어 누락되거나 잘못된 측정을 바로잡을 수 있기 때문이다. 삼각측정의 유형은 연구자 삼각측정, 자료의 삼각측정, 자료수집방법의 삼각측정의 세 가지로 나눌 수 있고, 연구자는 측정한 결과물이 서로 일치하는지, 누락된 내용은 없는지 검토하여 자료의 일관성을 높이고, 연구자로시의 시야를 넓힐 수 있다.

연구자 삼각측정이란 여러 명의 연구자가 연구에 참여하는 것을 말한다. 정성적 연구는 연구자가 가장 중요한 연구 도구이기 때문에 연구자의 개성이 연구에 반영될 수밖에 없다. 이에 한 명의 연구자가 연구를 전담할 경우, 해당 연구자의 가치관이나 성향이 왜곡된 측정 결과를 도출할 수 있다. 따라서, 복수의 연구자가 측정에 참여하는 것이 좋은데, 이 때 추가로 참여하는 연구자의 역할이 단순보조나 업무분담이 아니라 모든 측정 과정에서 함께 연구를 진행하는 주도적인 역할이어야 한다. 또, 공동 연구자 및 응답자의 점검(member checking), 동료 보고(peer debriefing), 외부 감사(external audit) 등을 통하여 연구에 직접 참여한 공동 연구자와 응답자뿐만 아니라 연구과제에 익숙하지 않은 동료 연구자나 외부 전문가의 객관적 점검을 받아 측정이 이루어져야 한다.

자료의 삼각측정이란 하나의 경험적 현상을 다양한 시점과 장소에서 측정해 보고, 다양한 자료원(출처)을 활용하는 방법이다. 예를 들어 빵에 대한 관능(맛, 향, 식감 등) 테스트를 할 때, 여러 사람들과 식당에서 먹을 때와 집에 가지고 가서 식구들과 함께 먹을 때의 소비자 평가는 다를 수 있다. 또한 식사 전과 식사 후에 먹는 빵에 대한 평가도 상이할 수 있으므로 연구자는 여러 상황에서의 상이한 평가들을 모두 측정하여 누락된 부분을 보완하고, 반대되는 이야기에 대한 추가적인 논의를 진행하여야 한다. 연구 대상을 관찰하고 인터뷰한 녹음, 영상자료뿐만 아니라 조사 환경의 특성이나 연구자의 감정, 경험 등을 기록한 현장노트도 자료 측정에 중요한 자료원이 된다. 현장노트(field note)란, 연구자가 조사 과정에서 느낀 감정이나 인상, 평가 등을 연구자가 직접 메모한 자료로, 관찰이나 인터뷰에서 도출된 내용을 해석한 것까지 포함되므로 연구자는 연구 시작시점부터 종료되는 시점까지 가급적 상세하게 기록하는 것이 좋다. 실제 조사 과정 중에는 기록이 어려운 경우가 많으므로 관찰이나 인터뷰 등 조사가 종료된 직후, 바로 그 자리에서 기억나는 모든 것을 기록하는 습관을 들이는 것이 필요하다.

자료수집방법의 삼각측정은 자료수집방법을 다양하게 구성하는 작업을 말한다. 일반적으로 관찰을 가장 기본적으로 하고, 포커스그룹 인터뷰나 심층면접 또는 내용분석 등을 추가하는 경우가 많다. 연구자는 다양한 자료수집방법을 병행하여 각각의 도출된 측정 결과가 부합되는지, 상반되는 내용이 있을 경우 그 이유는 무엇인지를 검토하여야 한다. 최근에는 정성적 자료수집방법과 정량적 자료수집방법을 병행하여 측정하는 경우가 증가하고 있는데, 예를 들어 조사연구(설문지법), 관찰, 포커스그룹 인터뷰 또는 조사연구(설문지법), 내용분석, 심층면접 등을 병행하기도 한다.

02 | 자료의 신뢰도와 타당도

1) 정량적 자료의 신뢰도와 타당도

정량적 자료의 측정값은 측정이라는 임의의 절차를 거치므로 실제값과는 다르게 나타난다. 예를 들어 지금 살고 있는 집에 대한 만족도를 측정할 때, 5점 만점에 4점이라고 응답했다고 해도 만족도의 실제값은 4.1점일 수도 있고, 3.9점일 수도 있다. 앞서 설명한 리커트척도(5점 만점)의 경우, 4,1점이나 3.9점은 설문지의 보기 항목에 없기 때문에 또는 정확하게 말하기 귀찮아서 소비자는 "어림잡아 4점?" 이라고 응답한다. 이처럼 측정값에는 실제값에 필연적으로 측정오차(measurement error)가 추가되는데, 자료의 측정 과정에서 발생하는 측정오차는 확률적 오차(random error)와 체계적 오차(systematic error)로 구성된다.

측정값 = 실제값 + 확률적 오차 + 체계적 오차

확률적 오차는 일정한 방향 없이 발생하는 오차로, 응답자의 기분, 조사장소의 분위기, 면접원의 응대태도 등에 무작위로 영향을 받으며 자료의 신뢰도와 관련된다. 이에 비해 체계적 오차는 일정한 방향으로 발생하는 오차(편향: bias)로, 설문 문항의 잘못된 구성, 표집의 문제점 등 특정한 변수에 의해 체계적으로 영향을 받으며 자료의 타당도와 관련된다. 즉, 신뢰도와 타당도는 자료의 측정오차가 작을수록 높아지는데, 측정오차가 0일 수는 없기 때문에 신뢰도와 타당도는 아예 없거나 완벽하다는 차원이 아닌 높고 낮은 차원으로 이해하여야 한다. 또한, 신뢰도가 낮으면 타당도는 높을 수 없고, 신뢰도가 높다고 해서 타당도가 반드시 높다고는 말할 수 없다.

신뢰도가 낮다는 것은 그림 3-1의 A와 같이 측정값이 실제값 주위에 무작위로 마구 흩어져 있으므로 타당도가 높을 수 없고, 만약 신뢰도가 높다고 하더라도 그림 3-1의 B와 같이 실제값과 정확히 맞아떨어지지 않고 다른 곳에 일관되게 모여 있을 수 있으므로 타당도가 높지 않다. 신뢰도와 타당도가 모두 높으려면, 그림 3-1의 C와 같이 실제값과 가까운 곳에 일관되게 모여 있어야 한다. 따라서, 신뢰도는 타당도의 충분조건이 아닌, 필요조건이다.

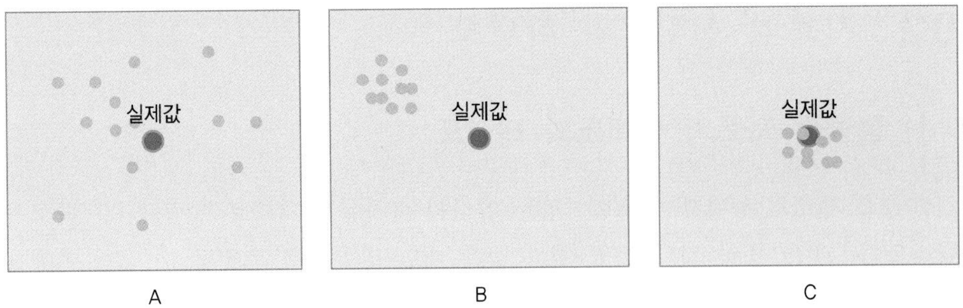

그림 3-1 신뢰도와 타당도

(1) 신뢰도의 개념과 측정

정량적 자료의 신뢰도란, 반복해서 측정하였을 때 일관된 측정결과가 나오는 정도를 말한다. 신뢰도가 높은 측정도구로 측정을 하면, 오늘 측정한 후 며칠이 지나 다시 묻더라도 동일한 답변이 나오고, 같은 개념을 여러 문항으로 나누어 물어도 일관된 답변이 나온다. 예를 들어 "지금 사는 집이 좋으세요?" 라는 질문에는 "매우 좋아요." 라고 응답하고, "지금 사는 집에 만족하세요?" 라는 질문에는 "아니오." 라고 응답한다면 신뢰도가 높은 응답결과라고 할 수 없다. 정량적 자료의 신뢰도를 측정하는 방법에는 재검사법, 반분법, 내적일관성법 등 크게 세 가지가 있다.

재검사법은 하나의 측정도구를 이용하여 동일한 응답자에게 일정한 시간 간격을 두고 반복하여 검사한 후 두 번의 응답결과의 상관계수를 산출하여 신뢰도를 측정하는 방법이다. 만약, 상관계수가 높으면 신뢰도가 높은 것이고, 상관계수가 낮으면 신뢰도가 낮은 것이다. 재검사법은 응답자의 학습효과(두 번째 응답이 예전에 응답했던 경험에 영향을 받는 것)와 시간 간격 사이의 특별한 사건 발생 가능성(예: 주택가격의 폭락/폭등), 현실적으로 시행이 어렵다는 이유로 활용도가 높지 않다.

반분법은 측정하고자 하는 개념의 하위 문항들을 임의로 두 파트로 나눈 다음, 파트 간의 상관계수를 산출하여 신뢰도를 측정하는 방법이다. 반분법은 하위 문항들을 어떻게 반으로 나누느냐에 따라(예: 홀수번호/짝수번호 vs. 전반부/후반부) 상관계수가 달라지고, 각 파트별로 최소한 5문항 이상이 필요하기 때문에 설문 전체의 분량이 많아지는 한계가 있어 재검사법과 마찬가지로 활용도가 높지 않다.

내적일관성법은 하나의 개념을 구성하는 여러 하위 문항들이 과연 그 개념을 일관되게 설명하고 있는가를 Cronbach's α(크론바하 알파)계수를 이용하여 신뢰도를 측정하는 방법으로 소비자분석에서 가장 많이 사용되는 방법이다. Cronbach' s α값은 아래의 식으로 계산할 수 있다.

$$\alpha = \frac{n}{n-1}\left(1 - \sum_{i=1}^{n} \frac{s_i^2}{s_t^2}\right)$$

n=하위 문항 수, s_t^2=개념(전체 문항)의 분산, s_i^2=각 하위 문항의 분산

Cronbach' s α값은 0～1 사이의 값으로 일반적으로 0.6을 넘으면 신뢰도가 높다고 평가한다. α값이 0.6보다 낮아 신뢰도가 높지 않을 경우, 한 개념을 구성하는 여러 하위 문항 중에서 신뢰도를 떨어뜨리는 문항을 찾아 이를 제거하는 것이 좋다.

(2) 타당도의 개념과 측정

정량적 자료의 타당도란, 실제값을 정확하게 측정한 정도를 말한다. 소비자분석에서 어떤 개념을 측정할 때(예: 만족도, 소비성향), 조작적 정의를 통하여 측정 가능한 문항들로 구성하게 되는데, 이 문항들이 실제로 그 개념을 정확하게 측정하도록 개발된다면 타당도가 높다고 할 수 있다. 정량적 자료의 타당도는 내용타당도, 기준타당도, 구성타당도 등 크게 세 가지가 있다.

내용타당도는 하나의 개념이 의미하는 바가 하위 문항들에 정확하게 반영하여 측정되는 정도를 말한다. 예를 들어, '명품선호 소비성향' 이라는 개념을 '① 명품 소장을 좋아하는가, ② 가격이 비싸더라도 명품을 구입하는가' 의 두 문항으로 측정한다고 할 때, 이 문항들이 명품선호 소비성향을 잘 측정해 내는지가 내용타당도의 핵심이다. 많은 소비자분석연구에서 내용타당도를 많이 활용하는데, 앞서 설명한 신뢰도와 달리 내용타당도를 평가하는 통계적인 수치는 없고, 학계와 업계, 공공기관 등의 전문가들의 평가에 근거하여 타당도의 높고 낮음을 판단한다. 내용타당도 평가는 매우 주관적이므로 연구주제와 관련된 다양한 분야의 전문가 10인 이상에게 측정도구의 내용타당도 평가를 의뢰하고, 연구자 본인도 선행연구를 철저하게 검토하여야 한다.

기준타당도는 타당도를 평가할 수 있는 기준이 되는 문항들을 별도로 준비하여 연구자가 개발한 문항과의 상관관계를 비교함으로써 평가할 수 있다. 만약, 기준 문항들과 개발한 문항들 간의 상관관계가 높으면 기준타당도는 높다고 할 수 있다.

그러나 소비자분석에서 기준이 되는 문항들을 설정하는 것은 현실적으로 어려울 뿐 아니라 그 기준이 정확한지에 대한 객관적인 평가도 불가능하다. 기준이 잘못 선정되었을 때에는 기준타당도 평가 자체를 신뢰할 수 없으며, 기준 문항들이 설문지에 포함되어 설문분량이 길어진다는 한계점도 있어 그 활용도는 낮다.

구성타당도는 동일한 개념의 하위 문항들 간의 상관관계와 다른 개념의 하위 문항들 간의 상관관계를 비교함으로써 평가할 수 있다. 구성타당도는 수렴타당도와 판별타당도로 이루어지며, 수렴타당도는 동일한 개념과 하위문항들 간의 높은 상관관계로 평가하고, 판별타당도는 다른 개념과 하위문항과의 낮은 상관관계로 평가한다. 즉, 동일한 개념의 하위 문항들 간의 상관관계가 높고 다른 개념의 하위 문항들과는 상관관계가 낮을 때 구성타당도는 높다고 평가할 수 있다. 소비자분석에서는 상관관계분석과 확인적 요인분석에 근거하여 구성타당도를 평가할 수 있다. 확인적 요인분석에서 요인부하량을 바탕으로 하나의 개념을 구성하는 하위 문항들의 구성타당도를 평가할 수 있는데, 관련 있는 개념과 최소한 0.4 이상의 요인부하량 값을 보여야 수렴타당도가 높다고 할 수 있다. 확인적 요인분석에 대한 자세한 내용은 12장 요인분석에서 설명하기로 한다. 최근 소비자분석 연구들에서는 확인적 요인분석의 요인부하량 값과 앞서 설명한 Cronbach's α값을 함께 제시함으로써 측정도구의 신뢰도와 타당도를 통계적 수치를 통해 평가하는 경우가 늘어나는 추세이다.

(3) 신뢰도와 타당도의 제고 방안

정량적 자료의 질을 높이기 위하여 신뢰도와 타당도는 반드시 확보되어야 한다. 정량적 연구에서 신뢰도와 타당도 확보를 위해 가장 중요한 것은 연구주제의 설정이다. 먼저 연구자는 연구주제가 정량적 자료로 측정이 가능하고, 그것이 적절한 것인지 여부를 고려하여야 한다. 일반적으로 성인소비자를 대상으로 하는 소비자 행동이나 태도, 인식과 관련된 이슈들은 정량적 자료로 측정하고 분석하기에 어려움이 없다. 반면, 매우 개인적이거나 음성적인 주제(예: 중독소비), 또는 공개적으로 설문지로 응답하는 것에 어려움을 느끼거나 거부감을 가질 수 있는 조사대상자의 경우(예: 저소득층, 노인, 아동 소비자)에는 아무리 훌륭한 측정도구를 사용한다고 하더라도 자료의 신뢰도와 타당도를 확보하기가 쉽지 않다. 따라서, 정량적 자료로 측정하기에 적절치 않은 연구주제라고 판단되면, 정성적 분석법을 고려하는 것이 바람직하다. 연구주제와 조사대상자가 정량적 자료로 측정하기에 적합하다고 판단되면, 연구주제를 잘 알고 있는 조사대상자를 표본으로 설정하는 것이 신뢰도와 타당도 제고에 도움이 된다. 정량적 자료의 특성상, 면접원과 조사대상자와의 공감 및 의사소통이 제한적이므로 조사대상자가 연구주제에 익숙하지 않거나 무지하다면, 정확한 답변을 할 수 없게 되고 이는 자료의 질을 떨어뜨리는 큰 위험요소가 된다. 조사대상자의 표집조건이 결정되면, 가급적 표본의 수를 크게 하는 것이 좋은데, 이는 측정값의 전체 수(N)가 증가할수록 측정값들의 분포가 정규분포화되어 표본의 평균이 모집단의 평균에 근접할 수 있기 때문이다.

다음으로 측정 시 발생하는 오차를 줄임으로써 신뢰도와 타당도를 높일 수 있는 방법이 있다. 먼저 확률적 오차를 줄이기 위하여 응답자가 피로하지 않고 집중하여 응답할 수 있도록 조사시간, 장소를 조정하고 면접원 선정 및 교육에 만전을 기해야 한다. 체계적 오차를 줄이기 위하여 설문문항 작성에 주의를 기울여야 하는데, 설문문항은 명료하고, 하나의 개념만을 질문하여야 한다. 명목·서열 척도의 경우, 보기 작성에 있어 가능한 모든 항목들을 나열한 후, 이를 예비조사를 거쳐 응답빈도가 높은 순으로 선별하여 본조사 설문지에 반영하여야 한다. 등간·비율 척도의 경우에는 개념의 조작적 정의를 통하여 하나의 개념에 복수의 하위문항을 구성하는 것이 바람직하다. 설문조사를 진행하면서 응답자가 지겨워하지 않도록 설문 분량을 제한하고(응답자가 30분 이상 응답하게 하는 것은 가급적 지양하여야 함), 응답자가 수월하게 솔직한 답변을 할 수 있도록 일반적이고, 쉬운 내용, 구체적인 행동, 인식 위주의 문항을 설문지 앞부분에 배치하고, 감정과 태도, 심리 위주의 문항을 설문지 뒷부분에 배치하는 것이 좋다. 설문문항의 문장은 명료하고 중립적이며 정중하게 표현하도록 주의를 기울여야 한다.

마지막으로 설문지 작성 전에는 충분한 선행연구 고찰이 선행되어야 하고, 설문지 작성이 완료되면, 복수의 전문가들에게 타당도 검증을 받는 것이 바람직하다. 본조사 시행 전에 반드시 예비조사가 선행되어야 하는데, 예비조사는 일반적으로 본조사 표본 수의 10% 이하, 또는 50~100명을 대상으로 진행하고, 그 결과를 본조사 설문지에 반영한다. 예비조사 설문지의 폐쇄형 질문(명목·서열 척도로 구성)에는 '기타' 항목을 넣어 보완할 보기 항목을 찾고, 연구주제와 관련된 핵심 설문파트에는 개방형 질문을 추가하여 응답자의 반응을 살펴보아야 한다. 예비조사가 완료되면 앞서 제시한 신뢰도 및 타당도 평가방법(예: Cronbach's α, 확인적 요인분석)을 활용하여 신뢰도와 타당도를 떨어뜨리는 항목들은 제거한 후, 분석을 진행하는 것이 바람직하다. 위에서 설명한 정량적 자료의 신뢰도와 타당도를 높이기 위한 고려사항들을 연구진행과정에 맞게 순차적으로 제시하면 다음과 같다.

- 연구주제와 연구대상이 정량적 분석에 적합한가?
- 선행연구 고찰은 충분히 이루어졌는가?
- 설문문항은 명료하고, 조작적 정의, 문항 보기의 포괄성은 제대로 이루어졌는가?
- 설문분량은 적절한가?
- 조사대상자가 연구주제에 익숙하고, 설문 응답에 어려움은 없는가?
- 표집은 연구주제에 적합한가? 모집단의 특성을 제대로 반영하였는가?
- 표본의 수는 충분한가?
- 예비조사를 시행하고, 그 결과를 본조사에 반영하였는가?
- 완성된 설문문항을 전문가들에게 검토 받았는가?
- 조사시간, 장소는 조사대상자가 응답하기에 적합한가?
- 면접원의 선정은 적합하고, 교육은 적절히 이루어졌는가?
- 신뢰도와 타당도 평가방법을 활용하여 부적절한 문항들을 제거하였는가?

2) 정성적 자료의 신뢰도와 타당도

정성적 자료를 수집하는 과정에서 중요한 자료를 누락할 수 있고, 극적인 사건이나 단서를 과잉 해석하거나, 범주 간의 상관관계를 인과관계로 잘못 해석할 수도 있다. 가장 근본적인 오류인 신뢰성이 현저히 떨어지는 정보를 수집할 위험도 있다. 따라서, 정성적 자료의 신뢰도와 타당도 확보는 정량적 자료에서보다 현실적으로 어려움이 더 많은데, 이는 정성적 자료가 정량적 자료와 달리 표준화된 측정수준과 척도가 없고, 연구과정 전체가 유동적이고 개방적이기 때문이다. 정성적 분석에서 표본의 수는 정량적 분석에 비해 현저히 적어 연구결과의 일반화도 쉽지 않다. 특히 정성적 자료의 신뢰도와 타당도는 정량적 자료와 달리 통계적 수치로 산출이 되지 않기 때문에 정량적 자료의 신뢰도 및 타당도와는 다른 방향에서 이해하고 접근하여야 한다.

정성적 자료의 신뢰도와 타당도를 논하기에 앞서 정성적 분석의 목적을 다시 생각해 보자. 정성적 분석의 목적은 특정 주제에 대해 소수의 사례를 심도 있게 분석하여 소비자가 쉽게 공개하지 않는 사적인 이야기, 말로 표현하기 쉽지 않은 심리

상태, 심지어 소비자 스스로도 인지하고 있지 못한 부분까지 밝혀내는 데 있다. 다시 말해, 일반화, 모수추정, 가설 검정 등과 관련된 정량적 분석의 목적과는 다른 목적을 가진다. 따라서, 정성적 자료의 신뢰도와 타당도는 소수의 표본을 대상으로 측정한 자료의 수집, 측정, 분석과정이 객관적이고 정확하게 진행되었으며, 이를 바탕으로 도출된 결론이 수긍할 수 있고, 가치 있다는 것을 보여 주는 것으로 평가하게 된다.

(1) 신뢰도의 개념과 평가

정성적 자료의 신뢰도란, 연구과정 및 연구결과를 믿을 수 있는 정도를 의미한다. 이는 정량적 자료의 신뢰도, 즉 측정결과의 일관된 정도와는 다른 개념이다. 반복해서 측정해도 동일한 결과가 나와야 높은 신뢰도를 확보할 수 있는 정량적 자료와 달리, 정성적 자료는 반복 측정한다고 해서 동일한 결과가 나올 수 없다. 소비자는 기계나 로봇이 아닌 생각이나 행동이 다양한 존재이고, 소비라는 행위 자체도 생활 속에서 일어나는 복잡한 측면을 가지기 때문이다. 따라서, 정성적 자료의 신뢰도는 연구를 진행하는 전 과정이 얼마나 상세하게 기록되었는지, 그 기록 양식이 얼마나 표준화되어 있는지를 보고 평가한다. 예를 들어, 명품위조품(짝퉁)을 구입하는 소비자를 인터뷰한 결과를 기록할 때, 무엇이 응답자의 말이고, 무엇이 연구자의 생각인지, 그리고 응답자의 비언어적 행동들은 어떤 것들이 있었는지를 상세하게 기록한다면, 해당 연구에 대한 신뢰도가 확보될 수 있다.

• 명품위조품 구입 소비자의 인터뷰 전사자료 중 일부

응답자　김OO, 40대 전업주부, 월평균 소득이 700만 원 이상인 고소득층
{매우 패셔너블함. 30대 초반의 동안 외모임. 긴 생머리에 동안 메이크업, 매우 날씬함. 머리를 자주 쓸어 올림. 외모에 신경을 많이 쓰는 것 같음. 청바지에 가죽부츠를 신고, 명품브랜드 가방을 들고 왔음. 외제 자동차 키와 최신형 핸드폰을 책상에 올려놓음. 과시성향이 있어 보임. 화려한 컬러와 디자인의 네일 케어를 받음. 액세서리는 하지 않음}

김OO　"제 친구 중에 남편이 치과의사인 친구가 있거든요. 예쁜 걸 아주 좋아하는데 돈이 많은데도 진품을 안 사요. 돈이 아깝다는 거예요. 그 친구 집이 은마 아파트인데 은마 상가에 그런 짝퉁 매장이 많아요.", '다리를 꼬면서 왼손을 턱에 괴'
≪친구뿐만 아니라 본인도 같이 가서 명품위조품을 자주 사는 것 같음≫

앞에 제시되어 있는 인터뷰 전사 자료를 살펴보면, { }은 응답자에 대한 연구자의 인상이고, “ ”은 응답자의 언어적 표현, ‘ ’은 비언어적 행동이며 ≪≫은 연구자의 생각이다. 이처럼 연구자는 응답자의 언어적·비언어적 표현 외에도 연구자 자신의 개인적인 감정, 인상도 상세하게 기록하여야 하고, 이를 바탕으로 연구자 주관이나 가치관에 대한 반성적 사고를 병행하여야 한다. 이러한 기록이 연구결과에서 얼마나 직접적으로, 그리고 적절하게 인용되었는지를 근거로 신뢰도를 평가할 수 있다.

연구설계에서 선행연구와 기존 이론을 충분히 검토하였는지도 신뢰도 평가의 중요한 부분이다. 정성적 분석에서는 연구자가 가장 중요한 연구 도구인 만큼 연구자의 역량도 신뢰도 평가에 중요하다. 연구자의 경력, 연구주제와 관련된 전문성, 정성적 분석 경험 등이 풍부하면, 해당 연구결과의 신뢰도는 높게 평가된다.

(2) 타당도의 개념과 평가

정성적 자료의 타당도란, 연구결과가 진실하고 정확한 정도를 의미한다(내적 타당도). 여기에 일반화가 가능하다면 외적 타당도도 함께 확보가 되지만, 정성적 분석은 모집단을 바탕으로 한 확률적 표본추출이 불가능하고, 구성된 소수의 표본을 분석하는 경우가 대부분이므로 일반화에는 한계가 있다. 그러나 일반화되지 않은 결론이라고 하더라도 그 연구가 가치 없다고 말할 수는 없는데, 이는 심도 있고 특정화된 결론 도출이 정성적 분석의 가장 큰 장점 중 하나이기 때문이다.

타당도도 신뢰도와 마찬가지로 충분하고 자세한 설명과 기록이 제시되었는지 여부에 따라 평가할 수 있다. 자료의 진실성, 분석기술 선정 및 수행의 적절성, 자료의 충분성(응답자의 언어적·비언어적 표현, 무의식적인 반응 수집 여부), 수집된 자료에 근거한 충실한 결론 도출 등을 평가하면, 타당도의 수준을 판단할 수 있다. 또한, 응답자를 타당도 평가에 개입시켜 분석된 결과가 진실하고 응답자가 의미하는 바가 정확하게 전달되었으며 결론 도출에 활용되었는지 평가할 수 있다. 이 밖에 앞서 설명한 현장노트의 완성도를 근거로 타당도를 논의할 수도 있다. 현장노트에는 연구 시작부터 연구 전 과정에 대한 정확하고 상세한 기록이 포함되어야 하고, 가급적 책임연구자가 직접 작성하여 이에 대한 동료들의 피드백을 구하는 것이 바람직하다.

(3) 신뢰도와 타당도의 제고 방안

정성적 자료의 신뢰도와 타당도를 높이는 가장 효과적인 방법은 앞서 설명한 삼각측정이다. 연구자, 자료, 자료수집방법의 삼각화를 통해 신뢰도와 타당도를 높일 수 있다. 즉, 공동연구자 및 관련분야 전문가들에게 검증을 받고, 연구자의 개인적 가치관으로 인한 왜곡된 결론도출에 조심하여야 한다. 이 때, 응답자의 검증과 연구자 자신의 반성적 사고 또한 신뢰도와 타당도 제고에 큰 도움이 된다.

일반화를 위하여 수집된 자료에 근거하지 않고 확대된 결론을 도출하는 것은 신뢰도와 타당도를 오히려 떨어뜨릴 수 있으니 주의하여야 한다. 정성적 분석이 소수의 표본을 대상으로 한다는 것은 정성적 분석 자체의 특징이므로 표본의 수에 집착하지 말고 심도 있는 분석을 위하여 노력하여야 한다. 표본 선정에 있어서는 극단적 표본보다는 전형적 표본을 이용하는 것이, 단일 사례보다는 복수의 사례를 이용하는 것이 타당도 확보에 도움이 된다. 또한, 전형적 표본을 대상으로 한 분석결과를 극단적 표본을 대상으로 한 분석결과와 비교함으로써 신뢰도와 타당도를 확보할 수도 있다. 정성적 자료의 표본추출에 대한 자세한 내용은 5장 표본추출에 제시되어 있다.

표준화된 측정도구나 척도가 없는 정성적 자료의 신뢰도와 타당도를 높이기 위해서는 장기적인 관점에서 관찰하고, 지속적으로 인터뷰를 하는 등 연구를 장기간 진행하는 것도 도움이 된다. 그러나 이를 위해서는 시간과 비용이 많이 필요하여 현실적으로 실행이 어려운 경우가 많다. 따라서, 정성적 분석에서도 자료측정할 때, 최소한의 표준화된 과정과 표준화된 코딩을 이용하는 것이 좋으며, 특히, 코딩된 자료에는 자료수집과정에서 파악된 모든 것이 기록되어 있어야 하고, 결과를 분석할 때는 코딩된 자료 전체를 모두 검토하여야 한다.

이 외에도 응답자의 개인 정보(연령, 성별, 학력, 소득수준, 성장배경 등)를 상세하게 기록하고, 응답자에게서 정확하고 진실한 반응을 이끌어낼 수 있는 공감대(라포: rapport) 형성, 인터뷰기술 습득을 위한 연습을 소홀히 해서는 안 된다. 이를 위하여 연구자가 직접 자료수집과정에 참여하는 것이 가장 바람직하지만, 기술적으로 부족함이 있는 경우에는 전문가에게 의뢰하는 것도 신뢰도와 타당도를 높이는 방법이 될 수 있다. 위에서 설명한 정성적 자료의 신뢰도와 타당도를 높이기 위한 고려사항들을 연구진행과정에 맞게 순차적으로 제시하면 다음과 같다.

- 연구자는 정성조사를 수행하는데 필요한 기술과 전문성을 충분히 습득하였는가?
- 삼각측정을 하였는가?
- 실행 가능한 수준에서 오래 관찰하고, 여러 차례 인터뷰를 진행하였는가?
- 전형적 표본을 이용하고, 여러 사례를 수집하였는가?
- 응답자의 개인 정보를 상세히 기록하였는가?
- 표준화된 자료측정절차를 따르고, 표준화된 코딩을 하였는가?
- 코딩된 자료 전체를 결과 분석에 이용하였는가?
- 수집된 자료에 근거하여 결론을 도출하였는가?

Chapter

04
자료수집방법

01 | 조사연구

1) 조사연구의 개념과 절차, 유형

조사연구란 정량적 분석을 위한 대표적인 자료수집방법으로 통상적으로 설문지법 또는 설문조사라고 불리며 구조화된 설문지를 이용한다. 조사연구는 기술통계와 단/다변량 통계분석을 통한 현상에 대한 기술적 분석과 인과관계에 대한 설명 또는 예측을 목적으로 하므로 정확한 연구설계가 필수적이며 결과의 일반화를 위하여 모집단을 대표하는 표본을 추출하는 것이 매우 중요하다. 조사연구의 핵심은 설문지 설계에 있는데, 일단 설문지에 오류가 발생하면 이를 수정할 수 없기 때문에 자료수집절차가 아무리 훌륭하였다고 하더라도 연구목적을 달성할 수 없기 때문이다. 따라서, 본조사 전에 예비조사를 실시하여 설문지의 오류와 보완할 점을 찾는 작업이 필수적이며, 응답자가 솔직한 답변을 수월하게 할 수 있도록 설문지 작성에 주의하여야 한다. 예비조사와 설문지 작성에 관련된 내용은 앞서 3장 2절 자료의 신뢰도와 타당도 파트에 자세히 설명하였다. 또한, 응답자에게 설문지를 배포하고, 자료수집과정 중 필요한 부연설명이나 질문에 대한 답변을 하는 면접원의 선정 및 관리가 매우 중요하다. 규모가 크지 않은 조사연구의 경우에는 연구자가 직접 면접원의 역할을 하는 것이 일반적이라 큰 문제가 없지만, 전국 또는 외국 소비자를 대상으로 한 대규모 조사연구의 경우에는 연구자 외에 추가로 면접원을 선정하여야 하므로 면접원을 대상으로 연구주제와 설문문항 내용, 응답자에 대한 응대태도와 방식을 철저히 교육하고, 추가적인 응답자의 반응 등에 대한 현장노트 작성도 요구하여야 한다.

소비자분석에 적합하고 많이 사용되는 조사연구의 자료수집방법에는 대면면접 설문지법과 전화면접 설문지법, 온라인 설문지법 등이 있고, 이 외에도 우편 설문지법과 대면 자기기입 설문지법 등이 있다.

표 4-1 조사연구 자료수집방법별 특성

구 분	대면면접 설문지법	전화면접 설문지법	온라인 설문지법	우편 설문지법	대면 자기기입 설문지법
표본의 대표성	○	△ 젊은층, 남성, 직장인 누락	△ 저학력, 저소득, 고연령층 누락	○	△ 저학력, 아동, 문맹층 누락
응답률	비교적 높음	비교적 높음	높음	매우 낮음	높음
복잡한 질문	가능함	제한적	제한적	매우 제한적	제한적
면접원 오류	매우 클 수 있음	크지 않음	최소	최소	크지 않음
응답자능력 요구수준 (독해, 이해, 답변)	높지 않음	높지 않음	비교적 높음	중간 정도	중간 정도
많은 설문문항 (많은 변수)	가능함	제한적	중간 정도	중간 정도	가능함
보조자료 사용	가능함	불가능함	가능함	매우 제한적	가능함
캐묻기, 추가 질문	가능함	가능함	불가능함	불가능함	가능하나, 제한적임
소요시간	장시간 소요	짧음	짧음	장시간 소요	중간 정도
비 용	매우 비쌈	저렴함	저렴함	매우 저렴함	비교적 저렴함
기타 특성	복잡하고 많은 설문문항을 적용하기에 적합	간단한 여론조사나 시장조사에 적합, 면접원 관리 용이	절차가 용이, 단, 인터넷 접근이 불가능한 표본은 누락	편안한 환경에서 솔직한 답변 가능, 전문적이거나 민감한 주제에 적합	집단조사가 일반적, 집단 영향으로 답변의 왜곡 가능

앞에 제시된 조사연구의 자료수집방법별 특성을 정리하면 다음과 같다.

대면면접 설문지법은 기업이나 학계에서 주로 사용되는 자료수집방법으로 비용에 대한 제약이 없다면, 표집의 지리적 제한이 없고, 우수한 면접원 선정과 체계적 관리로 복잡하고 민감한 주제와 많은 변수가 포함되어 있는 장문의 설문지를 사용할 수 있는 장점이 있다. 설문지 답변 외에 추가적인 응답자 반응 관찰이나 인터뷰를 통하여 방대한 양의 정보를 수집할 수 있다.

전화면접 설문지법은 신속하게 다양한 계층의 소비자로부터 간단한 답변을 원할 경우 매우 효과적인 방법으로 비교적 저렴하게 수행할 수 있다. 단, 평일 일과시간에 집에 없는 직장인이나 젊은 연령층의 소비자, 또는 전화면접을 거부할 확률이 높은 남성소비자가 표본에서 누락될 확률이 높아 표본의 대표성 확보에 문제가 발생할 수 있는 한계가 있다.

온라인 설문지법은 최근 인터넷의 대중화와 웹 기반 설문 프로그램의 기술적 진보, 대규모 온라인 패널을 보유한 전문조사대행업체의 등장으로 활용도가 높아지고 있다. 특히 시각적 보조 자료의 사용에 제한이 없고, 매우 편리하고 저렴하며 신속하게 자료수집을 완료할 수 있다. 하지만 인터넷에 접근이 불가능하거나 능숙하지 않은 저학력, 저소득, 고연령층 표본의 누락이 불가피하여 표본의 대표성 확보에 제약이 많다.

우편 설문지법은 응답자가 편안한 장소에서 철저히 익명성이 보장된 상태로 시간 제약 없이 설문지에 응답을 할 수 있기 때문에 민감한 주제나 전문적인 사안에 대해 솔직한 답변을 할 가능성이 크다. 단, 응답률이 매우 낮고(통상적으로 20% 내외), 보조자료 사용이나 캐묻기가 거의 불가능하다는 점, 소요시간이 매우 길다는 점이 단점으로 부각되어 소비자분석에서의 활용도는 높지 않다. 대면 자기기입 설문지법은 면접원이 응답자의 답변을 기입하는 대면면접 설문지법과 달리, 응답자가 설문지에 직접 답변하는 기법으로 주로 같은 반 학생들, 같은 부녀회의 주부와 같이 동질적인 집단을 대상으로 자료를 수집하는 경우가 많다. 대면면접 설문지법보다 저렴하면서도 면접원이 응답자들을 직접 만날 수 있어 캐묻기나 보조자료 사용이 가능하나, 응답자들이 동질적 집단 구성원과 함께 설문지를 작성하기 때문에 학교나 소속 단체에 부정적인 발언을 못하거나 구성원과 비슷한 답변을 하는 등 답변의 왜곡이 발생할 위험이 있다.

위에서 제시한 조사연구의 자료수집방법 중에서 최근 소비자분석에 있어 활용도가 가장 높은 방법은 대면면접 설문지법과 온라인 설문지법이다. 대면면접 설문지법의 사례로 녹차 제조업체인 B사가 고객만족도조사를 위하여 설계한 조사설계안의 예시를 살펴보면 다음과 같다.

- **조사대상**
  - 15~44세 남녀
  - 최근 6개월 내 월 1회 이상 녹차 제품 구입자
- **조사인원 및 조사지역**
  - 총 1,300명
  - 서울(n=320), 경기(n=260), 부산/대구/대전/광주(각 n=150)
- **조사일정(총 11주 소요 예정)**
  - 표집틀, 설문지 설계 및 협의: 2주 소요
  - 면접원 교육: 1주 소요
  - 실사 진행(가구 방문조사): 4주 소요
  - 코딩 및 데이터 처리: 1주 소요
  - 분석 및 최종 보고서 작성: 3주 소요
- **조사내용(설문지 분량: 30분 소요)**
  - 녹차 소비행동, 인식
  - B사 소비자만족도 지수 산출: 제품, 매장, 광고 등
  - B사 브랜드 이미지 분석 및 경쟁사와의 비교
  - 녹차 시장경쟁 Dynamics 파악

위의 사례처럼 많은 기업이 조사대행사에 의뢰하여 대면면접 설문지법을 사용하고 있는데, 이는 조사내용이나 분량에 크게 제한이 없고, 시각적 보조 자료의 사용도 자유로워 알고 싶은 내용을 해당 주제별로 모아 응답자에게 질문하기에 용이하기 때문이다. 또한, 양질의 자료를 수집하기 위해서는 기업의 담당자가 표본과 설문지 설계 단계에서 적극적으로 개입하여야 하고, 면접원 교육에 심혈을 기울여야 한다. 시간과 비용이 많이 소요되므로 의사결정이 시급한 사안이나 자주 확인해야 하는 주제에는 적합하지 않으며 1년에 1회 정도 자사 고객의 만족도나 경쟁구도 파악을 위해 활용하는 경우가 많다.

다음으로 온라인 설문지법을 이용한 연구사례를 살펴보자. 김선우와 김난도(2011)는 온라인 설문지법을 이용하여 서울과 뉴욕, 스톡홀름의 소비자들을 대상으로 소비문화의 차원화와 척도 개발을 하였고, 이들의 연구설계는 아래와 같다.

- **자료수집대상**
  - 서울, 뉴욕, 스톡홀름의 20~40대 성인 각 500명, 총 1,500명
  - 각국 인구분포에 비례하도록 성별과 연령대를 할당
- **자료수집절차**
  - 조사 일시: 2006년 9월 25일~10월 13일(총 23일 소요)
  - 온라인 조사대행업체의 패널 이용
  - 총 두 차례의 예비조사를 통해 소비문화 차원의 측정도구 25문항을 확정하여 사용
    - 1차 예비조사: 서울 20~40대 소비자 60명 대상, 2006년 8월 8일~8월 15일
      최초 설계된 57문항 중, 49문항 추출
    - 2차 예비조사: 서울 20~40대 소비자 60명 대상, 2006년 8월 19일~8월 21일
      49문항 중 25문항 재추출, 최종 확정

출처: 김선우·김난도(2011), "소비문화의 차원화 및 척도개발: 서울, 뉴욕, 스톡홀름의 소비자를 대상으로", 소비자학연구, 22(4), 135~162.

위의 연구에서 연구자들은 온라인 설문지 화면에 연구의 목적과 연구자의 연락처를 공식적으로 명기하였고, 조사대상자들에게는 각국의 조사대행업체에서 소정의 적립금을 제공하였다. 서울 응답자의 경우, 3,200명에게 이메일을 발송하여 그 중 약 1,700명이 수신확인을 하였고, 이 중 900명이 조사에 참여하여 515명이 최종 응답을 완료한 것으로 집계되었다.

2) 조사연구의 장단점

조사연구는 통계적 분석과 대규모 표본을 바탕으로 한 일반화된 결론 도출이 가능하다는 장점이 있다. 우리나라 전체 소비자의 소비행동, 태도, 인식 등에 대한 분석은 조사연구를 통해서만 할 수 있다. 또한, 복잡하고 많은 변수의 관계(인과적/비인과적 관계 모두 포함)에 대한 명쾌한 답변을 얻을 수 있고, 많은 양의 정보 획득이 가능하며, 체계적이고 구조화된 설문을 이용하기 때문에 정확한 자료를 얻을 수 있다.

반면, 조사연구의 경우 자료수집 이전에 구조화된 설문지를 완성하기 때문에 일단 조사가 시작되면 변경이 불가능하다. 이로 인해 만약 설문지 설계에 문제가 발생한 경우에는 자료수집 자체를 다시 하거나 수집된 자료의 질이 떨어질 수밖에 없다. 주로 폐쇄형 질문을 이용하여 자료를 수집하기 때문에 심도 있는 정보 수집

에는 한계가 있다. 표본의 대표성 확보를 위하여 많은 수의 표본을 대상으로 자료를 수집할 경우, 특히 대면면접 설문지법을 전국규모로 실시할 경우, 시간과 비용이 많이 소요된다.

02 | 실 험

1) 실험의 개념과 절차

실험은 종속변수에 대한 독립변수의 영향력을 일정 조건을 통제한 상태에서 측정하는 자료 수집방법이다. 실험에서 독립변수는 실험의 처치(treatment)가 되고, 종속변수는 처치에 대한 반응 결과가 된다. 실험 처치를 한 집단을 실험 집단이라 하고, 실험 처치를 하지 않은 실험 집단의 비교 대상이 되는 집단을 통제 집단이라고 한다. 이 때, 통제 집단은 실험 집단과 동일할 수 있도록 통제가 가해져야 한다. 위에서 제시한 실험의 구성 개념들을 정리하여 ① 독립변수와 종속변수, ② 실험 집단과 통제 집단을 구체적으로 살펴보면 표 4-2와 같다.

표 4-2에 제시되어 있듯이, 실험 집단과 통제 집단의 처치 전후의 차이가 유의하다면, 즉 (E2-E1)-(C2-C1)≠0인 경우, 실험의 처치 효과가 있다고 할 수 있다. 이 때, 연구자는 실험 집단과 통제 집단이 동질적인 집단임을 확인하기 위하여 실험 처치 이전에 1차적으로 자료를 수집하여 이를 비교하고(E1-C1=0: 두 집단의 동질성 확인), 실험 처치 이후의 자료를 수집하여 집단 간 차이를 비교하는 것이 가장 일반적인 실험의 절차이다. 만약 실험 집단과 통제 집단 간의 이질적인 부분이 커서(E1-C1≠0) 통제 집단의 의미가 없어 실험 처치 효과를 정확하게 파악할 수 없다면, 실험 집단의 처치 전후 자료, 즉 동일한 집단의 처치 전후의 자료(E2-E1)를 비교하여 실험 처치의 효과를 측정할 수도 있다.

표 4-2 실험의 구성 개념

구 분	독립변수	실험 처치	종속변수	실험 처치의 효과	
실험 집단	E1	○	E2	有	(E2-E1)-(C2-C1)≠0
통제 집단	C1	×	C2	無	(E2-E1)-(C2-C1)=0

실험을 자료수집방법으로 활용한 연구설계의 실제 사례를 살펴보자. Bower 등(2003)은 펫-스프레드(fat spread)의 두 가지 제품을 이용하여 소비자가 맛과 건강정보, 가격을 조합하여 어떠한 구매결정을 하는지를 실험하였는데, 구체적인 실험 설계는 다음과 같다.

- **조사 제품**
  - B브랜드 스프레드 제품(저 콜레스테롤, 가격: 2.49£/250g): 고가격 건강 제품
  - F브랜드 스프레드 제품(고 불포화지방, 가격: 0.52£/250g): 저가격 대중적 제품
- **피실험자 리크루팅**
  - 대학생, 대학 교직원 70명 대상, 성별(남녀 50:50), 연령대(17~24세, 25~65세 이상 56:44)를 기준으로 할당 표집
- **단계별 실험 처치 및 소비자 설문조사**
  - 1단계: 제품정보 제공 없이 관능 테스트(맛, 향, 식감 등)
  - 2단계: 사회인구학적 질문 및 펫-스프레드 제품에 대한 평소 취식, 구매습관 질문
  - 3단계: 영양정보 지식 테스트, 건강관심도 테스트
  - 4단계: 제품정보 제공 후, 관능 테스트 재실시(맛, 향, 식감 등 동일항목)
    - 50% 피실험자에게는 B제품과 F제품의 정보를 정확히 제공하고, 나머지 50% 피실험자에게는 거꾸로 제공함
- **실험환경 통제**
  - 향미가 없는 크래커에 1 : 2.5 비중으로 펫-스프레드를 발라서 제공(크래커 3.5g, 펫-스프레드 8.5g)
  - 취식 환경 통일(백열등을 켠 동일한 공간에서 동일한 용기를 사용하여 테스트)
  - 총 4일 동안 오후 시간(12시~14시 30분)에 한하여 실험 수행

출처: Bower, John, A., Mohammad A. Saadat, and Catherine Whitten(2003), Effect of liking, information and consumer characteristics on purchase intention and willingness to pay more for a fat spread with a proven health benefit, Food Quality and Preference, 14(2003), 65~74.

위 실험의 처치는 제품 라벨이다. 이 실험에서 엄격한 의미에서의 실험 집단과 통제 집단은 큰 의미가 없는데, 정확한 내용의 라벨을 제공 받은 피실험자와 뒤바뀐 거짓 라벨을 제공 받은 피실험자 모두 실험 처치를 받았기 때문이다. 1단계는 집단 내 차이를 파악하기 위한 사전 실험이고, 본 실험은 4단계에 수행되었다. 연구자들은 위 실험을 통하여 소비자는 아무리 건강에 좋아도 비싸고 맛이 없다면, 또는 익숙하지 않은 맛이라면 구매의도가 높지 않음을 밝혀냈다.

소비자분석에 있어 실험 집단과 통제 집단을 엄격하게 분류하여 통제하는 것은 현실적으로 매우 어렵다. 이는 자연과학의 실험이 엄격하게 통제된 공간(예: 실험실)에서 수행되는 것과 달리, 소비자분석에서의 실험은 실제 구매결정 등의 소비행동이 이루어지는 현장(예: 시장)에서 이루어지는 경우가 많기 때문이다. 소비자분석의 현장 실험은 실험 처치에 대한 자연스러운 소비자 반응을 수집하기에 적절하지만, 통제 자체가 불가능하여 통제 집단을 따로 구성하지 않고, 실험 집단의 처치 사전과 사후 자료를 수집하여 비교하는 경우가 많다. 또한, 원칙적으로 실험은 연구목적을 달성하기 위하여 연구자가 임의로 독립변수를 조작하는, 즉 실험의 처치를 하는 방법인데, 소비자를 대상으로 하는 실험, 특히 현장 실험에서의 독립변수의 임의적 조작이 어려워 엄격한 통제가 불가능할 수 있다. 이 때문에 현장 실험에서 피실험자는 연구자의 통제에 의해서가 아니라 본인의 의지대로 실험 처치를 선택하게 된다. 예를 들어, 식품표시를 확인하는 소비자와 그렇지 않은 소비자 간의 제품선택행동의 차이를 분석하는 실험에서 피실험자는 평소 습관대로 식품표시를 확인하고 제품을 선택함으로써 실험에 참여하게 된다.

- **조사 제품**
  - 건강이미지 제품: 우유
  - 비건강이미지 제품: 아이스크림
- **제품 카테고리 설정 요인**
  - 건강도(건강 vs. 비건강이미지): 상반된 두 이미지에 적합한 두 제품 선정
  - 영양강조표시(통제군: 없음 vs. 실험군: 저지방, 고칼슘) : 통제/실험 집단으로 분리
- **실험 절차**
  - 1단계: 유제품 대기업 A사의 실제 우유와 아이스크림의 신제품에 대한 평가를 요구 (제품카테고리에 대한 스키마를 활성화하여 제품평가의 준거점을 삼기 위함)
  - 2단계: 가상의 브랜드 제품(저지방 우유/아이스크림, 고칼슘 우유/아이스크림)의 패키지 사진을 제시한 후, 설문조사 시행
- **실험환경 통제**
  - 기존 제품의 패키지를 사용할 경우, 소비자의 기억이나 경험에 의해 영향을 받을 수 있어 이를 통제하기 위하여 피실험자에게 익숙하지 않은 외국 제품 패키지를 응용하여 가상의 제품 패키지 제작

출처: 김문희·양재호(2010), "식품의 영양강조표시가 소비자의 건강신념과 브랜드태도, 질병리스크지각에 미치는 영향", 소비자학연구, 21(3), 53~81.

이와 관련하여 실험을 자료수집방법으로 활용한 또 다른 실험 설계 사례를 살펴보자. 김문희와 양재호(2010)는 식품의 영양강조표시가 소비자의 제품평가와 질병리스크지각에 미치는 영향을 조사하기 위하여 대학생 165명을 대상으로 실험을 실시하였다. 구체적인 실험 설계는 위 내용과 같다.

위 연구의 실험 처치는 영양강조표시의 유무이다. 연구자들은 통제 집단에게는 영양강조표시를 보여 주지 않았고, 실험 집단에게는 저지방, 고칼슘 표시를 제시하였다. 연구결과, 건강이미지, 비건강이미지 제품 모두 정적인 영양강조표시(고칼슘)를 제시하였을 때는 건강신념이 높아지지 않은 것으로 나타났고, 부적인 영양강조표시(저지방)를 제시하였을 때는 맛이 없다고 평가한 것으로 나타났다.

2) 실험의 장단점

소비자분석에 있어 실험의 가장 큰 장점은 처치변수를 제외한 다른 변수의 통제가 가능하고, 설정된 환경에서 반복된 실험이 가능하여 신뢰도가 높은 양질의 자료를 수집할 수 있다는 것이다. 연구자는 원하는 실험 처치를 실험 집단을 대상으로 수행함으로써 응답자의 언어적, 비언어적 반응 모두를 직접 살펴볼 수 있다. 또한, 실험은 소비자의 기억, 회상, 미래에 대한 예측(예: 구매의도)에 의존하지 않고, 직접적인 소비자의 인식, 감정, 행동 등을 파악할 수 있다는 장점이 있다. 이 때, 응답자가 기억하지 못하거나 중요하지 않다고 생각하여 누락될 수 있는 자료, 또는 연구자가 경험해 보지 못한 상황에 대한 반응도 실험을 통해 자료로 수집될 수 있다. 특히 현장 실험의 경우, 실제 상황에서 실험 처치를 한 후, 응답자의 반응을 수집하기 때문에 실제 소비자 행동에 대한 설명력이 높다고 할 수 있다.

반면, 실험은 실험 처치라는 인위적인 조작에 대한 반응을 수집하는 방법이므로 응답자가 실험과정을 불안해하거나 불편해할 수 있고, 연구자의 의도를 마음대로 해석·예측해서 거기에 맞춰 반응하는 부작용이 발생할 수 있다. 실험 집단의 응답자 간 또는 실험 집단과 통제 집단 응답자의 의사소통으로 실험 처치가 사전에 노출되어 실험 자체가 오염될 수 있고, 실험 처치를 하기가 어려운 응답자이거나 실험·통제 집단의 구성이 쉽지 않은 경우에는 조사 자체의 진행이 불가능할 수 있다(예: 미취학 아동, 노인). 무엇보다 실험 집단과 통제 집단의 리크루팅이 쉽지 않은데, 연구 대상이 전문가 집단이거나 실험이라는 인위적 상황을 반기지 않는 중장년층(특히 남성)

인 경우에는 접근 자체가 어려울 수 있다. 엄격한 통제 하에 실험을 수행하였다고 하더라도 그렇게 수집한 자료를 바탕으로 도출한 결과를 실제 상황에 확대 적용할 수 있는지에 대해서는 논란의 여지가 많다. 이 때문에 위 실험 사례에서 설명한 바와 같이 소비자분석에서는 많은 연구가 현장 실험 형태를 적용하여 진행되는데, 실제 자연스러운 소비자의 선택이나 행동을 실험 처치로 간주하여 그 결과를 분석함으로써 인위적 처치에 대한 한계점을 극복하고 있다.

03 | 관 찰

1) 관찰의 개념과 절차, 유형

관찰은 연구자의 영향력을 최소화한 상태에서 소비자의 자연스러운 행동을 자료화하여 수집하는 방법이다. 소비자를 직접적으로 인터뷰를 할 수 없거나, 거짓된 반응이 예상될 때 효과적인 방법으로 연구자는 피관찰자와 시장 환경을 보고, 듣고, 느끼고, 냄새를 맡고, 맛보는 등 오감뿐만 아니라 연구자의 직감이라고 할 수 있는 육감까지 사용하여 자료를 수집한다. 관찰은 연구주제나 연구대상에 대한 사전 정보가 전혀 없을 경우, 연구의 방향을 잡고, 연구문제를 도출하기에 적합한 방법이다. 연구자는 관찰을 통해 소비행동의 맥락을 파악함으로써 행동의 원인과 미래 행동에 대한 예측을 시도할 수 있고, 다른 자료수집방법을 병행하여 도출된 결과의 진실성 여부를 확인할 수 있다(삼각측정).

성공적인 관찰을 위해 연구자는 피관찰자 개인뿐만 아니라 주위 환경(예: 매장, 동행인, 매장점원) 모두를 연구대상으로 포함시켜 현장에서 일어나는 사건, 반응, 행동, 태도, 몸짓, 대화, 표정 등을 자세하게 자료화하여야 한다. 또한, 충분한 시간을 가지고 직접 현장에서 관찰하는 자세가 필요하며 피관찰자의 구매행동뿐만 아니라 평소 생활모습까지 관찰함으로써 구매행동을 넓은 관점에서 해석하는 것이 좋다. 이 때, 연구자는 피관찰자의 행동에 개입하거나 의견을 주고받는 등의 상호작용을 하지 않도록 주의하여야 한다.

자료를 수집할 때, 특정한 행동, 단어, 몸짓의 빈도와 소요되는 시간은 수치로 측정하여 자료화하는 것이 좋다. 이를 위하여 카메라, 녹음기, 초시계, 카운터기

등을 활용하는 것이 도움이 된다. 또한, 관찰을 시작하는 단계에서는 현장의 전체를 보도록 하고(서술적 관찰), 조사가 진행될수록 연구주제와 직접 연관된 사건들에 집중하여 관찰하다가(초점적 관찰), 충분히 자료가 모이면 수집한 자료에서 전형적인 모습이나 패턴을 발견하고 이를 재확인하거나 관련된 사례를 추가하는 작업(선택적 관찰)을 끝으로 관찰을 종료하면 된다.

관찰에는 크게 두 가지 유형이 있는데, 참여관찰과 완전관찰이 그것이다. 엄격한 의미에서 참여관찰은 연구자가 연구자임을 밝히지 않고 소비자의 일원으로 참여하여 사건을 관찰하고 기록하는 방법이다. 그러나 이러한 완전한 참여관찰은 자료수집을 위한 장비 사용(예: 촬영)이 어렵고, 윤리적 문제가 발생할 수 있으며, 연구자가 현장에 개입하기가 쉬워 중립적인 자료 확보가 쉽지 않다. 이 때문에 소비자분석에서는 연구목적을 밝히고 피관찰자와 동행하여 쇼핑에 참여하는 동행구매기법이 많이 사용된다. 동행구매를 통해 연구자는 피관찰자가 어떤 방식으로 매장을 둘러보고 제품을 찾으며, 점원과 대화를 하는지 함께 경험할 수 있고, 관찰 과정 중이나 관찰 종료 후, 피관찰자를 인터뷰할 수 있다.

반면, 완전관찰은 피관찰자와 어떠한 상호작용도 하지 않고, 연구자의 신분을 노출하지 않은 채 자료를 수집하는 방식으로 매장 내 CCTV를 설치하여 고객동선을 관찰하거나, 입점하는 고객 수를 카운터기를 이용하여 파악하는 작업 등이 대표적인 예이다. 피관찰자의 동의 없이 연구 진행이 가능하고, 있는 그대로의 모습을 관찰할 수 있으나, 인터뷰가 어려워 행동의 인과관계나 맥락을 파악하기 위한 심도 있는 자료수집에는 한계가 있다. 아래 제시한 표 4-3은 신규매장을 오픈할 때, 입점고객의 특성을 파악하기 위한 완전관찰용 시트의 한 예이다.

표 4-3 완전관찰 시트의 예(입점고객 특성 파악용)

	매장 유형	요일 유형	시간대	성 별	연령대	동행인 수
매장명	오피스가=1 주택가=2 유흥가=3 학원가=4 기타=5	평일=1 토요일=2 일요일=3 평일/공휴일=4	8～11시=1 11～13시=2 13～16시=3 16～19시=4 19～22시=5	남=1 여=2	10대 이하=1 20대=2 30대=3 40대=4 50대 이상=5	1명=1 2명=2 3～4명=3 5～6명=4 6명 이상=5
강남점	3	2	2	2, 2, 2	3, 3, 3	3
	3	2	3	1, 2	2, 3	2
	3	2	3	1, 2, 2	4, 4, 1	3

표 4-3에 제시된 바와 같이 사전에 범주구성을 할 수 있고(예: 매장 유형, 요일 유형 등), 카운터기를 통한 빈도 측정을 통해 정량적 분석이 가능하다. 다만, 위의 사례는 완전관찰이기 때문에 연령대 측정에 정확성이 떨어질 수 있고(예: 젊어 보이는 40대는 30대로 측정될 가능성이 있음), 방문이유 등 인터뷰가 필요한 자료는 측정하기 어렵다.

다음 사례는 비디오 트랙킹(video tracking: 매장 내 설치된 비디오카메라를 통한 행동 관찰)과 아이 트랙킹(eye tracking: 매장 내 이동하는 소비자의 안구 초점을 통한 행동 관찰) 기법을 사용하여 입점 고객의 동선과 체류 시간, 머무르는 위치 등의 자료를 수집한 관찰 사례이다(김민정·이정교, 2008). 연구자들은 관찰을 통해 고객들이 입점 직후, 우측으로 향하고, 매장의 중앙부분에 시선을 많이 둔다는 점을 밝혀냈다.

- **관찰 매장**
  - L전자 제품 매장 2곳
    - 중심상권의 단층형 매장으로 제품 진열 위치에 따라 두 가지 극단적 사례를 표집
    - 내부 형태와 평수 변수는 통제(유사한 매장 선택: 120평대)
- **관찰 절차**
  - 매장 도면 코드화
  - 관찰 대상자 리크루팅
  - 비디오카메라와 아이 트랙킹 장비 장착
  - 관찰 수행
  - 자료 저장 및 정리
- **관찰 내용**
  - 동선, 시선의 이동순서
  - 체류시간
  - 관심 영역
- **실험환경 통제**
  - A서점의 매장 2곳을 다르게 운영: 한 곳은 온라인 주문, 오프라인 픽업이 가능(크로스채널), 다른 한 곳은 온라인 주문과 배송, 오프라인 주문, 배송만 가능(멀티채널)

출처: 김민정·이정교(2008), "소비자 행동 관찰을 통한 가전 브랜드 샵 연구", 한국공간디자인학회논문집, 3(3), 통권 7호, 95~105.

2) 관찰의 장단점

관찰의 가장 큰 장점은 인위적인 조작이 없는 자연스러운 현장에서 자료를 수집할 수 있고, 언어적 자료뿐만 아니라 비언어적 자료도 빠짐없이 모두 수집할 수 있다는 것이다. 특히, 숙련된 연구자가 직접 현장을 관찰함으로써 미묘한 변화나 차이 또는 예상치 못하였던 사건을 파악할 수 있고, 소비자의 회상이나 기억에 의존하지 않은 현재의 진실하고 생생한 자료를 수집할 수 있다. 연구설계에서 누락된 부분도 관찰을 통하여 보완할 수 있고, 융통성 있게 대처할 수 있으며, 소비자가 말로 표현하기 어려워하거나 인터뷰 자체를 거부하는 경우에도 관찰을 통해 자료수집이 가능하다는 장점이 있다.

반면, 관찰은 연구자에 의한 통제가 불가능하다는 단점이 있다. 연구자는 어떠한 개입이나 상호작용 없이 피관찰자가 하는 대로 따라가는 수밖에 없어 연구자가 가정한 상황에서의 결과 확인이 어려울 수 있다. 참여관찰의 경우 피관찰자에게 동조되어 중립적 시각을 잃어버릴 위험이 있고, 연구자의 가치관 자체가 바뀔 수도 있다. 피관찰자의 언어적·비언어적 반응뿐만 아니라 주위 환경의 변화, 주변인과의 의사소통 등 모든 반응이 동시에 관찰되는 경우가 많은데, 이 경우 즉각적인 기록이 어려워 정보가 누락될 수 있다. 특히 관찰은 인터뷰와 달리 피관찰자와의 공감대 형성이 쉽지 않아 관찰 자체가 거부될 수 있으니 사전에 충분한 동의를 구하는 것이 중요하다. 또한, 관찰을 통한 자료 수집과 정리, 분석에는 시간이 많이 소요된다는 단점이 있으나, 고가의 장비를 사용하는 경우를 제외하면 비용은 크지 않다.

04 | 내용분석

1) 내용분석의 개념과 절차

내용분석은 제3자가 작성한 자료(예: 쇼핑목록, 상품후기, 광고, 보고서, 저서, 쇼핑영상 등)의 내용을 여부/유무, 빈도, 방향성, 강도 등을 기준으로 코딩하여 정량적 분석을 수행하는 방법이다. 예를 들면, 상품후기에 긍정적인 언급을 몇 번 했는지, 그 이유가 디자인 때문인지, 성능 때문인지, 가격 때문인지를 파악하여 제품구매의 이유와 호의적 태도의 수준을 분석하는 것이다. 또한, 자료 속 함의를 연구자의 관점에서 재해석하여 사전에 설정된 수치적 기준에 새로운 범주를 추가할 수도 있다. 이처럼 내용분석은 엄밀히 말하면, 자료수집과 분석을 합쳐서 지칭하는 개념으로 사용된다. 내용분석은 연구자가 직접 자료를 수집할 수 없는 경우, 예를 들어 조선시대 소비현상에 대한 조사를 하거나 응답자가 인터뷰나 관찰 등 모든 형태의 조사에 불응하여 오직 과거 진술이나 서면 인터뷰만 가능할 경우에 유용한 방법으로 정성적 분석에서 사용하는 삼각측정의 대표적인 보조연구방법이다. 즉, 응답자를 인터뷰하거나 관찰하기에 앞서 과거 인터뷰한 자료나 자서전, 저서 등을 미리 확보하여야 내용분석을 진행할 수 있다. 내용분석은 연구자의 자료가 아닌 타인 또는 타 기관의 자료이므로 사적 자료인 경우에는 익명 처리를 해야 하고, 타 기관의 자료는 출처를 분명히 밝혀야 한다. 내용분석에 활용할 수 있는 자료는 문서뿐만 아니라 영상자료도 가능하다.

내용분석에서 활용하는 자료의 양은 방대할 수밖에 없는데, 연구자는 정해진 코딩 기준에 맞춰 자료를 요약하여야 하고, 이를 통해 최종적으로 산출되는 자료의 양은 대폭 감소하게 된다. 자료를 요약하는 과정에서 중요하지 않거나 중복되는 내용은 삭제하고, 애매하거나 모순되는 내용은 연구자의 관점에서 해석하여 제시하여야 하며, 자료의 전체적인 구조나 형식을 파악하여 추가해야 할 범주를 발견하고 이후 자료수집 및 분석에 활용하여야 한다. 다른 정성적 자료수집방법과 마찬가지로 연구문제에 대한 답이 완성될 때까지 자료수집과 분석을 계속하여 이론적 포화단계에 이르도록 하는 것이 원칙이다.

아래 제시된 표 4-4는 학교금융 소비자교육 내용을 분석하기 위하여 초·중·고등학교의 총 100권의 실업과와 사회과 교과서를 대상으로 한 내용분석의 사례이다(최현자·최은진, 2005). 연구자들은 교과서 내용을 기본경제원리, 금융환경, 개인재무관리, 금융소비자의 역할 등 총 4개 대영역으로 분류하고, 22개의 소영역, 72개의 내용요소를 사전에 마련하여 각 교과서별로 해당 내용요소를 포함하고 있는지 여부와 각 내용요소의 쪽수를 계산하여 자료화하였다.

표 4-4를 제시하기 위하여 연구자들은 교과서를 읽는 과정에서 금융 소비자교육 관련 텍스트와 삽화, 사진이 기재되어 있는 경우, 해당 맥락(context)을 하나의 분석단위로 코딩하였고, 집계체계로는 해당 내용의 분량, 즉 교과서의 쪽수를 사용하였다. 예를 들어 한 쪽이 총 30행수이고, 금융 소비자교육에 관한 텍스트가 6행이면, 0.2쪽이 된다. 삽화와 사진의 경우에는 해당 쪽에서 차지하는 면적의 비중으로 계산하였다.

표 4-4 교과서 내용분석 사례

(단위: 수록 여부(쪽))

대영역	소영역	내용요소	초등학교	중학교	고등학교	계(쪽)
I. 기본 경제원리	희소성과 선택	욕구와 희소성	○(4.0)	○(2.3)	○(1.8)	8.1
		선택에 따르는 혜택과 비용	×(0.0)	○(1.4)	○(2.0)	3.4
		한계의 원리	×(0.0)	×(0.0)	○(0.8)	0.8
		기회비용	×(0.0)	○(1.0)	○(1.5)	2.5
	시장과 가격	교 환	○(5.5)	○(1.0)	×(0.0)	6.5
		수요와 공급	○(6.0)	○(1.5)	○(5.2)	12.7
		가격의 결정과 역할	×(0.0)	○(6.0)	○(7.3)	13.3

출처: 최현자·최은진(2005), "초·중·고등학교 교과과정에서의 금융소비자교육 내용분석-교육영역을 중심으로-", 소비자학연구, 16(3), 109～132.

내용분석의 또 다른 사례로 박지우와 여정성(2009)은 신문과 팸플릿이 소비자의 금융정보탐색장애를 적절하게 해소하는지를 파악하기 위하여 내용분석을 실시하였다. 그 중 신문의 내용분석을 살펴보면, 연구자들은 2007년 1월 1일부터 3월 31일까지 광고매출액 상위 3개 신문사인 조선, 중앙, 동아 일보를 대상으로 경제면에 수록된 기사(광고와 부동산, 증권 관련 내용 제외)를 분석 단위로 하여 유형별, 내용별로 분류하였다. 총 139건의 기사가 분석대상이 되었고, 중복되거나 애매한 내용은 가장 역점을 두고 있는 주제로 분류하였다(표 4-5 참조).

표 4-5 신문 내용분석 사례

주제영역	영 역	빈 도(%)	영역별 빈도(%)
은 행	이자율 비교	3(2.2)	37(26.7)
	대출의 종류	19(13.7)	
	상품의 특징	6(4.3)	
	외환거래 안내	3(2.2)	
	신상품 소개	2(1.4)	
	수수료 비교	4(2.9)	
보 험	보험 상품의 비교	5(3.6)	14(10.1)
	유의할 사항	9(6.5)	

출처: 박지우·여정성(2009), "소비자의 금융정보탐색장애와 신문·팸플릿의 유용성 평가", 소비자학연구, 20(1), 127～150.

표 4-5를 살펴보면, 각 금융기관별로 제공하는 금융정보 항목별 빈도와 백분율이 제시되어 있는데, 연구자들은 금융기사의 주된 특징 중의 하나인 비교형 기사가 전체 139건 중에서 80건으로 57.5%를 차지한다고 분석하였다.

2) 내용분석의 장단점

내용분석의 장점은 비공식적인 연구가 가능하여 민감한 주제 또는 접근이 어려운 연구대상에 대한 자료 수집이 가능하다는 것이다. 다른 정성적 자료수집방법과 달리 수치적인 코딩기준을 사용하기 때문에 명확한 결과도출에 보다 유리하다. 방대한 자료를 사용하지만, 직접적인 자료생성이 아닌 기존 자료를 수집하기 때문에 시간과 비용이 적게 소요된다. 연구자가 직접 자료생성과정에 개입하지 않으므로 연구자 또는 면접원으로 인한 오차발생의 가능성이 없고, 상품후기나 일기 같은 경우에는 소비자가 자발적으로 만든 자료로 인위적인 조치에 전혀 노출되지 않아 솔직하고 자연스러운 결과도출이 가능하다. 뿐만 아니라 공신력 있는 기관이나 전문가에 의해 생성된 자료의 경우, 신뢰도가 높은 양질의 자료를 확보할 수 있다는 장점이 있다.

반면, 내용분석은 연구자가 연구목적에 맞춰 직접 수집한 자료가 아니기 때문에 연구문제에 대한 적절한 답변을 제시하지 못할 수 있고, 해석 시 오류가 발생할 수 있다. 자료의 생성시점이 오래된 과거인 경우, 보존 중에 누락된 부분이 있을 수 있고, 현장 분위기나 비언어적 행동 등에 대한 자료는 수집하기 어렵다. 또한, 이미 생성된 자료를 바탕으로 하기 때문에 앞서 설명한 누락된 부분이나 해석 시 발생하는 오류를 확인할 수 있는 방법이 현실적으로 없다.

05 | 포커스그룹 인터뷰

1) 포커스그룹 인터뷰의 개념과 절차

포커스그룹 인터뷰(focus group interview: FGI)는 소수의 동질적인 응답자 그룹을 대상으로 하나의 연구주제에 대한 공통된 의견, 즉 합의를 이끌어내는 자료수집기법이다. 소비자분석에서 가장 잘 알려져 있고 활용도가 높은 정성적 자료수집방법으로, 특히 기업에서 활용도가 매우 높으며 브랜드, 제품 등에 대한 주제를 알아보기에 적합한 방법이다. 포커스그룹 인터뷰의 진행자를 모더레이터(moderator: 중재자)라고 부르는데, 그 이유는 포커스그룹 인터뷰의 최종 목적이 응답자 간의 합의 도출이기 때문이다. 모더레이터는 응답자들의 공감대(라포) 형성을 돕는 동시에 토의의 방향이 주제를 벗어나지 않도록 조절하고, 응답자 중에서 유난히 의견이 강한 사람을 제재하며 반응이 없는 응답자를 독려하는 역할을 수행하여야 한다. 모더레이터는 개인의 의견을 밝히지 않고 중립적인 자세를 취해야 하는데, 이는 모더레이터가 개인적인 입장을 밝히면 그에 동의하는 쪽으로 합의가 도출될 위험이 있기 때문이다. 모더레이터는 경청하는데 집중하여야 하고, 수집되는 정보의 70% 이상은 응답자에게서 생성되는 것이 바람직하다.

응답자 그룹은 6~8명으로 구성하는 것이 일반적이고, 최대 11~12명까지 가능하다. 보통 리크루팅한 응답자 전원이 참석하는 경우가 적어 12명까지 연락을 취하고 8~9명 정도 참석하여 인터뷰를 진행하는 경우가 많다. 인터뷰 시간은 통상적으로 1시간 30분에서 2시간 정도 소요된다. 응답자들은 동질적이어야 하는데, 이는 응답자 간의 원활한 합의 도출을 위해서이다. 이를 위하여 연령대와 성별, 소득, 거주지역, 학력수준 등 기본적인 사회인구학적 특성이 유사하도록 리크루팅하여야 하고, 개인적으로 아는 응답자들이 없도록 그룹을 구성하여야 한다. 만약, 집단 간 차이를 보고 싶다면, 동질적인 응답자로 구성된 인터뷰 집단을 원하는 기준에 맞춰 여러 개 리크루팅하여 포커스그룹 인터뷰를 여러 번 진행하여야 한다. 예를 들어 남녀 차이를 보고 싶다면, 남성 집단과 여성 집단의 2그룹에 대한 포커스그룹 인터뷰를 진행하면 된다. 또한, 연구주제를 잘 알고 있고 익숙한 일반 소비자들을 리크루팅하여야 한다. 새롭게 출시될 스마트폰의 브랜드명을 정하기 위한 포커스그룹 인터뷰를 기획한다면, 스마트폰 소지자나 이용 경험자를 대상으로 리크루팅을 진행하고, 일반 소비자의 시각을 반영하기 위하여 마케팅 및 광고업체 종사자는 제외하여야 한다.

포커스그룹 인터뷰는 여러 응답자들을 동시에 모아 놓고 진행하는 인터뷰 기법이므로 소비자 인식 여부, 선호도, 찬반의견 등에 대한 수집된 정보를 바탕으로 간단한 빈도분석이 가능하다. 기업에서 활용도가 높은 소비자모니터제도는 주부나 여대생 등 동질적인 집단을 대상으로 제품을 직접 사용하도록 한 다음, 선호도 및 보완사항에 대한 의견을 듣는 제도로 약식의 포커스그룹 인터뷰 진행이 가능하다.

새로 촬영한 광고에 대한 의견을 들을 수도 있고, 신제품 출시 이전에 제품에 대한 선호도를 측정할 수도 있다.

다음은 새로운 화장품 브랜드를 론칭하고자 하는 A사가 기획한 포커스그룹 인터뷰의 조사설계안을 예시한 것이다.

- **조사대상**
  - 최근 6개월 간 화장품 구입 경험자
  - A사와 경쟁사 제품 구입 경험자를 1 : 1로 구성
  - 총 3개의 그룹으로 구성(그룹당 8명으로 구성)

구 분	그룹 구성
그룹 1	20대 여대생(미혼)
그룹 2	25~34세 직장여성
그룹 3	35~45세 자녀가 있는 전업주부

- **조사일정(총 6주 소요 예정)**
  - 가이드라인 협의(고객사와 조사대행업체 담당자 모두 참석) : 1주 소요
  - 응답자 리크루팅: 1주 소요
  - 포커스그룹 인터뷰 준비 및 진행: 1주 소요
  - 1차 보고서 작성 및 제출: 2일 소요
  - 최종 보고서 작성 및 제출: 3주 소요
- **조사내용**
  - 시제품 반응 평가: 패키지, 제형 등
  - 시제품의 보완사항
  - 구입의도
  - 브랜드명에 대한 반응
  - 수용 가능한 가격대

위의 사례처럼 대부분의 기업이 포커스그룹 인터뷰를 설계하고 수행할 때, 조사대행업체에 의뢰를 하게 되는데, 모더레이터 지정부터 가이드라인의 내용 및 응답자 선별·제외조건까지 모두 협의하는 것이 바람직하다. 모더레이터의 경우, 제품에 대해 가장 잘 알고 있는 A사의 담당자가 맡는 것이 이상적이나, 인터뷰 기술이 미숙할 경우에는 전문 모더레이터를 고용하게 된다. 이 때, 반드시 제품에 대한 정보를 사전에 충분히 제공하여 제품에 대해 숙지한 상태에서 인터뷰를 진행하여야 하고, 인터뷰 진행 중간에 A사의 담당자와 원활한 의사소통을 하여야 한다.

다음으로 포커스그룹 인터뷰를 이용한 연구사례를 살펴보자. 이영선과 신은주(2011)는 문화예술상품에 대한 소비자의 가치인식과 추구혜택을 파악하기 위하여 총 12그룹을 대상으로 포커스그룹 인터뷰를 진행하였다.

- **자료수집대상**
  - 연구에서 지정한 7가지 문화예술상품 중, 최소 3가지 이상의 문화예술 장르에 대한 소비 경험이 있으며 향후 문화예술상품을 구매할 의사가 있는 사람
  - 서울·경기지역과 충남지역(대전광역시, 공주시)에 거주하는 10~50대 소비자 58명(총 12그룹: 그룹당 4~6명; 연령, 직업, 혼인 여부, 거주지역에 따라 동질적인 집단으로 구성)
- **자료수집절차**
  - 면접 일시: 2009년 11월 21일~2010년 8월 20일, 총 12회 진행
  - 소요시간: 1시간 40분~2시간
  - 면접장소: 학교 회의실, 미술관, 공연장 근처
- **가이드라인**

  (개괄적 질문 → 구체적 질문 순으로 인터뷰 진행)
  - 개괄적 질문의 예: "음악회나 연극, 미술작품 전시에서 얻게 되는 것은 무엇입니까?"
  - 구체적 질문의 예: "연극 관람이 어떤 유익을 준다고 생각하십니까?"
    "휴식이라면 어떤 종류의 휴식을 의미하십니까?"

출처: 이영선·신은주(2011), "문화예술상품에 대한 소비자의 가치인식과 추구혜택에 관한 질적 연구", 한국마케팅저널, 12(4), 27~54.

위의 포커스그룹 인터뷰에서 연구자들은 응답자들의 답변 빈도, 맥락의 중요성을 바탕으로 핵심어휘들을 추출하고, 핵심어휘의 의미 유사성과 차이를 기준으로 범주를 구성하여 각 범주 간의 관계를 설정하였다. 또한, 연구자들은 핵심어휘를 중심으로 연령별 차이를 발견하였는데, 그 일부를 살펴보면 10대부터 40대까지는 클래식음악 CD를 문화예술상품으로 인식하고 있는 반면, 40대 일부와 50대는 CD를 문화예술상품을 전달하는 매체로 인식하고 있었다.

2) 포커스그룹 인터뷰의 장단점

포커스그룹 인터뷰의 가장 큰 장점은 신속하고 비교적 저렴하게 많은 자료를 집중적으로 수집할 수 있다는 것이다. 또한, 탐색적 연구주제부터 확인적 분석, 비교적 심층적인 연구주제 영역까지 모두 아우를 수 있고, 상대적으로 인터뷰 진행이

까다롭지 않다는 장점이 있다. 특히, 기업의 실무자 입장에서는 손쉽게 고객의 목소리를 직접 들을 수 있어 신속한 의사결정이 필요할 때 적합한 기법이라고 할 수 있다. 기업 실무자는 모더레이터와 응답자들의 인터뷰 장면을 일방향 거울이 설치되어 있는 FGI 룸에서 볼 수 있어 실시간으로 모더레이터와 의견을 교환하면서 인터뷰에 참여할 수 있다. 모더레이터와 다른 연구자들(기업의 경우, 담당 부서의 실무자)과의 효과적인 의견교환이 포커스그룹 인터뷰의 성공을 결정짓는 매우 중요한 요소 중의 하나이므로 인터뷰 진행 중에는 메모와 메신저, 문자서비스 등을 이용하고, 인터뷰 휴식시간을 최대한 활용하여 추가 질문 또는 답변에 대한 확인 등이 이루어져야 한다.

반면, 포커스그룹 인터뷰가 진행되는 공간인 FGI 룸은 인위적인 공간으로 응답자의 사적인 공간과 달리 자연스러운 환경이 아니어서 규범적인 답변이나 솔직하지 않은 반응이 생성될 가능성이 있다. 또한, 응답자 중에서 주장이 강한 사람이나 극단적으로 대립하는 사람들이 있을 경우에는 완전한 합의 도출에 실패할 수 있다. 특히 아무리 소규모라고 하더라도 집단 인터뷰 형태로 진행되기 때문에 모든 참석자의 이야기를 심도 있게 들을 수 없다는 한계가 있다.

06 | 심층면접

1) 심층면접의 개념과 절차

심층면접은 매우 사적이거나 음성적인 이슈, 또는 전문적인 주제에 대해 응답자와 심도 있게 인터뷰하는 기법으로, 통상 일대일로 수행된다. 인터뷰를 진행하는 과정과 기법은 앞서 설명한 포커스그룹 인터뷰와 유사하지만 포커스그룹 인터뷰가 제품이나 브랜드 등의 마케팅과 관련된 연구주제에 적합하다면, 심층면접은 개인의 소비생활이나 소비습관, 소비스타일 등 소비자 마음 이면에 숨겨진 사실을 발견해야 하는 연구주제에 보다 적합하다. 심층면접은 응답자의 진술이 가장 중요한 사항이므로 연구자와 응답자 간의 친숙한 분위기, 즉 공감대(라포) 형성이 가장 중요한데, 라포가 잘 형성되어야 응답자의 진실한 답변을 이끌어낼 수 있다. 성공적인 라포 형성을 위하여 연구자와 응답자의 사회·경제적 지위가 가급적 유사한 것이 좋으며 그렇지 않다면 최대한 유사하게 보이도록 노력하는 것이 좋다. 예를 들어 10대 소비자의 인터넷 중독소비에 대한 심층면접을 진행한다면, 연구자 중에서 가장 어린 연구자를 면접원으로 선발하거나, 면접원이 캐주얼 복장에 10대들이 사용하는 은어를 기본적으로 숙지하고 있는 것이 좋다. 처음에는 쉽고 기술적인 질문을 하고 나중에 연구주제와 직접적으로 연결되는 핵심질문들을 하는 것이 효과적이다.

심층면접이 단순히 응답자에게 질문하고 그 답변을 듣는 방식으로 진행된다면 제한된 연구결과만 얻게 되고 심도 있는 정보는 수집할 수 없다. 라포를 잘 형성하여 깊이 캐묻고, 새로운 단서가 수집되면 이를 바탕으로 새로운 질문을 즉석으로 만들어 물어야 한다. 캐묻기(프로빙: probing)란, 응답자의 답변이 애매모호하거나 연구자가 원하는 수준이 아닐 경우, 더 정확하고 많은 정보를 알아내기 위하여 추가적인 질문을 하는 기법이다. 연구자는 응답자가 원하는 수준까지 답변을 정확하게 했다는 것을 확인하기 전까지는 시간을 더 주거나, 자세한 해명을 요구하거나, 연구자가 이해한 내용을 요약하여 전달한 후, 정확성 여부를 확인하는 등의 노력을 반복적으로, 그리고 지속적으로 수행하여야 한다. 연구자는 자료수집과 동시에 분석을 진행하여 수집된 정보가 진솔한 이야기인지를 판단하고 본인의 해석이 정확한지를 응답자에게 즉각적으로 추가질문을 하여 확인하여야 한다.

심층면접은 다른 정성적 자료수집기법들에 비해 융통성 있게 진행하는 것이 좋은데, 이는 응답자의 솔직한 속마음을 듣기에 효과적이기 때문이다. 연구주제에서 벗어난 방향으로 인터뷰가 진행되더라도 일단 그대로 진행하여 응답자가 말하는 흐름을 끊지 않도록 해야 하고, 응답자의 이야기가 마무리되는 대로 주제로 되돌아가는 전략(클리킹 백: clicking back)을 사용하여야 한다. 무엇보다 심층면접은 응답자와의 공감대 형성 및 교감이 매우 중요한 기법이므로 응답자의 언어적 표현뿐만 아니라 비언어적 표현(예: 표정, 몸짓, 말투, 어감 등)도 꼼꼼하게 메모하는 것이 중요하다.

심층면접은 보통 10명 내외로 진행하는 것이 일반적이며 모든 연구사례들을 진실하고 중요한 연구결과로 인정하여야 한다. 인터뷰 시간은 2시간을 기준으로 응답자의 상황에 맞게 조정할 수 있고, 인터뷰 중간이라고 하더라도 알고 싶은 정보를 모두 수집하여 이론적 포화에 이르렀다면 인터뷰를 마쳐도 무방하다. 인터뷰 장소는 응답자가 편한 곳에서 하는 것이 가장 좋으며, 응답자의 사적인 장소인 자택이나 사무실을 이용할 경우에는 인터뷰 외에도 관찰을 통하여 많은 정보를 추가로 수집할 수 있다. 인터뷰 전에는 녹음한다는 사실을 밝히고, 인터뷰 내용을 연구에 활용할 것에 대한 동의를 얻고 익명성 보장을 약속하여야 한다. 인터뷰가 진행 중이라도 응답자가 지겨워하는 느낌을 받으면 남은 질문 중에서 핵심적인 질문만 골라서 하고 서둘러 마치거나 다음 면접 약속을 잡고 인터뷰를 중단하는 것이 좋다.

만약 응답자가 대답을 하지 않거나, '예, 아니오' 로 매우 짧게 답변을 하는 등 전형적인 '나쁜 응답자' 의 모습을 보인다면, 심층면접은 매우 힘들어질 수 있다. 이를 방지하기 위해서는 응답자 리크루팅 시 면접에 응할 용의가 있는지를 사전에 충분히 확인하여야 하고, 중장년 이상, 그리고 남성일수록 나쁜 응답자일 확률이 높음을 숙지하여야 한다. 나쁜 응답자에 대한 대처방법을 정리하면 아래와 같다.

- 답변을 거부하거나, 짧게 대답하는 경우: 다른 사람은 이렇게 이야기했다고 예시를 소개하며 이에 대한 의견을 우선 요청
- 과장을 할 경우: 일단 과장을 허용한 다음, 캐묻기와 답변에 대한 추가적인 확인 질문을 통하여 내용을 보완
- 매우 흥분하거나 감정적인 경우: 질문을 하는 대신, 경청을 주로 하여 응답자가 흐름을 끊기지 않고 모두 이야기를 할 수 있도록 유도
- 연구자를 무시할 경우: 복장은 정장으로, 매우 공식적인 자세와 말투로 '조언' 을 구하는 방식으로 인터뷰를 진행. 핵심질문을 위주로 준구조화된 가이드라인을 이용

심층면접을 이용하여 사적이면서도 음성적인 주제인 소비자파산에 대해 연구한 연구사례를 살펴보면 아래와 같다. 김미라와 황덕순(2008)은 소비자파산의 특성과 파산원인을 분석하기 위하여 소비자파산 신청자 7명을 대상으로 심층면접을 실시하였다. 연구내용이 소비자파산을 신청하게 된 경위와 삶의 여정 등으로 매우 사적이기 때문에 심층면접이 유일한 자료수집방법이었다. 구체적인 자료수집절차는 아래와 같다.

연구자들은 아래의 심층면접을 통하여 소비자파산을 신청한 응답자들이 저소득, 나쁜 건강상태, 비정규직의 특성을 갖고 있고, 파산의 주요 원인은 본인이나 가족의 사업실패, 도박중독, 정신질환 등의 개인적 원인과 채무자의 상환능력을 고려하지 않은 무분별한 신용공급이라는 사회적 원인이라는 것을 밝혀낼 수 있었다.

• **자료수집대상**
- 광주광역시의 지방법원에 소비자파산절차를 신청한 소비자(총 7명)
- 여성 3명, 남성 4명: 20대 1명, 30대 4명, 40대 1명, 50대 1명
- 각 법률사무소의 변호사와 사무장(자료의 타당성 검증을 위함)

• **자료수집절차**
- 법무법인과 개인변호사 사무실의 소비자파산 고객명단을 이용하여 전화로 면접참여의사를 확인 후 심층면접 실시
- 면접 일시: 2008년 1월 19일~2월 24일, 총 2회 면접 진행
- 소요시간: 최소 1시간 30분, 최대 4시간 30분
- 면접장소: 5명은 본인의 집에서 진행(응답자의 가정형편 관찰을 위함)
  2명은 집 공개를 거부하여 각각 사업장과 사업장 근처 음식점에서 면접

• **가이드라인**
- 사회인구학적 특성: 학력, 직업 경력, 결혼/이혼 경력, 주거 상황
- 경제적 특성: 가계수지, 부채규모
- 채무발생원인과 진술의 사실여부

출처: 김미라·황덕순 (2008), "소비자파산의 특성과 파산원인에 관한 연구", 소비자학연구, 19(3), 121~145.

다음으로 이성림 등(2011)은 소비의 양면성인 행복과 갈등의 본질을 심도 있게 이해하기 위하여 소비활동에 관여도가 높은 중산층 주부 소비자 9명을 대상으로 심층면접을 진행하였다. 구체적인 자료수집절차는 아래와 같다. 연구자들은 심층면접을 통하여 행복경험과 갈등경험을 구성하는 주제 묶음을 각 4개씩 발견하였고(행복: 높은 효용가치, 소유보다 관계, 마음의 풍요, 나만의 자신감 vs. 갈등: 부족함과 낭비, 남들처럼 해야 하나/남들만큼 못하나, 가족 간의 소비갈증, 속성 재배하는 소비사회), 이 두 가지 경험의 내용과 정도를 결정짓는 4가지 요인을 도출하였다(자신감과 믿음, 소비자역량, 합리적/비합리적 소비원칙, 자율성의 부재).

• **자료수집대상**
- 서울 및 서울 근교에 거주하는 기혼여성
- 연령과 직업유무를 적절히 분배(다양한 소비생활 경험 자료를 수집하기 위함)
- 30대 3명, 40대 4명, 50대 2명: 전업주부 4명, 직장인 5명
- 소득계층 하층은 제외(소비생활경험이 한정되기 때문), 전체 5분위 소득계층 중에서 3분위 소득계층 이상의 중상층으로 구성

(계속)

- 자료수집절차
  - 면접 일시: 2009년 3~4월, 총 1~2회 진행(2차 면접 중 일부는 전화면접)
  - 소요시간: 평균 2시간 소요
  - 면접장소: 학교 연구실, 사무실, 자택, 카페 등(참여자의 접근이 편리하고 조용하며 편안한 곳)
- 가이드라인
  - 일상적인 소비생활에서 행복하고 즐거웠던 경험
  - 소비생활에서의 갈등 경험, 감정
  - 지향하는 소비생활의 모습

출처: 이성림·손상희·박미혜·정주원·천경희(2011), "소비생활에서의 행복과 갈등", 소비자학연구, 22(1), 139~166.

2) 심층면접의 장단점

심층면접의 장점은 매우 민감한 주제에 관한 응답자의 속마음에 접근하여 심도 있는 이야기를 소비자 언어로 수집할 수 있다는 것이다. 또한, 글을 모르거나, 조사연구의 설문지법에 익숙하지 않거나, 응답하기 어려워하는 노인·어린이·저학력 소비자를 조사하기에 적합하고, 응답자의 표현을 수집과 동시에 분석이 가능하여 연구자의 해석이 맞는지 그 자리에서 확인할 수 있다. 연구자의 숙련도와 능력에 따라 인터뷰의 범위와 깊이를 융통성 있게 조절할 수 있어 응답자 개개인의 특성에 맞춰 인터뷰를 진행할 수 있다는 장점도 있다.

반면, 심층면접은 응답자의 리크루팅이 잘못될 경우, 조사 전체가 잘못될 수 있고, 연구자 능력이 중요하여 미숙한 연구자의 경우 만족할 만한 연구결과 도출이 어려울 수도 있다. 예를 들어, 연구자가 응답자와의 공감대(라포) 형성에 실패하거나, 중립적인 자세를 유지하지 못한다면 타당도 있는 자료 수집에 실패하게 된다. 또한, 다른 조사 기법에 비해 시간과 비용이 많이 소요되고, 응답자의 진솔한 답변을 이끌어내는 데에 연구자의 많은 노력이 요구된다.

07 | 델파이 기법

1) 델파이 기법의 개념과 절차

델파이 기법(delphi method)은 일반 소비자가 잘 모르는 전문적인 주제나 미래에 일어날 현상에 대한 전문가들의 의견을 반복적으로 수집하여 대안을 도출하고 미래를 예측하는 방법으로, 소비자정책결정이나 신제품 수요에 대한 예측 등에 많이 사용된다. 델파이 기법에서는 연구자가 개별적으로 전문가들과 접촉하여 자료를 수집하기 때문에 전문가들은 서로 만나지 않고도 의견을 주고받을 수 있다. 연구자는 전문가들의 의견을 요약·정리하고, 이를 동일한 전문가들에게 다시 전달하여 피드백을 받음으로써 전문가 상호 간의 의견을 공유하고, 본인의 의견을 수정·보완할 기회를 제공하여 합의안을 도출하게 된다.

델파이 기법의 자료수집은 연구주제와 관련된 다양한 분야(예: 기업, 학계, 공공기관, 언론계 등)의 전문가들을 리크루팅하여 대면면접 설문지법과 약식의 심층면접을 혼합하여 실시하는 것이 일반적이고, 우편 설문지법이나 온라인 설문지법을 이용하기도 한다. 델파이 기법은 일반 소비자가 아닌 전문가의 의견을 수집한다는 점, 한 명이 아닌 여러 명의 의견을 수집한다는 점, 동일한 전문가 집단과 반복적으로 의견교환을 하여 피드백을 받는다는 점에서 신뢰도와 타당도가 높은 자료를 수집할 수 있다.

델파이 기법에 참여하는 전문가의 수는 15명에서 30명 내외가 적당하고, 참여를 재확인하고 적극적으로 독려하여 반복되는 피드백 과정에서 응답을 거부하거나 포기하는 경우를 최소화하여야 한다. 자료수집횟수는 최소 2회에서 통상 3~4회 정도 반복하는 것이 좋고, 반복횟수가 많아질수록 응답을 거부하여 전문가 패널에서 이탈하는 수가 늘어날 수 있으므로 주의하여야 한다. 수집된 자료를 분석하여 다시 전문가들에게 제시할 때에는 극단적인 의견은 제외하고 다수의 의견을 사분위수로 나눈 후, 이에 대한 평가를 유도해야 하며 사분위수의 예를 들자면, '긍정(또는 찬성)/잘 모름/부정(또는 반대)/판단유보' 등이 될 수 있다. 이 때 평균값보다는 중앙값을 제시하는 것이 더욱 유용하며, 본인의 입장에 대한 이유(예: 찬성 이유)에 대한 자료도 수집하여 정리된 내용을 다음 조사 회차에 진문가들에게 전달하고, 이를 근거로 한 입장변화가 있는지 여부를 확인하여야 한다.

델파이 기법을 이용한 소비자정책결정에 대한 연구의 사례를 살펴보면 다음과 같다. 전상민(2008)은 소비자지향적인 가공식품의 건강강조표시제도 도입을 위하여 델파이 기법을 이용하였고, 자료수집절차는 아래와 같다.

- **자료수집대상**
  - 16명의 전문가를 대상으로 총 2회에 걸쳐 자료수집
  - 식품업계 4명, 표시관리기관 3명, 소비자단체 2명, 학계(소비자학/식품영양학) 4명, 소비자보호기관 3명
  - 2차 조사에서 1명의 전문가가 응답 거부
- **자료수집절차**
  - 1차 조사에서는 직접 방문하여 대면조사 수행, 2차 조사에서는 이메일 이용
  - 1차 조사에서부터 개방형 설문을 최소화하고 구조화된 설문을 시행하여 참여자의 심리적 부담을 줄이고 조사의 효율성을 높임
  - 1차 조사 기간(2007년 6월 22일~7월 10일), 2차 조사 기간(2007년 7월 30일~8월 24일)

출처: 전상민(2008), "가공식품의 소비자지향적 건강강조표시제도 도입 방안 연구", 서울대학교 박사학위논문.

표 4-6 가공식품에 대한 질병위험감소표시의 도입 타당성에 대한 전문가 태도(N=16)

빈 도(%) / 응답배경	찬 성		반 대	
질병위험 감소표시	1차	10(62.5)	6(37.5)	
	2차	8(50.0)	6(37.5)	답변 보류: 2(12.5)
	• 심의 통과를 위한 근거를 가진 식품이 많지 않아 오남용의 가능성이 희박함 • 국내 소비자의 만성질병 예방에 도움이 됨 • 소비자의 건강에 실제적으로 가장 큰 도움이 되는 정보로, 적극적으로 공개해야 함		• 일반식품을 약으로 오인할 수 있음 • 질병위험감소표시를 치료의 의미로 오인할 수 있음 • 정확한 측정 및 심의 기준 마련과 관리의 어려움이 큼. 현재 국내 수준으로는 제대로 될 확률이 높지 않음	

출처: 전상민(2008), "가공식품의 소비자지향적 건강강조표시제도 도입 방안 연구", 서울대학교 박사학위논문.

앞의 델파이 자료수집과정을 거쳐 완성된 제도도입에 대한 전문가들의 정책결정 태도를 정리하면 표 4-6과 같다. 1차 조사에서는 찬성 비율이 62.5%이었으나, 찬반 이유에 대한 의견을 공유한 결과, 2차 조사에서는 찬성 비율이 50%로 감소하였고, 1차에서 찬성했던 12.5%의 전문가는 답변보류로 의견을 바꾸었다.

새로운 연구주제를 측정하기 위한 측정도구를 개발하기 위하여 델파이 기법을 사용한 연구사례도 있다. 백혜란과 이기춘(2009)은 프로슈머의 성향측정도구의 개발을 위하여 총 54명의 전문가를 대상으로 델파이 기법을 사용하여 참여적, 관계적, 유희적, 창조적 프로슈머 성향에 대하여 최종적으로 20개 문항을 도출하였다. 이들의 자료수집절차는 아래와 같다.

- **자료수집대상**
  - 54명의 전문가를 대상으로 총 2회에 걸쳐 자료수집
  - 학계(소비자학, 경영학) 30명, 기업(광고회사, 연구소, 마케팅 부서) 18명, 언론계 3명, 소비자 관련기관(소비자원, 재정경제부) 3명
  - 2차 조사에서 4명의 전문가가 응답 거부
- **자료수집절차**
  - 직접 방문 또는 이메일로 조사지 전달 후 회신 받음
  - 1차 조시 시, 개방형 설문지로 구성(프로슈머 연상 단어, 정의, 의의 등), 2차 조사 시, 1차 조사의 내용분석을 바탕으로 구조화된 설문지 개발(1차 조사에서 반복적으로 언급된 핵심 용어를 3개의 범주로 나누어 7점 리커트척도로 측정)
  - 1차 조사 기간(2007년 5월 29일~8월 23일), 2차 조사 기간(2007년 8월 28일~9월 10일)

출처: 백혜란·이기춘(2009), "프로슈머의 개념화와 성향측정도구 개발", 소비자학연구, 20(3), 135~161.

2) 델파이 기법의 장단점

델파이 기법의 장점은 전문가들이 한 자리에 모여 토의를 하는 것이 아니라 연구자가 개별적으로 전문가들을 인터뷰하기 때문에 응답자들 간의 마찰이나 심리적 의존, 동조 등을 예방할 수 있다는 것이다. 한자리에 모이기 힘든 여러 명의 전문가 집단의 의견을 모두 들을 수 있다는 장점이 있고, 익명을 보장한 상태에서 자료를 수집하기 때문에 전문가들의 솔직한 의견을 기대할 수 있다. 또한, 전문적인 지식을 바탕으로 한 자료가 수집되므로 미래에 대한 예측력을 높일 수 있고, 서로 다른

분야에 있는 전문가들의 지식을 공유하여 자료를 상호 보완할 수 있다는 장점도 있다. 전문가 집단의 의견을 최종 수렴하여 이를 빈도분석 등의 정량적 분석법을 통해 수치화함으로써 정량적인 결과 분석도 가능하다.

반면, 델파이 기법은 조사에 응할 전문가를 리크루팅하기가 어렵다는 단점이 있다. 인터뷰를 요청하였을 때 본인이 전문가가 아니라고 거절할 수 있고, 질문에 응답하는 대신 전문가가 본인 의도대로 강의하는 형태로 인터뷰가 진행되어 주제에서 벗어난 자료가 수집될 수도 있다. 이를 방지하기 위해서는 사전에 질문리스트를 전문가들에게 전달하는 것이 좋다. 또한, 전문가들의 주관적 판단에 전적으로 의지하기 때문에 전문가가 질문을 잘못 이해했거나 잘못된 답변을 할 경우 양질의 자료수집에 실패할 수도 있다. 자료수집이 여러 차례에 걸쳐 이루어지고, 이를 분석하고 다시 보내야 하는 복잡한 과정을 거쳐야 하기 때문에 시간이 많이 소요되고, 자료수집과정에서 이탈하는 전문가가 발생할 위험이 있다. 또한, 의견을 수렴하여 합의를 이끌어내는 과정에서 극단적이고 지나치게 창의적인 의견은 제외될 가능성이 크며, 만약 제외된 의견들의 예측력이 높을 경우 타당도 있는 결과도출에 문제가 발생할 수 있다.

08 | 투사기법

1) 투사기법의 개념과 절차, 유형

투사기법은 소비자가 자신의 생각이나 느낌을 직접적으로 표현하는 것을 거부하거나, 어려워할 때, 다른 개체에 투사하여 간접적으로 표현하도록 하는 조사기법으로 내면에 숨겨진 솔직한 이야기를 끄집어내기에 유용하다. 예를 들어, S전자와 L전자를 비교해 달라고 소비자에게 요청하면서 두 브랜드를 동물에 비유하고 그 이유를 설명해 달라고 하면, 보다 손쉽게 심도 있는 이야기를 들을 수 있다. 투사를 위한 자극개체는 사람 또는 동물, 사물, 이미지, 단어 등이고, 일반적으로 잘 알려진 투사 자극개체를 활용하는 것이 좋은데, 투사 개체를 파악하는 것만으로도 연구자가 이미 많은 정보를 수집할 수 있기 때문이다. 만약, 이상형인 연예인이 지적인 이미지로 유명한 스타라면, 지적인 사람을 선호한다는 것을 굳이 물어보지 않아도 알 수 있다.

최근 소비자가 이성적인 판단이 아닌 직관과 감성을 바탕으로 구매를 결정하고, 소비자 본인도 왜 그것을 구매하였는지 정확히 잘 모르거나 규범적인 답변을 거짓으로 응답하는 경우가 많아지면서 투사기법의 효용가치가 높아지고 있다. 소비자에게 왜 명품모조품, 소위 짝퉁을 사느냐고 물어보면, '안 샀어요' 라고 거짓말을 하거나 '글쎄요' 라고 답변을 회피하기 쉽다. 이 때, 짝퉁을 구입하는 사람들은 주로 어떤 사람들일 것 같은지 이미지를 골라 보라고 하면, 솔직하면서도 많은 정보를 수집할 수 있다. 투사기법은 단독으로 활용되는 경우는 드물고, 포커스그룹 인터뷰나 심층면접 중에 보조연구기법으로 사용된다.

투사기법은 연상법과 표현법으로 수행할 수 있다. 연상법은 연구자가 응답자에게 이미지나 단어카드를 제시한 후, 주어진 질문과 관련하여 떠오르는 것이 무엇인지 고르라고 하는 방법이고, 표현법은 응답자에게 직접 그림을 그리거나 단어를 쓰고 문장을 완성하라고 요구하는 방법이다.

연상법을 사용할 경우, 사전에 의미분석이 완료된 이미지와 단어카드를 활용하는 것이 일반적이며, 이러한 투사개체가 준비되지 않은 경우에는 주위에서 쉽게 찾을 수 있는 잡지, 신문, 대중적 인지도가 높은 명사나 연예인, 동물 등을 투사개체로

- **주제: 다이어트에 대한 이미지**
  - 연상법: '다이어트' 하면 떠오르는 이미지를 골라 보세요.
    - 미(美)에 대한 기준변화, 아름다움 실현에 대한 기쁨(기쁨, 뿌듯함): 다리를 보세요. 여자들이 살이 찌면 바지를 입게 되고, 살이 빠지면 치마를 입고 하이힐을 신게 되거든요. 모든 여자가 다 그럴 거야. 살이 빠지면 미니스커트와 하이힐을 신게 돼요.

    - 주위 사람들 간의 관계의 긍정적 변화(사랑, 관심, 행복): 보통, 여자들이 다이어트를 하고 나면 로맨스를 할 수 있을 거라고 생각해요. 남자랑 연결시키는 거죠. 내가 살을 빼고 나면 더 나은 남자를 만날 수 있을 것이라고 상상을 하는 거에요. 이런 거 보면 되게 행복해져요.

  - 표현법
    - 다이어트에 성공한 사람은 어떤 사람일 것 같으세요? 묘사해 주세요.
    - 다이어트를 하고 있는 사람은 어떤 집에 살고 있을 것 같으세요?
    - '나에게 다이어트는 ________이다.' 빈 칸을 채워 주세요.

활용할 수 있다. 이에 비해 표현법은 응답자가 직접 이미지를 그리고 단어를 찾아야 하기 때문에 응답자는 다소 어렵다고 느낄 수 있으나, 응답자가 자신의 의견을 자유롭게 밝힐 수 있다는 장점도 있다. 연구자는 응답자들이 이미지나 단어를 고르거나 제시할 때, 그 이유와 과정에 대한 정보를 빠짐없이 수집하여야 한다. 연상법과 표현법의 예시를 제시하면 위와 같다.

- **연상법 진행절차와 도출결과**
  - 응답자와의 사전 미팅을 통해 유전자조작식품이라는 단어를 듣고 가장 먼저 떠오르는 이미지와 관련된 사진이나 그림을 가져오도록 요청
  - 선택된 사진, 그림을 바탕으로 유전자조작식품에 대한 인식을 구체적으로 설명하도록 요청
    - [연상되는 이미지] 유전자조작식품의 양면성: 긍정적 인식(품질개선, 가격인하 등)과 부정적 인식(질병, 기형아 출산, 생태계 질서 파괴 등)이 공존하고 있음

GM Foods의 양면성에 대한 소비자인식을 보여 주는 이미지

- **표현법 진행절차와 도출결과**
  - 인터뷰 중간에 유전자조작식품의 분해 및 소화과정이나 신체에 대한 작용 등을 그림으로 그리도록 요청
  - 응답자가 그린 그림을 바탕으로 어느 부분에서 어떠한 작용이 일어나는지를 설명하도록 요청
    - [표현된 인식] 일반 음식과 다른 예측하지 못했던 성분(우측 그림의 붉은 점)이 나와 체외로 배출되지 않고 정상세포를 공격하여 질병과 돌연변이를 일으킬 수 있음

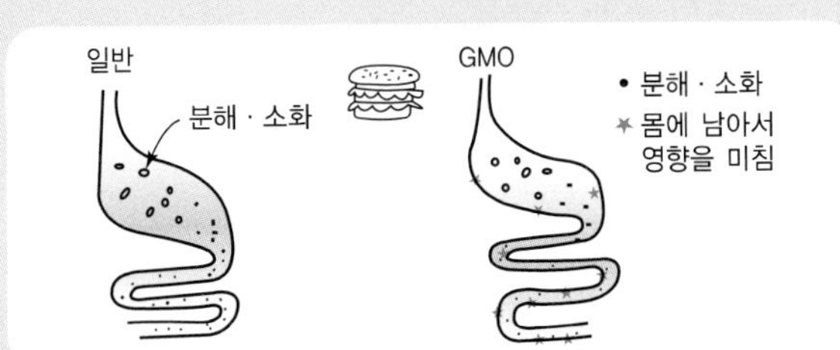

출처: 김경자(2010), "GM Foods에 대한 소비자 지식과 소비자 인식 및 구매의도", 소비자문제연구, 38, 21~42.

앞의 연상법 결과를 바탕으로 다이어트 제품이나 광고를 기획한다면, '10kg 감량! 또는 건강에 좋은 다이어트!' 보다는 '아름다워지는 다이어트', '사랑을 위한 다이어트' 콘셉트가 보다 효과적일 것이다. 다음으로 투사기법을 사용한 실제 연구사례를 살펴보자. 김경자(2010)는 유전자조작식품에 대한 소비자의 인식을 파악하기 위하여 포커스그룹 인터뷰에서 연상법과 표현법을 사용하였는데, 구체적인 자료수집절차와 수집된 자료 및 해석은 위와 같다.

2) 투사기법의 장단점

투사기법의 장점은 솔직한 의견, 소비자도 잘 모르겠다고 응답한 무의식적이거나 잠재적인 의견에 대해 쉽게 자료를 수집할 수 있다는 것이다. 또한, 일반적인 형태의 인터뷰에 비해 많은 정보를 손쉽게 얻을 수 있고, 인터뷰 분위기를 역동적으로 전환하여 진행에 도움을 줄 수도 있다. 지나치게 사적이고 민감한 주제에 대해서도 충분히 조사가 가능하고, 자극물을 활용하므로 언어적 답변능력이 떨어지는 어린이, 노인소비자 또는 지적능력이 낮은 소비자도 인터뷰 대상으로 활용할 수 있다는 장점이 있다.

반면, 투사기법은 수집된 자료가 매우 복잡할 수 있기 때문에 이를 분석하기 위한 연구자의 숙련된 통찰력이 전제되어야 한다는 단점이 있다. 또한, 응답자의 개인적인 특성에 따라 자료의 양과 질, 방향이 크게 좌우되고, 연구자의 주관적인 판단과 능력에 따라 결과해석이 달라질 수 있어 자료의 신뢰도와 타당도에 대한 의문이 제기될 수 있다.

Chapter

05

표본추출

01 | 정량적 자료의 표본추출

1) 표본추출의 개념과 주요 용어

정량적 자료의 표본추출이란 모집단을 대표할 수 있는 표본의 선택을 의미하는 것으로 표집 또는 샘플링(sampling)이라고 한다. 모집단 전원을 대상으로 하는 전수조사는 현실적으로 진행이 어렵고 표본조사에 비해 시간이나 비용, 타당도 측면에서 오히려 비효율적이며, 비표본오류(자료수집과 자료정리 과정에서 발생하는 오류)가 크기 때문에, 대부분의 소비자분석은 표본조사로 진행된다. 예를 들어, 스마트폰 이용고객의 만족도 조사를 실시할 경우 우리나라에서 스마트폰을 이용하고 있는 전체 소비자의 명단을 작성하기는 현실적으로 불가능하다. 뿐만 아니라 전수조사는 장기간 조사로 인해 조사 시작시점과 종료시점의 상황이 상이하여 조사결과의 신뢰도와 타당도를 저해할 수 있고, 조사인원이 너무 많아 조사과정 및 면접원 통제가 어려워 비표본오류가 발생할 가능성이 크다. 이에 비해, 표본조사는 응답자 수가 적어 조사과정 및 자료수집의 통제가 용이하여 일관되고 정확한 자료수집이 가능하다는 장점이 있다. 다만, 정량적 분석의 경우 통계치를 바탕으로 모집단에 대하여 연구결과를 일반화하는 것이 목적이기 때문에 추출된 표본이 모집단

표 5-1 표본추출의 주요 용어

<table>
<tr><th colspan="2">전수조사</th><th colspan="2">표본조사</th></tr>
<tr><td>모집단
(population)</td><td>조사하고자 하는 전체 소비자 집단(예: 인터넷쇼핑에 관련된 조사에서는 인터넷을 이용하여 제품을 구입한 경험이 있는 전국의 모든 소비자)</td><td>표 본
(sample)</td><td>모집단에서 선택된 일부 소비자집단(예: 인터넷쇼핑에 관련된 조사에서 인터넷쇼핑 경험이 있는 만 18세 이상 54세 이하의 성인소비자 300명)</td></tr>
<tr><td>모 수
(parameter)</td><td>모집단에서 도출된 통계치</td><td>통계치
(statistics)</td><td>표본에서 도출된 통계치</td></tr>
<tr><td>표집틀
(sample frame)</td><td colspan="3">표본추출에 활용되는 표본의 목록(소비자 명단), 원칙적으로는 모집단을 모두 포함하여야 하나 현실적으로는 표본조사에서 활용되는 표본의 목록을 말함. 모집단을 대표할 수 있어야 하고, 표본추출확률이 동일해야 함</td></tr>
<tr><td>표집단위
(sample unit)</td><td colspan="3">표본추출의 각 단계에서의 표집단위를 말함(예: A서점 인터넷 사이트의 아동도서 구입 고객을 대상으로 한 표본추출에서 1차 표집단위는 A서점 인터넷 사이트, 2차 표집단위는 아동도서 카테고리, 3차 표집단위는 개인소비자가 됨)</td></tr>
<tr><td>관찰단위
(observation unit)</td><td colspan="3">표집단위를 통해 표집된 직접적인 표본, 즉 응답자를 말함. 설문문항에 응답하는 주체임(예: 서점 인터넷 사이트의 아동도서 구입 고객의 만족도 평가를 위한 조사에서 관찰단위는 부모 소비자임)</td></tr>
<tr><td>분석단위
(analysis unit)</td><td colspan="3">연구대상, 자료수집대상을 말함. 연구자가 기술하고 설명하고자 하는 소비자 집단. 관찰단위와 일치할 수도 있지만, 반드시 일치하는 것은 아님(예: 서점 인터넷 사이트의 아동도서 구입 고객의 만족도 평가를 위한 조사에서 실제로 아동도서를 읽는 주체인 아동 소비자는 분석단위이기는 하지만, 부모가 대신 설문에 응한다면 관찰단위는 아닐 수 있음)</td></tr>
</table>

을 충분히 대표할 수 있는지가 가장 중요하다. 표본추출과 관련된 주요 용어를 전수조사와 표본조사 차원에서 분류하면 표 5-1과 같다.

2) 표본추출의 유형

(1) 확률적 표본추출

확률적 표본추출은 연구자가 모집단의 표집틀을 확보하고 있어 표본추출의 확률이 모든 표본에 대해 동일하거나 연구자가 각 표본의 추출확률을 알고 있을 경우 사용하는 표본추출법이다. 표본의 통계치에 대한 통계적인 평가를 할 수 있고, 객관적 표본추출이 가능하여 모집단에 대한 일반화가 가능하다는 장점이 있으나, 시간과 비용이 상대적으로 많이 소요되고, 실질적으로 표집틀 작성 및 확보가 어려워 소비자분석에서 활용도가 높지 않다. 확률적 표본추출의 유형에는 단순무작위, 계통, 층화, 집락 표본추출 등이 있다.

단순무작위 표본추출은 표집틀을 근거로 등록된 모든 소비자에게 번호를 부여한 후, 난수표를 이용하여 무작위로 추출하는 방법이다. 모집단과 연구주제의 특성에 대한 고려가 필요하지 않고, 표본추출확률만 동일하게 한다는 점이 특징으로 가장 단순한 확률적 표본추출방법이다. 그러나 번호 부여가 현실적으로 어렵고, 편향적인 표본을 추출할 확률이 높아 소비자분석에서의 실제 활용도는 낮다.

계통 표본추출은 모집단에서 표본추출의 간격을 동일하게 하여 표본을 추출하는 방법이다. 표본추출간격은 모집단과 표본의 수에 따라 결정되는데, 예를 들어 1,000명 중에서 50명을 추출한다고 하면 20을 표본추출간격으로 하면 되는데, 1번인 사람을 뽑고, 그 다음으로 21번, 41번, 61번순으로 추출하면 된다. 단, 표본추출에 일정한 간격을 두고 있어 모집단의 성격에 따라 표본의 편중현상이 발생할 수도 있다. 예를 들여, 표집틀이 연령순으로 작성되어 있고 표본추출간격이 일정 연령대를 건너 뛸 정도로 넓다면, 해당 연령대의 소비자는 분석에서 제외될 수 있다. 단순무작위 표본추출과 마찬가지로 모집단의 특성이나 연구주제의 성격에 대한 고려가 이루어지지 않아 소비자분석에서의 활용도는 낮다.

층화 표본추출은 모집단을 동질적인 성격을 가진 여러 하위집단으로 층화한 후, 각 하위집단별로 단순무작위 또는 계통적으로 표본을 추출하는 방법이다. 층화 표본추출에서 하위집단의 내부 구성원은 동질적이지만, 하위집단 간에는 이질적인 특성을 가진다. 예를 들어 A미용실 이용고객에 대한 만족도 조사를 진행할 때, 고객명단을 바탕으로 웨이브 펌을 주로 하는 고객집단, 커트를 주로 하는 고객집단, 염색을 주로 하는 고객집단으로 하위집단을 층화할 수 있고, 각 집단별로 일정 표본을 무작위로 추출한다면, 모집단인 A미용실 이용고객 전체의 특성을 잘 반영한 표본을 구성할 수 있다. 층화 표본추출은 비례층화표집과 불비례층화표집의 두 가지 유형이 있다. 비례층화표집은 모집단에서 각 집단의 점유비율을 기준으로 각 집단의 표본 수를 할당하여 추출하는 방법이고, 불비례층화표집은 모집단에 대한 각 집단의 점유비율을 고려하지 않고, 집단별 표본의 수를 같게 추출하는 방법이다. 층화 표본추출은 하위집단으로 층화시키는 단계에서 모집단과 연구주제의 특성을 반영할 수 있어 모집단의 대표성을 가장 잘 나타낼 수 있는 표본추출법으로 확률적 표본추출법 중에서 실제 소비자분석에서 활용도가 가장 높다.

집락 표본추출은 모집단을 이질적인 성격을 가진 여러 하위집단으로 분류한 후, 그 중에서 일부 집단을 대상으로 전수조사 또는 단순무작위·계통 표본추출을 하는 방법이다. 층화 표본추출과 유사한 것처럼 보이나, 집락 표본추출에서는 하위집단의 내부 구성원이 이질적이고, 하위집단 간에는 동질적이라는 특징이 있다. 즉, 집단의 분류에 특정 기준을 적용하지 않고 단순하게 분류한 형태이다. 예를 들면, 미용실 고객리스트를 기록된 순서대로 1~50번을 1그룹, 51~100번을 2그룹과 같은 형태로 집락을 구성하고, 이 중 1그룹을 전수조사하거나 1그룹에서 10명, 2그룹에서 10명을 단순무작위나 계통 표본추출하면 된다. 그러나 철저하게 이질적인 표본들로 하위집단을 구성하기가 쉽지 않을 뿐만 아니라 집단 내 이질성이 부족할 경우 계통 표본추출과 마찬가지로 표본의 편중현상을 피하기 어렵다는 단점이 있다.

(2) 비확률적 표본추출

비확률적 표본추출은 현실적으로 표집틀을 확보할 수 없을 때, 단기간에 저비용으로 조사를 진행해야 할 때 사용된다. 확률적 표본추출에 비해 모집단의 대표성이 떨어지고, 통계적 근거도 약하며, 연구자의 주관이 개입된다는 단점을 가지지만, 시간과 비용 측면에서는 훨씬 효율적이고 표본추출도 간단하고 쉽다. 소비자분석에서는 모집단에 대한 정보가 불충분한 경우가 많아 비확률적 표본추출의 활용도가 높다. 비확률적 표본추출의 유형에는 편의, 유의, 할당 표본추출 등이 있다.

편의 표본추출은 연구자가 편한 방식으로 표본을 추출하는 방법이다. 예를 들어, 연구자가 소속되어 있는 대학의 학생들을 대상으로 조사를 수행하거나 거주지역의 지역민들을 대상으로 조사를 수행하는 방법이다. 강남역이나 명동 같이 유동인구가 많은 장소에서 사은품(화장품 샘플 또는 생활용품)을 제공하면서 간단한 설문조사를 하는 경우가 많은데, 이런 조사들도 편의 표본추출을 이용한 조사에 해당한다. 표준오차와 모집단의 대표성을 논할 수 없어 결과의 일반화는 불가능하며, 실제 소비자분석에서는 간단한 빈도분석이나 예비조사용으로 많이 활용된다.

유의 표본추출은 연구주제에 적합한 표본을 선별하여 추출하는 방법이다. 예를 들어 베이커리 브랜드에 대한 소비자 선호도를 조사할 때, 지난 한 달 동안 베이커리 브랜드를 1회 이상 이용한 소비자를 선별하여 조사를 수행하면 된다. 연구주제에 대한 연구자의 폭넓은 이해와 충분한 사전 정보에 근거하여 표본추출의 기준을 정하는 것이 중요하다. 일반적으로 설문지 작성 시, 첫 질문으로 유의 표본추출을 위한 표본선별질문을 배치하고 표본추출 기준에 적합한 경우에 한하여 설문을 계속 진행하고, 적합하지 않은 경우에는 사회인구학적 변수(연령, 성별 등)만을 추가로 질문하거나 그대로 설문을 종료하면 된다. 연구주제와 연구대상에 대한 연구자의 사전지식이 충분할 경우, 연구에 적합한 표본을 선별할 수 있어 표본추출의 효율성이 높아 실제 소비자분석에서 활용도가 높다.

할당 표본추출은 모집단의 특성에 대한 정보를 사전에 알고 있는 경우에 한하여 사용 가능한 방법으로 모집단의 분포와 같은 비율(예: 연령, 성별, 거주지역 등)로 표본을 추출하는 방법이다. 예를 들어, 우리나라 지역별 거주인구비율에 근거하여 서울, 경기 지역에서 표본의 50%를 추출하고, 광역시(광주, 대구, 대전, 부산, 인천)에서 각각 10%씩 표본을 추출할 수 있다. 이 때, 각 집단별로 연구자가 지정한 할당 표본 수를 넘으면 표본추출을 중단하고, 다른 집단의 표본추출만 추가적으로 진행한다. 표본 수가 많지 않아도 모집단의 특성을 대표하기가 쉬워 소비자분석에서 활용도가 높고, 주로 유의 표본추출이나 층화 표본추출과 함께 사용된다. 단, 표본추출 과정에서 할당 비율을 충족하면 표본추출을 중단하기 때문에, 설문조사 등에 익숙하거나 호의적인 표본만이 추출될 우려가 있으므로 주의가 필요하다.

02 | 정성적 자료의 표본추출

1) 표본추출의 개념과 의의

정성적 자료의 표본추출은 단순히 응답자를 선택하는 것이 아니라 조사장소, 시간, 응답자의 행동이 일어나는 현장과 관련된 제도, 법규 등을 모두 선정하는 것을 의미한다. 정성적 분석에서 조사장소와 시간, 상황 등은 응답자의 반응 및 인터뷰에 큰 영향을 미칠 뿐 아니라 그 자체로서도 많은 의의를 가진다. 또한, 정성적 분석은 연구주제와 관련된 특정한 소비행태, 소비의사결정과정, 소비이유, 소비심리 등에 초점을 맞추기 때문에 모집단을 대표할 수 있는 다수의 표본추출이나, 표본의 통계치를 근거로 한 모수추정은 큰 의미가 없다. 따라서, 대부분의 정성적 자료의 표본추출은 전수조사나 확률적 표본추출이 아닌 비교적 소수의 표본을 대상으로 한 비확률적 표본추출로 진행된다.

정성적 자료의 표본추출은 소수의 표본에서 충분한 자료를 수집하여 심도 있는 분석을 하는 것이 핵심이므로 연구주제에 적합한 표본 선정이 중요하고, 수집된 자료에서 반복된 내용이 나올 때까지 표본추출을 계속하는 것이 원칙이다. 정성적 자료의 표본추출에서 주로 사용되는 표본추출 유형은 유의 표본추출과 이론적 표본추출이다.

2) 표본추출의 유형

(1) 유의 표본추출

정성적 자료의 유의 표본추출은 연구주제를 분석하기에 적합하고, 많은 자료를 획득할 수 있는 표본을 추출하는 것을 말한다. 이를 위해서는 연구주제에 익숙하고 경험이 많으며 잘 알고 있는 표본을 찾아야 한다. 유의 표본추출을 위해서는 먼저 사전에 어떤 표본을 선택할 것인가에 대한 기준을 설정하고, 이를 충족하는 표본을 찾아야 한다. 이 때, 기준을 가장 잘 충족하는 표본뿐만 아니라 가장 잘 충족하지 못하는 표본이나 가장 편차가 큰 표본을 모두 추출하여 서로 비교하는 작업이 필요하다. 정성적 자료의 유의 표본추출은 표본의 성격을 고려한 표본추출(전형적, 극단적, 결정적, 최대편차 표본추출)과 표본에 접근하는 방식을 고려한 표본추출(편의, 네트워크 표본추출)로 구분된다(표 5-2 참조).

유의 표본추출을 통해 수집된 자료에서 연구자는 일관된 결과해석이나 자료를 통합하려는 시도를 하지 않는 것이 좋다. 정성적 분석에서는 정량적 분석과 달리 표본들의 다양성을 인정하고, 각 사례에 대한 심도 있는 이해와 해석이 중요하다. 예를 들어, 청소년소비자의 동조소비현상에 대해 정성적 분석을 할 때, 또래집단의 영향을 받아 N점퍼를 구입한 중학생과 이와 관계없이 가격과 품질을 고려하여 다른 점퍼를 구입한 중학생 케이스를 비교함으로써 각 표본의 성장배경, 가정환경, 학교생활, 또래와의 관계 등을 확인할 수 있다. 이러한 분석을 통해 청소년소비자의 동조소비의 원인은 무엇이고, 동조소비가 극대화되어 나타나는 집단의 특성은 무엇이며, 그렇지 않은 집단과의 차이는 무엇인지를 분석한다면 보다 심도 있는 결론도출이 가능하다.

표 5-2 정성적 자료의 유의 표본추출의 유형

구 분	표본선정 방식	표본의 예시(청소년소비자의 동조소비)
전형적 표본추출	연구주제와 관련된 가장 전형적이고 평범한 표본 선정	또래집단의 영향으로 N점퍼를 구입한 경험이 있거나 구입의도가 있는 중학생
극단적 표본추출	• 연구주제 범위 내에서 비전형적이고 특이한 표본 선정 • 전형적 표본추출과의 비교를 위해 선정되는 경우가 많음	N점퍼를 구입한 경험이 없는 중학생
결정적 표본추출	연구주제에 가장 적합하고 많은 자료를 제공하는 연구에 있어 가장 중요한 표본 선정	평소 N점퍼를 좋아하지는 않지만, 또래집단의 영향을 받아 구입한 중학생
최대편차 표본추출	연구주제 범위 내에서 가장 편차가 큰 표본 선정	N점퍼 구입을 위하여 아르바이트 또는 불법행위 경험이 있는 중학생 vs. 브랜드보다는 가격이나 품질을 근거로 N점퍼가 아닌 다른 점퍼를 구입한 중학생
편의 표본추출	연구자가 추출하기에 가장 편리하고 쉬운 표본 선정	연구자와 친분이 있는 중학생(가족, 지인의 자녀, 학생 등)
네트워크 표본추출	조사에 참여한 응답자에게서 소개 받은 표본 선정	N점퍼의 공동구매에 참여한 중학생 집단

표본에 접근하는 방식으로 편의 표본추출과 네트워크 표본추출이 있는데, 이 둘은 모두 정성적 자료의 표본추출을 현실적으로 가능하게 하고, 보다 수월하게 하는 표본추출 방법으로 시간과 비용을 줄일 수 있다는 장점이 있다. 다만, 이 경우에도 가급적 결정적 표본과 극단적 표본을 연구에 포함시켜 이들을 비교하는 작업을 진행하는 것이 좋으며, 이 때 최대편차 표본추출을 응용하여 이용할 수 있다.

(2) 이론적 표본추출

이론적 표본추출이란, 표본추출-자료해석이라는 과정을 1회에 그치지 않고 이론정립이 완성될 때까지 필요한 표본을 지속적으로 추출하는 것을 말한다. 정성적 분석에서 연구자는 부분적으로 도출된 연구결과를 바탕으로 향후 어떤 표본이 필요한지 판단하여 추가적인 표본추출을 진행하고, 이러한 작업을 이론이 정립될 때까지 계속하면 된다. 이론적 표본추출은 자료수집과정에서 표본탐색을 중단하지 않고, 표본선택기준을 새로 만들거나 변경하면서 필요한 수준의 자료가 수집될 때까지 표본추출을 계속하는 것이 가장 큰 특징이다. 따라서, 이론적 표본추출은 표본의 크기와도 관련된다. 정성적 분석의 표본 추출에서는 모집단을 대표해야 한다는 조건이 의미가 없기 때문에 표본의 크기는 중요하지 않다. 하지만 전형적 표본에게서 수집된 자료가 중복될 때까지 표본추출을 계속하여야 하고, 이들과 극단적으로 차이가 나거나 연구주제와 관련이 없는 표본들도 최소한으로 추출하여 분석에 포함하는 것이 바람직하다.

이론적 표본추출은 개방적이고 융통적인 정성적 분석의 특성을 그대로 반영한 표본추출방법으로, 유의 표본추출과 병행하여 사용하는 것이 바람직하다. 즉, 최대편차 표본추출을 진행하더라도 연구자가 목표한 이론이 정립될 때까지 표본추출을 계속하는 것이 바람직하다. 정성적 자료는 연구자의 기대 수준에 충족되는 자료의 양적·질적 수준이 충분히 높아야 하므로, 정성적 자료의 표본추출에서는 표본의 크기를 미리 정하지 않는다. 연구자는 추가로 선정한 표본에게서 더 이상 새로운 자료가 나오지 않을 때, 이를 이론적 포화단계라고 부르고, 표본추출을 중단하면 된다. 만약, 이론적 포화단계에 이른 후에도 표본추출을 계속할 경우, 다양한 사례 수집은 가능하나 더 이상의 패턴이나 핵심적인 결과는 찾을 수 없다.

소비자연구방법

정량적 분석과 정성적 분석

Part III

기본통계원리

Chapter 06 / 기술통계
Chapter 07 / 추정과 검정

Chapter

06 기술통계

통계기법은 크게 기술통계(descriptive statistics)와 추리통계(inferential statistics)로 구분할 수 있다. 기술통계는 주로 자료를 수집·정리하고 해석하여 모집단이나 표본의 특성을 파악하기 위하여 사용되고, 추리통계는 표본에서 얻은 통계치를 기초로 해서 모집단의 특성을 추정하기 위하여 사용된다. 예를 들어, A기업의 전년도 월평균 매출액을 알기 위하여 매출액의 평균을 구하는 것은 기술통계에 해당되고, 우리나라의 평균 가계 소득을 알기 위하여 몇 백 가구를 표본으로 뽑아 표본 가구들의 가계소득을 바탕으로 우리나라의 평균 가계소득을 추정하는 것은 추리통계에 해당된다.

추리통계의 목적은 표본에서 얻은 자료를 기초로 모집단의 특성을 파악하는 것으로 모집단의 특성을 수치로 나타낸 것을 모수라고 하고 표본의 특성을 수치로 나타낸 것을 통계치라고 한다. 앞으로 서술할 각 장에서 통계기법들을 설명하면서 통계치와 모수에 대해 더욱 자세히 살펴보겠지만 모집단이나 표본의 특성을 나타내는 수치로는 평균, 분산, 표준편차 등이 있으며, 모집단의 특성을 나타낼 때와 표본의 특성을 나타낼 때 다른 기호를 사용한다. 예를 들어 모집단의 평균, 분산, 표준편차는 μ, σ^2, σ로 나타내고, 표본의 평균, 분산, 표준편차는 $\overline{X}$, S^2, S로 나타낸다. 모집단과 표본, 모수와 통계치의 관계를 그림으로 나타내면 다음과 같다.

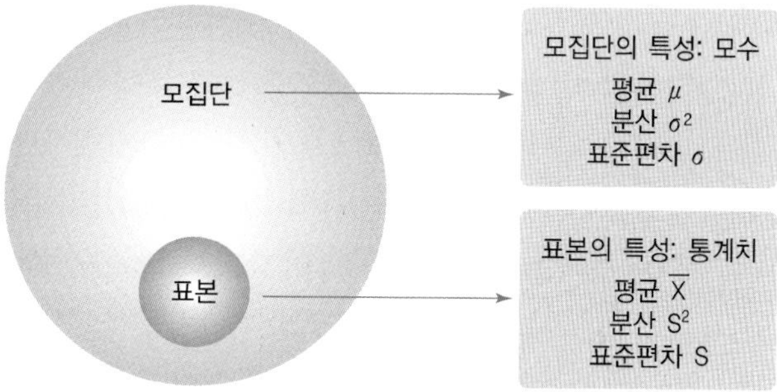

그림 6-1 모집단, 표본, 모수, 통계치와의 관계
출처: 박정식·윤영선·박래수(2011), "현대통계학", 다산출판사. 참고로 수정.

추리통계는 모수통계(parametric statistics)와 비모수통계(nonparametric statistics)로 나뉜다. 모수통계와 비모수통계의 특성을 지금 당장 이해하기는 어렵기 때문에 이 장에서는 모수통계와 비모수통계의 의미만을 간단히 설명하겠다. 모수통계는 모집단의 분포에 대한 가정을 근거로 모집단의 특성을 추리하는 방법으로 일반적으로 등간척도 이상으로 측정된 자료에서 많이 사용한다. 반면, 비모수통계는 모집단의 분포모양에 대한 가정 없이 표본의 크기가 작거나 서열척도나 명목척도로 측정된 자료에서 사용할 수 있다. 따라서, 모수통계는 검정력은 높은 반면에 사용할 수 있는 경우가 제한되며, 비모수통계는 검정력은 낮은 편이나 모수통계를 적용할 수 없는 경우에도 손쉽게 적용할 수 있다.

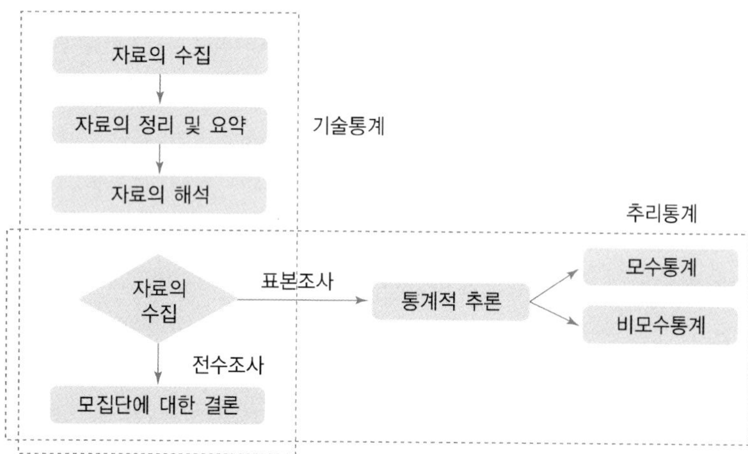

그림 6-2 통계기법의 분류
출처: 박정식·윤영선·박래수(2011), "현대통계학", 다산출판사. 참고로 수정.

많은 사회과학 연구들은 전체 모집단에 대하여 조사하기보다는 표본조사를 실시하여 표본에서 얻은 자료를 바탕으로 모집단의 특성을 추정하기 때문에 추리통계의 중요성이 강조되고 있다. 그러나 추리통계를 이해하기 위해서는 기술통계에 대한 이해가 우선되어야 하므로 먼저 기술통계에 대해 알아보겠다.

기술통계는 모집단이나 표본의 특성을 파악하기 위하여 사용하며, 자료의 특성과 분포는 도표를 그리거나 자료의 특성을 요약해 주는 통계치를 이용하여 파악할 수 있다. 먼저 자료 분포의 전체적인 패턴을 한눈에 쉽게 파악할 수 있게 도와 주는 도표와 그래프에 대하여 살펴보겠다.

01 | 도표와 그래프

수량적 자료의 특성을 쉽고 빠르게 파악하기 위하여 일반적으로 사용되는 도표와 그래프에는 도수분포표, 막대그래프, 히스토그램 등이 있다. 본 절에서는 이들의 특성에 대하여 살펴보겠다.

1) 도수분포표(frequency table)

수집된 자료를 변수값의 범주별 또는 계급별로 분류하여 정리한 표를 도수분포표라고 한다. 예를 들어 스마트폰에 대한 소비자 만족도를 분석하고자 할 경우, 500명의 표본을 추출하여 조사한 결과를 다음과 같은 표로 만들 수 있다.

표 6-1의 첫 번째 열은 소비자 만족도의 범주를 나타내고, 두 번째 열은 범주별 사례수인 도수를 나타낸다. 세 번째 열에는 상대도수가 표시되어 있는데 이는 전체 사례수 중에서 해당 카테고리에 속하는 사례의 비율을 나타낸다. 네 번째 열은 백분율을 나타내는데, 이는 비율, 즉 상대도수에 100을 곱하여 구하고, 마지막 열은 누적 백분율을 나타낸다. 상대도수나 백분율로는 남녀 소비자 간 스마트폰에 대한 만족도에 차이가 있는지를 분석할 수 있는데, 위의 경우 여성소비자가 남성소비자보다 스마트폰에 대하여 매우 만족하거나 만족하는 경우가 더 많고, 매우 불만족하거나 불만족하는 경우가 더 적음을 알 수 있다. 일반적으로 도수분포표는 범주, 도수, 백분율의 3개 열로 나타내며, 도수뿐만 아니라 백분율을 나타냄으로써 여러

표 6-1 도수분포표

범 주	여 성				남 성			
	도 수	상대 도수	백분율 (%)	누적백분율 (%)	도 수	상대 도수	백분율 (%)	누적백분율 (%)
매우 만족	80	0.32	32	32	50	0.20	20	20
만족	70	0.28	28	60	60	0.24	24	44
보통	50	0.20	20	80	70	0.28	28	72
불만족	40	0.16	16	96	50	0.20	20	92
매우 불만족	10	0.04	4	100	20	0.08	8	100
계	250	1.00	100		250	1.00	100	

집단을 쉽게 비교할 수 있고, 한 집단 내에서의 범주별 분포도 쉽게 알 수 있다.

도수분포표를 작성하는 방법은 정리하는 자료의 측정 수준에 따라 조금씩 달라지는데, 명목변수인 경우 카테고리 사이에 특별한 순서 없이 표시할 수 있고, 누적빈도나 누적백분율은 구할 필요가 없다. 서열변수에 대한 도수분포표를 만들 때는 응답 범주를 높은 가치로부터 낮은 가치 순서로 또는 낮은 가치로부터 높은 가치 순서로 정렬하고, 누적빈도나 누적백분율도 구할 수 있다. 누적빈도란, 해당 범주에 속한 빈도를 포함하여 그 이상 또는 그 이하의 계급에 속하는 모든 빈도를 합한 것이며, 누적백분율은 그 계급에 속한 백분율을 포함하여 그 이상 또는 그 이하의 계급에 속하는 모든 백분율을 합한 것이다.

등간척도나 비율척도로 측정된 연속형 변수인 경우에도 범주형 변수와 마찬가지로 도수분포표를 만들 수 있다. 연속형 변수인 경우, 모든 점수에 따른 빈도를 구하는 것은 의미가 없으며, 이러한 경우에는 전체 응답 범위를 몇 개의 계급으로 분류한 후에 각 계급의 도수와 백분율을 구한다. 연속형 변수의 전체 응답 범위를 묶어서 몇 개의 계급으로 분류할 경우 모든 측정치가 어느 계급에든 반드시 포함되어야 하며, 각 계급의 범위가 중복 또는 누락되어서는 안 된다는 점을 명심해야 한다.

또한, 자료의 특성을 잘 나타낼 수 있도록 적절한 계급의 수와 계급구간을 정하는 것이 중요하다. 계급구간이란 한 계급의 상한계와 하한계 사이의 간격을 의미하는 것으로, 계급구간이 작으면 원자료에 가까운 도수분포표를 작성할 수 있어 정확한 정보를 제공해 준다는 장점은 있지만 자료의 전체적인 성향을 파악하기는 어렵다. 계급구간이 크면 자료에 대한 정확한 정보를 보여 주지는 못하지만 전체 자료의 패턴을 쉽게 보여 준다는 장점이 있다. 모든 계급구간은 일반적으로 동일하게 작성하지만, 자료 특성에 따라 계급구간을 다르게 정하는 경우도 있으며, 자료의 성격에 따라 맨 처음과 맨 마지막 계급은 개방형으로 정하기도 한다. 다음의 표 6-2는 우리나라 소비자의 소득수준 자료(N=30, 만 원)를 도수분포표로 나타낸 것이다.

20, 25, 30, 100, 100, 150, 150, 150, 160, 180, 200, 200, 200, 240, 250, 250, 260, 280, 280, 300, 300, 300, 300, 300, 300, 300, 300, 300, 380, 400, 400, 400, 400, 400, 400, 400, 400, 450, 480, 500, 500, 500, 500, 500, 600, 600, 600, 800, 3000, 3000

표 6-2 연속형 변수의 도수분포표

범 주	도 수	상대도수	백분율(%)	누적백분율(%)
200만 원 이하	5	0.1	10	10
200만 원 초과 300만 원 이하	23	0.46	46	56
300만 원 초과 500만 원 이하	16	0.32	32	88
500만 원 초과 1000만 원 이하	4	0.08	8	96
1000만 원 초과	2	0.04	4	100
계	50	1.00	100	

2) 막대그래프와 히스토그램

도수분포표를 이용하여 가로축에는 범주, 세로축에는 도수를 표시하여 막대그래프를 그릴 수 있다. 표 6-1을 막대그래프로 그리면 그림 6-3과 같다.

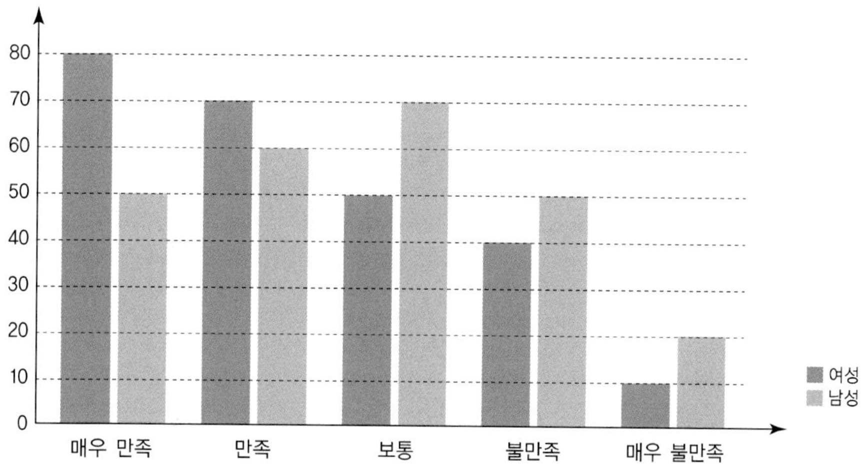

그림 6-3 막대그래프

만약 자료가 위와 같은 명목척도나 서열척도가 아닌 등간척도나 비율척도로 측정된 경우에는 변수값이 매우 많기 때문에 변수값을 구간으로 묶어서 도수분포표를 작성한 것과 마찬가지로 등간척도나 비율척도로 측정된 변수의 경우, 변수값을 구간으로 나누어 막대그래프와 히스토그램을 그린다. 히스토그램(histogram)의 세로축은 빈도나 상대빈도를 나타내는데, 전자는 빈도 히스토그램, 후자는 상대빈도 히스토그램이라고 한다. 표 6-2를 히스토그램으로 그리면 그림 6-4, 그림 6-5과 같다.

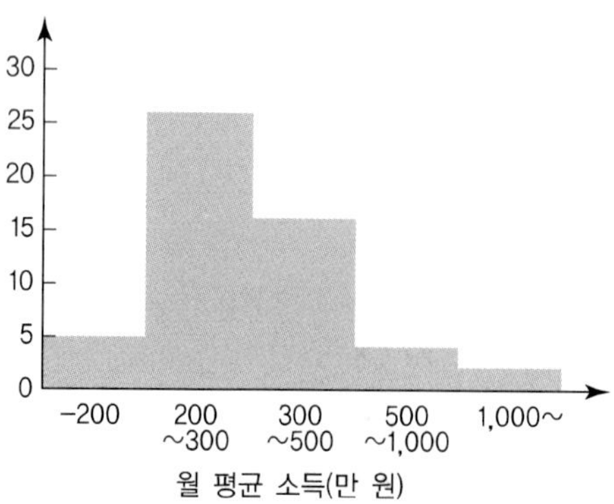

그림 6-4 빈도 히스토그램

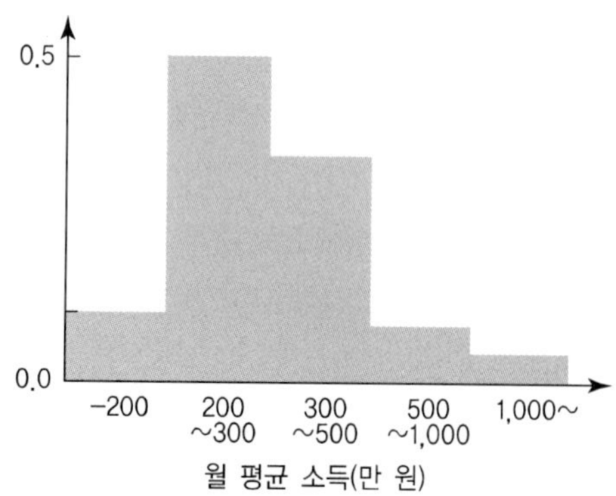

그림 6-5 상대빈도 히스토그램

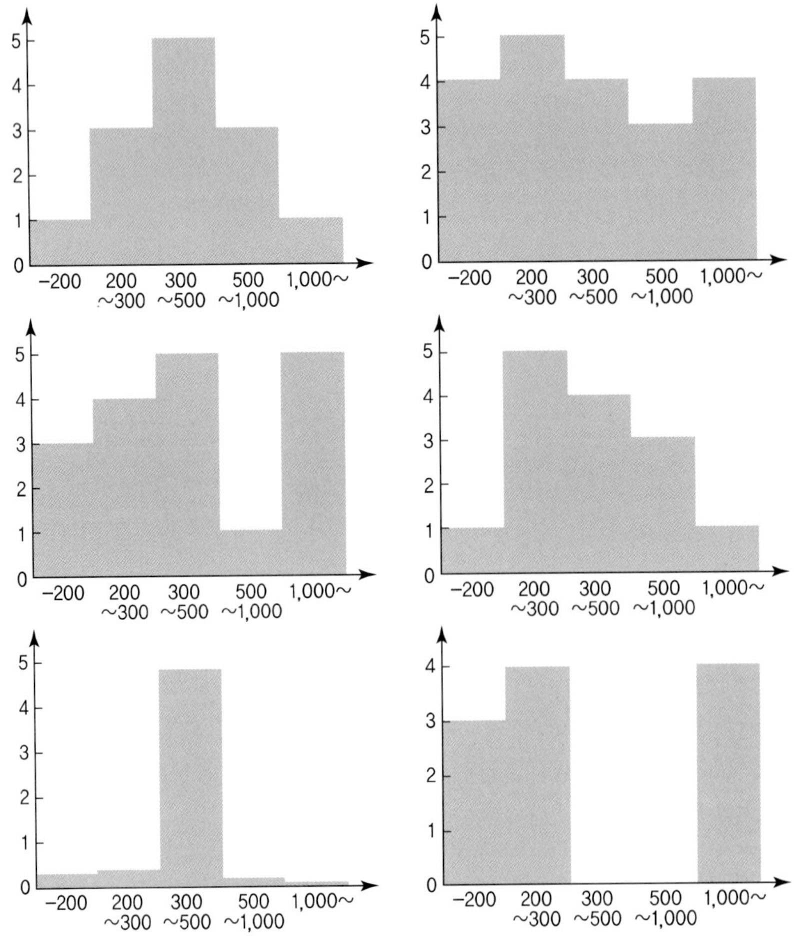

그림 6-6 히스토그램의 예

그림 6-6에 제시된 히스토그램들은 여러 자료의 다양한 특징을 잘 나타내 준다.

이상과 같이 히스토그램은 자료의 전체적인 분포를 이해하는데 중요한 다음과 같은 특징들을 잘 나타내 주기 때문에 많이 사용된다.

- 자료가 대칭적인가?
- 자료가 얼마나 넓게 분포되어 있는가?
- 자료가 특히 집중되어 있는 구간이 있는가?
- 자료에 빈 구간이 있는가?
- 자료에 극단치가 있는가?

줄기와 잎 그림

줄기와 잎 그림은 자료의 크기가 작을 때 자료의 특성을 파악하기에 유용한 그래프이다. 줄기와 잎 그림은 측정치들을 두 부분(줄기와 잎)으로 나누어 표시함으로써 그릴 수 있다. 예를 들어, 12, 13은 다음과 같이 나타낼 수 있다.

줄기	잎
1	2, 3

본 장에서 사용된 월평균 소득 자료를 줄기와 잎 그림으로 나타내면 다음과 같다.

줄기	잎	빈도
0	223	3
1	0055568	
2	000455688	9
3	0000000008	10
4	0000000058	10
5	00000	5
6	000	3
7		0
8	0	1
극단치	(≧3000)	2

줄기와 잎 그림은 히스토그램을 통하여 알 수 있었던 자료의 특성들을 모두 나타내 줄 뿐만 아니라, 개별 측정치들까지도 나타내 주므로 히스토그램보다 자료에 대하여 더 많은 정보를 제공해 준다. 측정치가 많은 경우에는 적합하지 않다는 제한점을 지닌다.

02 | 중심위치 측도

앞서 설명한 도수분포표 등은 자료의 전체적인 분포 형태는 보여 주지만 자료 분포의 특성을 요약·설명하지는 못한다. 그러므로 본 장에서는 자료의 특성을 요약해서 나타내 주는 통계치들에 대하여 살펴보겠다. 자료의 분포 특성은 두 가지 측면에서 파악할 수 있는데, 하나는 자료의 분포를 대표하는 값을 파악하는 것이고, 다른 하나는 자료 분포의 밀집 또는 분산 정도를 파악하는 것이다. 자료 분포를 대표하는 값은 일반적으로 중심위치 측도, 중심집중치, 중심치 등으로 불리는데,

평균값, 중앙값, 최빈값 등이 일반적으로 사용되는 중심위치 측도이다. 자료가 어느 정도 밀집 또는 분산되어 있는가를 나타내 주는 통계치는 주로 산포도, 분산도 등으로 불리며 한 집단의 분포가 중심을 향해 어떻게 모여 있는가를 나타낸다. 본 절에서는 먼저 중심위치 측도인 평균값, 중앙값, 최빈값에 대해 설명하겠다.

1) 평균값(mean)

산술평균은 가장 보편적으로 쓰이는 중심위치 측도로서 측정치를 모두 더한 후 관측사례의 수로 나누어 얻을 수 있으며, 중심위치 측도 중에서 표본추출에 따른 변화가 가장 적고 안정성이 있는 대표값이다. 표본을 대상으로 한 산술평균은 $\overline{X}$로 표기하고 모집단에 대한 평균은 μ로 표기한다.

$x_1, x_2, \cdots, x_n$로 이루어진 자료의 산술평균은 다음과 같이 정의된다.

$$\overline{X} = \frac{\sum_{i=1}^{n} X_i}{n} = \frac{x_1 + x_2 + \cdots + x_n}{n}$$

예를 들어, 다음과 같은 30개의 자료가 있다고 할 때 자료의 산술평균값은 아래와 같이 구할 수 있다.

1, 2, 3, 4, 5, 6, 7, 8, 9, 10, 11, 12, 13, 14, 15, 16,
17, 18, 19, 20, 21, 22, 23, 24, 25, 26, 27, 28, 29, 30

$$\overline{X} = \frac{1+2+3+\cdots+28+29+30}{30} = 15.5$$

2) 중앙값(median)

평균값이 일반적으로 자료를 대표하는 중심치로 많이 사용되지만, 자료에 극단치가 존재하는 경우, 산술평균은 극단치의 영향을 받아 좋은 중심치가 되지 못한다. 예를 들어 2, 110, 5, 7, 6, 7, 3과 같은 자료가 있을 때, 산술평균값은 140/7=20이 되는데, 7개 자료 중에서 6개의 자료가 산술평균값보다 작은 값이 되며, 하나의 측정치는 산술평균보다 훨씬 큰 값을 갖게 되어 산술평균값이 자료들을 대표하는 값이라고 말하기 어렵다. 이렇듯 산술평균은 극단치의 영향을 많이 받기 때문에 자료에 극단치가 있는 경우에는 자료의 위치상 가운데 값인 중앙값으로 자료를 대표하는 값을 삼기도 한다. 중앙값은 표본의 측정치들을 크기의 순서로 나열하였을 때 전체 사례수의 한가운데 위치하는 측정치로, 극단치의 영향을 받지 않으며 일반적으로 m이라고 표기한다.

중앙값은 관측 사례수가 짝수냐 홀수냐에 따라 산출방법이 다른데, 전체 사례수가 홀수일 때에는 자료를 크기 순서로 배열하였을 때 (n+1)/2번째의 측정치가 중앙값이 된다. 위에서 예로 든 2, 110, 5, 7, 6, 7, 3의 중앙값을 구하기 위하여 먼저 자료를 크기 순서대로 나열하면 2, 3, 5, 6, 7, 7, 110의 순이 되고, 7개의 자료 중에서 4번째에 위치하는 자료가 중앙값이므로 중앙값은 6이 된다.

전체 사례수가 짝수일 때에는 중앙에 위치하는 두 값의 평균이 중앙값이 된다. 즉, 자료를 크기 순서대로 나열한 후 $\frac{n}{2}$번째 측정치와 $\frac{n}{2}+1$번째 측정치의 중간값이 중앙값이 된다. 예를 들어, 1, 2, 3, 5, 8, 100의 중앙값을 구해 보자. 위의 자료를 크기 순서대로 나열하면 1, 2, 3, 5, 8, 100이고, 전체 사례수는 6개로 짝수이므로 3번째 측정치와 4번째 측정치의 중간값이 중앙값이 되므로 중앙값은 (3+5)/2=4가 된다.

그런데 중앙값의 경우 사례들의 순서만을 고려하여 구하기 때문에 자료의 크기가 고려되지 않는다는 단점이 있다. 예를 들어 학생들의 점수가 2, 3, 4, 4, 6, 7인 경우나 2, 3, 4, 4, 100, 200인 경우 자료의 특성에는 분명히 차이가 있음에도 불구하고 중앙값은 모두 4가 된다. 이렇듯 중앙값과 평균값은 저마다의 장단점을 지니고 있기 때문에 평균값과 중앙값은 보완적으로 사용되며, 일반적인 경우 평균값을 중심치로 많이 사용하고 극단치가 존재하거나 한쪽으로 많이 치우친 자료인 경우에는 평균값과 중앙값을 함께 제시한다.

3) 최빈값(mode)

중심위치 측도 중의 하나인 최빈값은 한 변수의 측정치들 중에서 가장 자주 나타나는 측정치를 말한다. 예를 들어, 핸드폰 매장에서 팔린 핸드폰 기종에 대한 자료가 다음과 같다고 하자.

아이폰, 갤럭시, 갤럭시, 프라다폰, 갤럭시, 아이폰

이 자료에서 갤럭시는 3대, 아이폰은 2대, 프라다폰은 1대가 팔렸으므로 최빈값은 갤럭시이다. 이렇듯 최빈값은 등간척도나 서열척도로 측정된 자료뿐만 아니라 명목척도로 측정된 자료에서도 사용할 수 있는 장점이 있다.

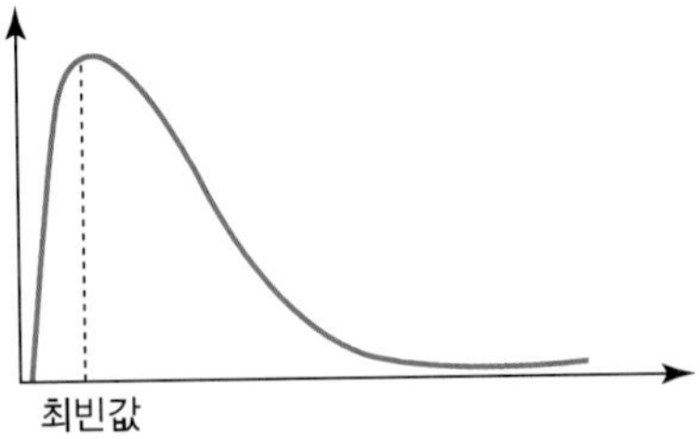

중심위치 측도의 비교

앞서 설명한 바와 같이 평균값은 수치상의 중심이라고 할 수 있으나 측정치의 값들을 모두 고려하여 산출되므로 극단치가 있으면 중심위치 측도로써 적당하지 않은 경우가 있으며 등간척도 이상의 수준에서 측정된 자료에서만 사용할 수 있다. 반면, 중앙값은 극단치의 영향을 받지 않으나 서열상의 중심을 나타낼 뿐 측정치 자체의 값은 무시한다는 점에서 제한점이 있으며, 서열척도 이상의 수준에서 측정된 자료에서만 사용할 수 있다. 최빈값은 평균값이나 중앙값만큼 자주 사용되지는 않으나 모든 수준의 측정치에서 산출될 수 있으며 극단치의 영향을 받지 않는다. 이렇듯 자료의 중심치로 사용되는 평균값, 중앙값, 최빈값은 각기 다른 특성과 장점을 가지고 있으므로 이들 통계치는 상호보완적으로 사용해야 한다.

측정치들의 분포가 평균을 중심으로 좌우 대칭이고 봉우리가 하나인 종 모양의 분포일 경우 평균값과 중앙값, 최빈값은 동일하다. 그러나 측정치들의 분포가 오른쪽이나 왼쪽으로 기울어진 경우 평균값과 중앙값, 최빈값은 달라진다. 측정치의 분포가 오른쪽으로 꼬리가 긴 분포의 경우에는 중앙값이 평균값보다 작고, 왼쪽으로 꼬리가 긴 분포의 경우에는 평균값이 중앙값보다 작다.

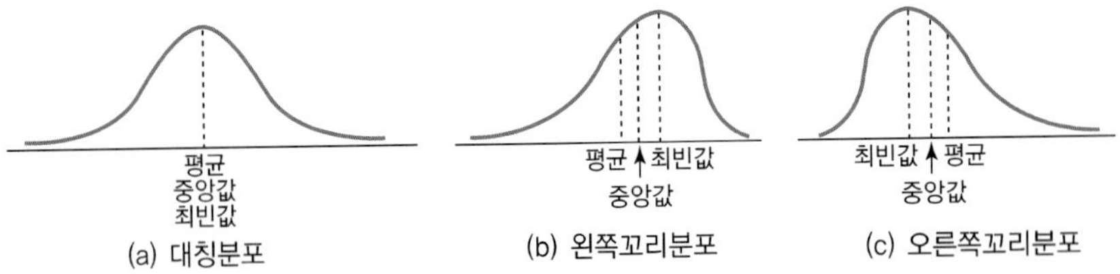

03 | 산포도

앞서 살펴본 중심위치 측도는 측정치들을 대표할 수 있는 값이었다. 그러나 평균값이나 중앙값이 같다고 하여 두 집단의 분포가 동일하다고는 말할 수 없다. 다음의 자료를 보면, A와 B의 산술평균값과 중앙값은 모두 5로 같지만 B의 자료가 A보다 더 넓게 분포되어 있음을 알 수 있다.

A: 1, 4, 5, 7, 8

B: −50, 0, 5, 30, 40

따라서, 자료 분포 특성을 파악하기 위해서는 중심위치 측도 이외에 개별 측정치들이 중심으로부터 얼마나 흩어져 있는가를 나타내는 산포도(variability, dispersion)를 알아야 한다. 산포도를 나타내는 대표적인 측정치에는 범위, 사분편차, 평균편차, 표준편차 등이 있다.

1) 범위(range)

범위란 관측된 측정값들 중에서 가장 큰 값과 가장 작은 값의 차이를 의미하며 다음과 같이 나타낼 수 있다.

범위 = (최대값−최소값)

범위의 정의에서 알 수 있듯이, 범위는 극단치의 영향을 크게 받으며, 전체 측정치들 중에서 최대값과 최소값만을 고려하여 산출하는 값이므로 최대값과 최소값 사이에 있는 측정치들이 어떻게 분포되어 있는지는 알 수 없다. 따라서, 두 자료의 범위는 매우 다르게 나타나지만, 극단치를 제외하면 실제 자료의 분포는 동질적인 경우도 있을 수 있다.

예를 들어 A, B반의 통계시험 성적 자료가 다음과 같다고 할 때, A와 B반의 통계 성적의 범위는 다음과 같다.

A반: 23, 85, 87, 89, 90, 93, 95, 98, 98, 100

B반: 84, 85, 87, 89, 90, 93, 95, 98, 98, 100

A반의 통계성적 범위=100−23=77

B반의 통계성적 범위=100−84=16

두 반의 범위는 77점과 16점으로 A와 B반의 통계시험 성적 분포에는 큰 차이가 있는 것처럼 보이지만, 극단치라 할 수 있는 A반의 최소값을 제외하면, 두 반의 통계시험 성적 분포는 동일함을 알 수 있다. 따라서, 범위보다 극단치의 영향을 덜 받는 산포도인 사분편차를 사용하기도 한다.

2) 사분편차(interquartile range)

사분편차를 이해하기 위해서는 먼저 백분위와 백분위수의 개념을 알아야 한다. 도수분포표에서 설명한 어떤 점수에 해당하는 누적백분율을 백분위라 하고, 백분위수는 일정한 누적백분율에 해당하는 점수를 말한다. 즉, 제p백분위수는 누적백분율 p%의 점수에 해당하는 수치를 말하며, $P_{백분위}$로 표시한다.

위에서 예로 들었던 A반의 통계시험 성적 자료를 다시 한 번 살펴보자.

23, 85, 87, 89, 90, 93, 95, 98, 98, 100

전체 학생 10명 가운데 90점 이하의 점수를 받은 사람들의 누적백분율은 50%이며 누적백분율 50%에 해당하는 수치인 제50백분위수는 90점이다. 백분위수는 P로 표시하는데 위의 예를 기호로 나타내면 다음과 같다.

$$P_{50}=90$$

특히 백분위수 중에서 제25백분위수, 제50백분위수, 제75백분위수, 제100백분위수를 각각 제1사분위수, 제2사분위수, 제3사분위수, 제4사분위수라고도 한다. 제2사분위수는 제50백분위수, 즉 누적백분율이 50%인 값으로 중앙값을 뜻하며, 제4사분위수는 제100백분위수로써 자료의 최대값이 된다. 사분위수를 구하는 방식은 여러 가지가 있으며, 다음의 방법이 대표적으로 사용된다.

첫째, 중앙값을 구하면 그 중앙값이 제2사분위수가 된다.

둘째, 제1사분위수는 중앙값보다 작은 측정치들의 중앙값으로 정하고, 제3사분위수는 중앙값보다 큰 측정치들의 중앙값으로 정한다.

범위와 마찬가지로 사분편차도 자료의 분포 정도를 나타내 주는 대표값으로 많이 사용하는데, 사분편차는 제3사분위수와 제1사분위수의 차이를 뜻한다. 범위가 극단치의 영향에 민감한 통계치인 반면, 사분편차는 극단치의 영향을 받지 않는다는 장점이 있다.

사분편차(Q) = 제3사분위수 − 제1사분위수

3) 평균편차(mean deviation)

평균편차는 측정치들이 평균적으로 산술평균으로부터 얼마나 떨어져 있는가를 나타내는 값이다. 편차란, 평균값으로부터 각 측정치가 얼마나 이탈되어 있는가를 나타내는데, 아래에서도 볼 수 있듯이 평균값과 값이 같은 측정치는 편차가 0이 되고, 평균값보다 값이 큰 측정치는 편차가 +가 되며, 평균값보다 값이 작은 측정치는 편차가 −가 된다. 개념적으로는 각 측정치의 편차를 모두 합하여 사례수로 나누면 각 측정치들이 평균값으로부터 이탈한 정도를 나타내는 총편차의 평균을 구할 수 있어야 하지만, 측정치들의 편차를 전부 합하면 0이 되어 편차의 총합으로 총편차의 평균을 구할 수는 없다. 따라서, 편차의 총합 대신 편차의 절대값의 총합을 사례수로 나누어 평균편차를 구한다.

$$\text{평균편차} = \frac{\sum_{i=1}^{n} |X_i - \overline{X}|}{n}$$

X_i	$\overline{X}$	$(X_i - \overline{X})$	$\lvert X_i - \overline{X} \rvert$
1	4	−3	3
2	4	−2	2
5	4	1	1
6	4	2	2
6	4	2	2
		$\sum_{i=1}^{5}(X_i - \overline{X}) = 0$	$\sum_{i=1}^{5}\lvert X_i - \overline{X} \rvert = 10$

$$평균편차 = \frac{\sum_{i=1}^{n}|X_i - \overline{X}|}{n} = \frac{\sum_{i=1}^{5}|X_i - \overline{X}|}{5} = \frac{10}{5} = 2$$

4) 표준편차와 분산(standard deviation and variance)

표준편차와 분산은 자료의 산포도를 나타낼 때 가장 많이 사용되는 측정치이다. 표준편차와 분산은 각 측정치가 평균값으로부터 이탈한 편차에 기초하고 있다는 점에서 평균편차와 유사하나, 편차를 더하는 방법이 평균편차와는 다르다. 평균편차에서는 각 편차의 절대값을 더하여 사용한 반면, 표준편차나 분산에서는 각 편차를 제곱한 후, 이들의 합을 이용한다. 앞서 표본을 대상으로 한 산술평균은 $\overline{X}$로 표기하고 모집단에 대한 평균은 μ로 표기한다고 하였는데, 분산이나 표준편차도 역시 모집단을 대상으로 했을 때와 표본을 대상으로 했을 때 서로 다른 기호를 사용한다. 모집단을 대상으로 했을 때의 분산과 표준편차는 각각 σ^2, σ로 표시하고 표본을 대상으로 했을 때의 분산과 표준편차는 S^2, S로 나타낸다.

분산(variance)은 각 측정치가 평균으로부터 떨어진 편차를 제곱하여 이를 모두 합한 다음, 이것을 전체 사례수로 나눈 값을 말한다. 즉, 분산은 각각의 측정치에 대한 평균과의 편차를 제곱하여 그 평균을 구한 것이다. 그런데 분산은 편차를 제곱하여 계산하기 때문에 평균으로부터 멀리 떨어진 측정치일수록 그 의미가 가중된다. 또한, 분산은 편차를 제곱하였기 때문에 측정치의 단위를 그대로 사용할 수 없다는 문제가 발생한다. 따라서, 이와 같은 한계를 극복하기 위하여 분산의 제곱근인 표준편차를 사용한다. 표준편차는 분산의 제곱근이므로 분산의 특성을 모두 가지고 있을 뿐만 아니라 측정치와 동일한 단위로 사용할 수 있어 산포도를 나타내는 통계치로 많이 사용되고 있다.

$$분산(S^2) = \frac{\sum_{i=1}^{n}(X_i - \overline{X})^2}{n-1}$$

$$표준편차(S) = \sqrt{S^2} = \sqrt{\frac{\sum_{i=1}^{n}(X_i - \overline{X})^2}{n-1}}$$

위의 식에서 분산과 표준편차를 구할 때, n이 아닌 (n−1)로 나누는데, (n−1)은 자유도(degree of freedom, df)를 의미한다. 자유도란, 자료집단의 측정치 중에서 자유롭게 선택될 수 있는 측정치의 수를 말한다. 예를 들어, 확률변수가 10개 있을 때 그 평균을 구했다고 하자. 이 때, 평균을 알고 있으므로 10개의 측정치 중에서 일단 9개가 정해지면 나머지 하나는 자동적으로 정해짐을 알 수 있다. 따라서, 이 경우의 자유도는 9가 된다. 분산과 표준편차를 구할 때 표본의 크기 n이 아닌 자유도로 나누는 이유는, (n−1)로 나누어야 모집단의 표집편차를 정확히 추정할 수 있는 표본의 표준편차를 구할 수 있기 때문이다.

X_i	$\overline{X}$	$(X_i - \overline{X})$	$(X_i - \overline{X})^2$
1	4	−3	9
2	4	−2	4
5	4	1	1
6	4	2	4
6	4	2	4
		$\sum_{i=1}^{5}(X_i - \overline{X}) = 0$	$\sum_{i=1}^{5}(X_i - \overline{X})^2 = 22$

$$S^2 = \frac{\sum_{i=1}^{n}(X_i - \overline{X})^2}{n-1} = \frac{\sum_{i=1}^{5}(X_i - \overline{X})^2}{5-1} = \frac{22}{4} = 5.5$$

$$S = \sqrt{5.5} = 2.345$$

표준편차의 특성

첫째, 표준편차는 표본추출에 따르는 변동이 가장 작은 산포도이다. 실제로 한 모집단에서 단순 무작위로 여러 번 표본을 추출한 후, 여러 가지 산포도를 산출해 보면 표준편차가 표본추출에 따른 변화의 폭이 가장 작다. 즉, 표준편차는 표집오차가 가장 작은 안정성 있는 산포도이다.

둘째, 표준편차는 모든 측정치의 변화에 예민하게 반응한다. 특히 평균값에 가까이 있는 측정치의 변화보다는 극단적인 측정치의 영향을 더 많이 받는다.

셋째, 모든 측정치에 일정한 수를 더하거나 빼도 표준편차의 값은 변하지 않는다.

넷째, 모든 측정치에 일정한 상수 C를 곱하면 표준편차는 원래의 값보다 C배만큼 증가한다.

5) 변동계수(coefficient of variation)

사례수와 평균값이 서로 다른 집단의 분포 정도를 비교할 때, 표준편차나 분산은 평균과 사례수에 따라 달라질 수 있으므로 주의를 기울여야 한다. 따라서, 사례수와 중심위치 측도 값이 다른 여러 집단의 분포 정도를 비교할 때는 산포도를 표준화하여 비교해야 한다. 이를 위하여 산포도를 산술평균으로 나누어 표준화한 측정치를 변동계수라고 한다. 변동계수는 일반적으로 CV라고 표기하며, 표준편차의 변동계수는 다음과 같이 구할 수 있다.

$$\text{변동계수(CV)} = \frac{\text{표준편차}}{\text{평균}}$$

Chapter

07 추정과 검정

6장에서는 자료의 특성을 기술해 주는 기술통계의 대표적인 측정치에 대하여 설명하였다. 7장에서는 다음 장부터 살펴볼 추리통계의 근간이라 할 수 있는 추정과 검정에 대하여 알아본다. 이를 위하여 먼저 추정과 검정의 기초라 할 수 있는 분포와 통계적 추정의 기본원리에 대하여 살펴보겠다.

01 | 정규분포와 표준정규분포

1) 정규분포(normal distribution)

자료의 크기가 큰 경우, 실생활의 많은 자료들을 히스토그램으로 그려 보면 평균을 중심으로 좌우 대칭이고 좌우로 갈수록 빈도가 줄어드는 종 모양의 분포를 보이는데, 이러한 분포 모양을 정규분포라고 한다. 정규분포는 연속분포의 대표적인 형태로 연속분포를 이루는 변수를 연속확률변수(continuous random variable)라고 한다. 모든 연속확률변수는 함수로 표현할 수 있으며, 이를 확률밀도함수(probability density function)라고 한다. 정규분포함수는 대표적인 확률밀도함수 중의 하나로 다음과 같은 함수로 표현할 수 있으며, 그림 7-1과 같은 정규확률곡선(normal probability curve)으로 나타난다.

$$f(X) = \frac{1}{\sigma\sqrt{2\pi}} e^{-\frac{1}{2}\left(\frac{X-\mu}{\sigma}\right)^2}$$

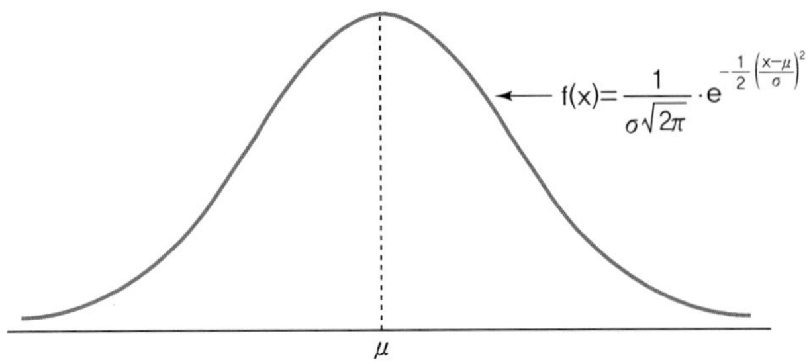

그림 7-1 정규확률곡선

위의 정규분포의 식에서도 알 수 있듯이, 정규분포의 형태는 평균과 표준편차에 따라 결정되며, 확률변수 X가 평균이 μ, 표준편차가 σ인 정규분포를 따를 때, $X \sim N(\mu,\ \sigma^2)$로 나타낸다. 따라서, 평균과 표준편차에 따라 정규분포는 다양한 분포 모양을 갖게 되며, 다양한 정규분포 모양의 예는 그림 7-2와 같다.

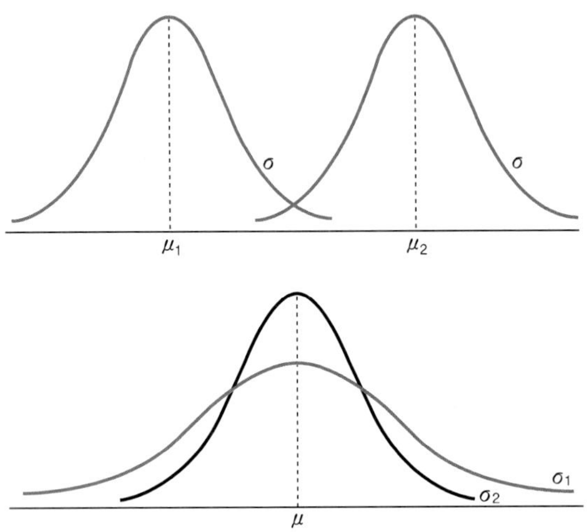

그림 7-2 μ와 σ에 따른 정규분포의 예

정규분포의 모양은 매우 다양하지만, 모든 정규분포에서 연속확률변수 X는 $-\infty < X < \infty$의 값을 가진다. 정규분포곡선은 X축에 접근하지만 만나지는 않고, 정규분포곡선과 X축 사이의 면적은 항상 1이며, 정규분포를 따르는 자료의 평균을 μ, 표준편차를 σ라 할 때, 다음과 같은 특성을 가진다.

- 약 68%의 자료는 $\mu \pm \sigma$ 사이에 분포하고,
- 약 95%의 자료는 $\mu \pm 2\sigma$ 사이에 분포하며,
- 약 99%의 자료는 $\mu \pm 3\sigma$ 사이에 분포한다.

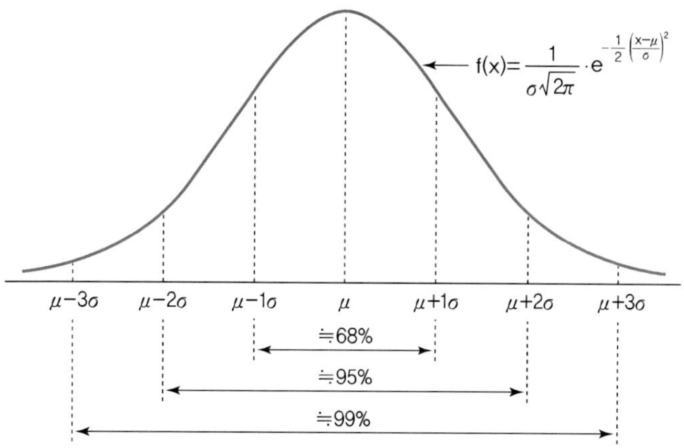

그림 7-3 정규분포의 특성

정규분포의 특성

첫째, 평균을 중심으로 좌우대칭의 분포이다.
둘째, 종 모양의 분포를 가지며, 약 68%의 자료는 $\mu \pm \sigma$ 사이에 분포하고, 약 95%의 자료는 $\mu \pm 2\sigma$ 사이에 분포하고, 약 99%의 자료는 $\mu \pm 3\sigma$ 사이에 분포한다.
셋째, 연속확률변수 X는 $-\infty < X < \infty$의 값을 가진다.
넷째, 정규분포곡선과 X축 사이의 면적은 1이다.

정규분포곡선은 확률밀도함수의 대표적인 형태로, 연속확률변수 X가 있을 때, 그 확률변수가 나타날 확률은 확률밀도함수를 이용하여 구할 수 있다. 예를 들어, 그림 7-4와 같이 연속확률변수 X가 두 값 a와 b($a < b$) 사이의 값을 가질 확률은

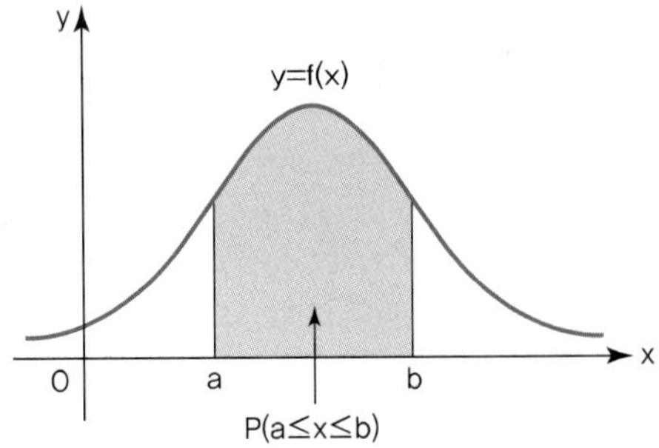

그림 7-4 P(a≤X≤b)=a와 b 사이의 곡선 아래 면적

확률밀도함수를 이용하여 a와 b 사이의 면적으로 구할 수 있다. 이러한 특성은 뒤에 설명할 추정이나 검정의 기본적인 원리로 사용된다.

정규분포에서도 정규분포곡선 아래에 해당하는 면적을 이용하여 X값이 나타날 확률을 구할 수 있지만, 정규분포의 모양이 평균과 표준편차에 따라 다양하므로 계산이 복잡해질 수 있다. 따라서 정규분포를 표준화하여 평균이 0이고 표준편차가 1인 표준정규분포로 변환시켜 사용한다.

2) 표준정규분포(standard normal distribution)

개별 측정치는 개별적인 수치로서는 의미를 갖지 못하고 어떤 기준에 의하여 다른 측정치들과 서로 비교할 때 비로소 의미를 갖게 된다. 예를 들어, A라는 학생의 영어점수가 80점이고 수학점수가 75점이라고 할 때, A라는 학생은 수학보다 영어를 잘한다고 말하기 쉽다. 그러나 영어 시험은 매우 쉽게 출제되어서 평균 점수가 85점이었고 수학시험은 어렵게 출제되어 평균 점수가 60점이었다면, A학생은 영어보다 수학을 잘한다고 말하는 것이 맞을 것이다. 다시 말해, A라는 학생이 영어와 수학 중 어느 과목을 더 잘 하는지를 비교하기 위해서는 이 학생의 영어점수와 수학점수가 평균에서 얼마나 떨어져 있는지를 파악할 필요가 있다. 이처럼 개별 측정치들을 서로 비교가 가능하도록 평균과 표준편차를 이용하여 표준화한 점수가 표준점수이다. 즉, 표준점수는 한 분포의 평균값을 기준으로 하여 원래의 개별 측정치가 평균값으로부터 떨어져 있는 거리를 표준편차 단위로 표시한 것을 말한다.

표준점수

한 분포의 평균값을 기준으로 하여 원래의 개별 측정치가 평균값으로부터 떨어져 있는 거리를 표준편차 단위로 표시한 점수

표준점수를 산출하는 공식은 다음과 같으며, 표준점수는 Z값이라고도 한다.

$$\text{표준점수(Z값)} = \frac{X-\mu}{\sigma}$$

정규분포를 이루는 원자료를 표준점수로 표준화시켜 구한 분포를 표준정규분포(standard normal distribution)라고 한다. 표준정규분포는 평균이 0이고 표준편차가 1인 정규분포이며, 이를 Z∼N(0, 1)로 표기한다. 즉, 평균이 μ, 표준편차가 σ인 정규분포를 따르는 확률변수 X를 표준화시키면, 표준화된 변수 Z는 평균이 0이고 표준편차가 1인 표준정규분포를 따르게 된다. 이를 수식으로 나타내면 다음과 같다.

$$X \sim N(\mu,\ \sigma^2) \Rightarrow Z \sim N(0,\ 1)$$

정규분포와 마찬가지로 표준정규분포도 평균 0을 중심으로 좌우대칭인 종 모양의 분포이며, 표준정규분포와 X축 사이의 넓이는 1이다. 또한, 표준정규분포의 약 68%의 자료는 평균 0을 중심으로 ±1 사이에 분포하고, ±2 사이에 측정치의 약 95%가, ±3 사이에 측정치의 약 99%가 분포하는 특성을 지닌다.

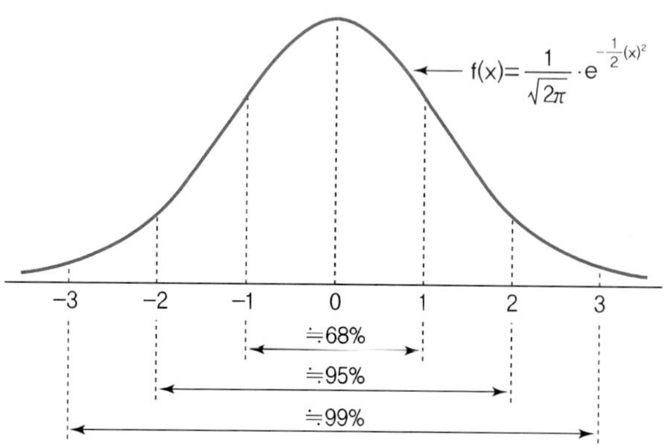

그림 7-5 표준정규분포의 특성

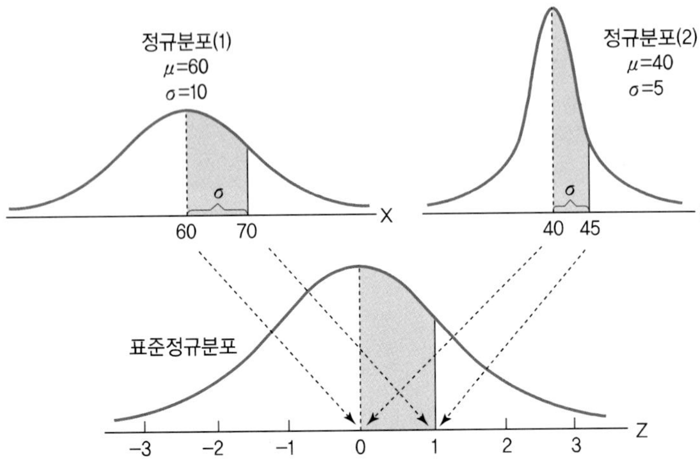

그림 7-6 정규분포와 표준정규분포의 관계

정규분포와 표준정규분포 사이의 관계를 예를 들어 살펴보겠다. 평균이 60이고 표준편차가 10인 정규분포와 평균이 40이고 표준편차가 5인 두 개의 정규분포는 동일한 표준정규분포로 바꿀 수 있다.

그림 7-6에서 두 정규분포의 평균과 표준편차는 다르지만 이를 표준정규분포로 바꾸었을 때 Z값의 범위가 같으므로 확률도 같게 된다. 즉, 표준정규분포를 사용하는 이유는 그림 7-6에서 나타난 바와 같이 다른 정규분포라 하더라도 이를 표준정규분포로 변환하였을 때 Z값이 동일하면 그에 해당하는 넓이, 즉 확률도 동일하기 때문이다. 따라서, 특정 정규분포를 따르는 X값이 나타날 확률은 표준정규분포에서 Z값에 해당하는 넓이로 구할 수 있다. 이 때 기억해야 할 점은 정규분포를 따르는 확률변수 X를 표준화하더라도 그에 해당하는 확률은 변하지 않는다는 점이다.

표준정규분포에서 Z값에 대한 면적비율을 계산하여 제시한 표를 표준정규분포표라고 하며, 〈별표 1〉에서 찾아볼 수 있다. 표준정규분포표에서 세로축과 가로축은 Z값을 나타내고, 표 안의 수치는 각 Z값에 해당하는 면적비율을 나타낸다.

표 7-1 표준정규분포표에서 Z값에 해당하는 면적비율

Z값과 확률	분포곡선에서 표시되는 면적과 확률
$P(\mu-\sigma \le X \le \mu+\sigma)$ $=P\left(-1 \le \frac{X-\mu}{\sigma} \le 1\right)$ $=P(-1 \le Z \le 1)$ $=0.6826$	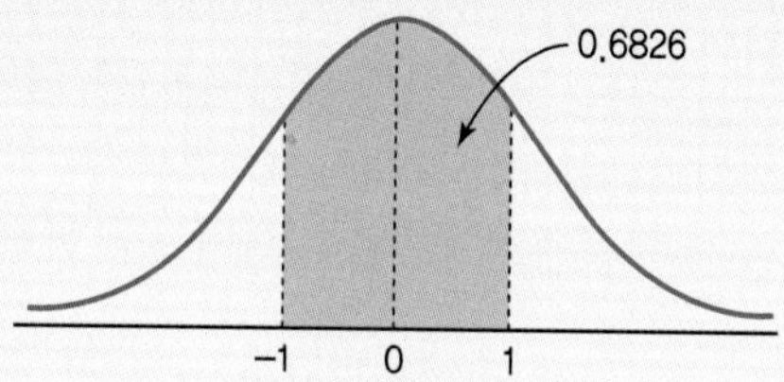
$P(\mu-2\sigma \le X \le \mu+2\sigma)$ $=P\left(-2 \le \frac{X-\mu}{\sigma} \le 2\right)$ $=P(-2 \le Z \le 2)$ $=0.9544$	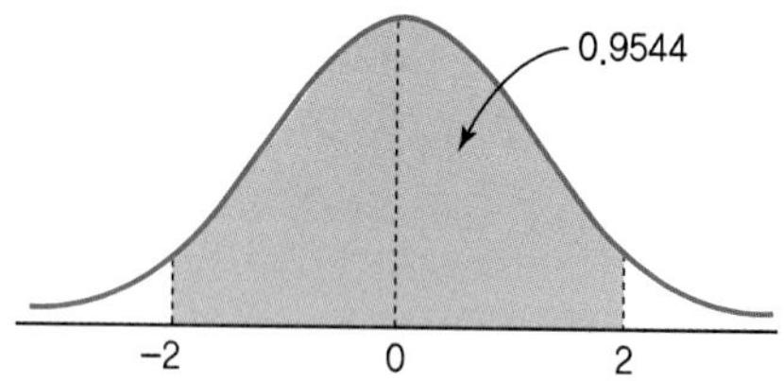
$P(\mu-3\sigma \le X \le \mu+3\sigma)$ $=P\left(-3 \le \frac{X-\mu}{\sigma} \le 3\right)$ $=P(-3 \le Z \le 3)$ $=0.9974$	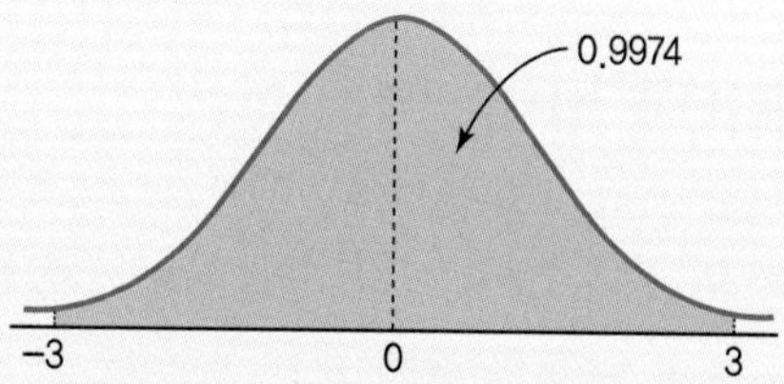

표준정규분포표를 이용하여 확률을 계산하는 다양한 방법을 소개하면 다음과 같다.

- $Z=0$부터 $Z=2$ 사이에 확률변수가 있을 확률

  $P(0 \le Z \le 2)=0.4772$

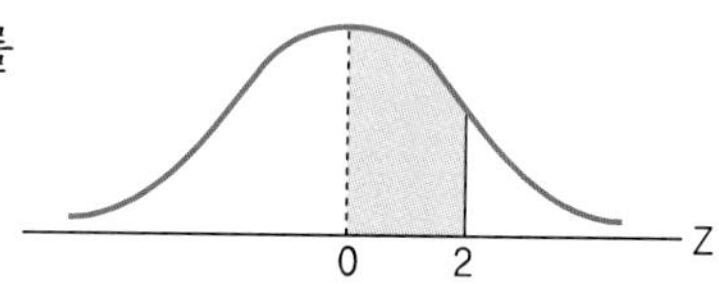

- $Z=-1$에서 $Z=1$ 사이에 확률변수가 있을 확률

  $P(-1 \le Z \le 1)=2 \times P(0 \le Z \le 1)$

  $=2 \times 0.3413=0.6826$

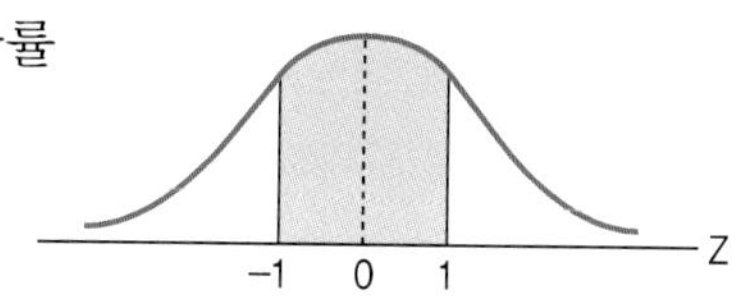

- Z=−1에서 Z=−0.5 사이에 확률변수가 있을 확률

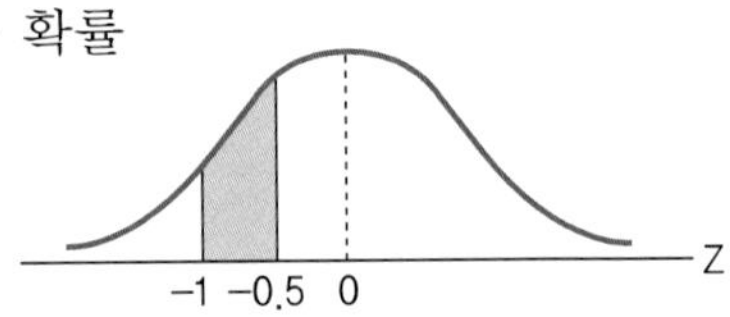

$P(-1 \leq Z \leq -0.5) = P(0.5 \leq Z \leq 1)$
$= P(0 \leq Z \leq 1) - P(0 \leq Z \leq 0.5)$
$= 0.3413 - 0.1915 = 0.1498$

- 전체 자료에서 상위 90%에 해당하는 Z값은 얼마인가?
  Z=1.28

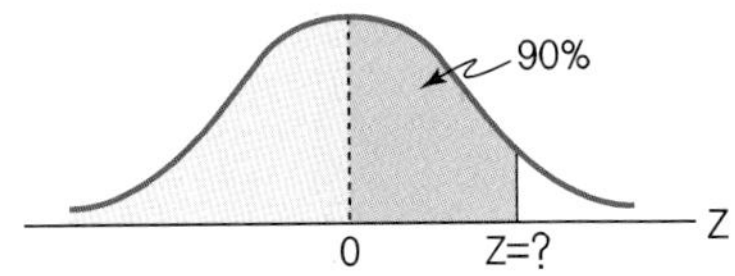

- 전체 자료에서 하위 2.5%에 해당하는 Z값은 얼마인가?
  Z=−1.96

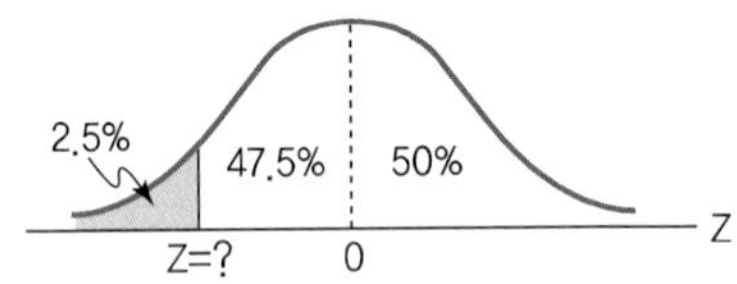

02 | 추리통계의 기본원리

앞서 살펴본 바와 같이 통계적 연구방법은 크게 기술통계와 추리통계로 나뉜다. 기술통계는 개별 변수의 특성 또는 변수들 간 관계의 특성에 대한 사실을 발견하기 위한 통계적 연구방법으로, 빈도분포, 중심위치 측도, 산포도, 단순상관관계 등을 말한다. 추리통계는 모집단에서 추출된 표본에서 발견된 통계치를 가지고 모수를 추정하거나 가설을 검정하는 통계적 연구방법이다.

표본에서 나온 통계치는 항상 표본 추출에서 생기는 표집오차를 포함하고 있기 때문에 모수와 똑같지 않다. 그러나 현실적으로 모집단을 모두 조사하여 모수를 알아내는 것은 불가능하다. 따라서, 편의상 모집단을 대표하는 표본을 추출하고 표본에서 나온 통계치에 기초하여 모수를 추정한다.

예를 들어, 표본에서 여성소비자의 스마트폰에 대한 만족도는 높고, 남성소비자의 스마트폰에 대한 만족도는 낮은 것으로 조사되었다고 하자. 이를 이용하여 모집단에서 여성소비자와 남성소비자의 만족도를 추정하는 것이 모수 추정이다. 그렇다면 표본에서 여성소비자가 남성소비자보다 스마트폰에 대한 만족도가 높았으므로 모집단에서도 그럴 것이라고 결론짓는 것은 적절한가? 물론 그럴 수도 있으나 반대의 경우도 가능하다. 즉 여성소비자의 경우, 만족도가 높은 사람이 주로 추출

되고 남성소비자의 경우 만족도가 낮은 사람이 주로 추출되어 이러한 결과가 도출되었을 수도 있다. 따라서, "여성소비자의 스마트폰에 대한 만족도가 남성소비자의 만족도보다 높다"라는 표본조사 결과는 모집단에서도 그러하다고 확증되기 전까지는 가설에 불과하다. 이에 본 절에서는 추정과 검정의 원리를 이해하기 위하여 표집분포의 특성에 대하여 먼저 살펴보고, 추정의 원리, 가설 검정의 원리, 여러가지 분포에 따른 추정과 검정 방법 등을 차례로 살펴보겠다.

1) 표집분포

일반적으로 사회조사연구의 목적은 통계치를 구하는 것이 아니라 모수의 값을 구하는 것이다. 그러나 모수를 파악하기 위하여 모집단 전체를 조사하는 것은 현실적으로 불가능하기 때문에 편의상 적정 수의 표본을 추출하여 표본을 통해 통계치를 파악하고 이러한 통계치를 바탕으로 모수를 추정하게 된다. 그렇다면 모수와 통계치는 무엇인가?

모집단 분포(population distribution)는 연구의 대상이 되는 전체 집단의 분포이며 모집단의 특성을 나타내는 값을 모수(parameter)라고 한다. 즉, 모집단의 평균과 표준편차는 모수이며, 모집단의 평균을 μ로, 표준편차를 σ로 나타낸다. 모집단 분포란 대부분 정규분포를 따르지만 소득이나 자산과 같이 정규분포를 따르지 않는 분포도 존재한다.

표본 분포(sample distribution)는 모집단의 모수를 추정하기 위하여 모집단을 대표할 수 있게 추출한 표본의 분포를 말하며, 표본의 특성을 나타내는 값을 통계치(statistic)이라 한다. 따라서, 표본 분포는 직접 관찰 가능한 분포이며, 표본 분포의 평균은 $\overline{X}$, 표준편차는 S로 표기한다. 모집단 분포가 대부분 정규분포를 따르는 것과 달리, 표본 분포의 경우 표본의 수가 작으면 정규분포를 따르지 않는다.

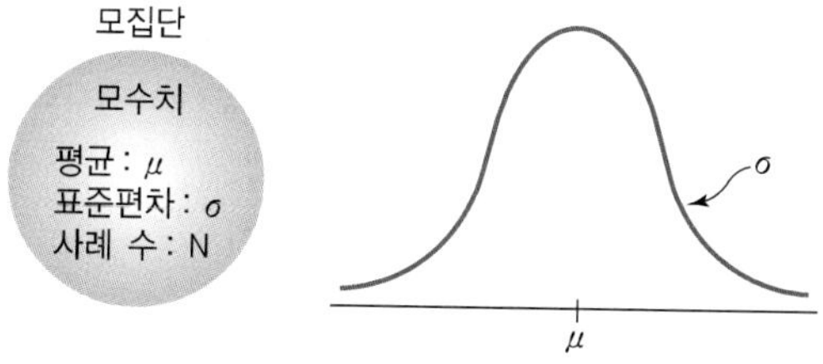

그림 7-7 모집단 분포

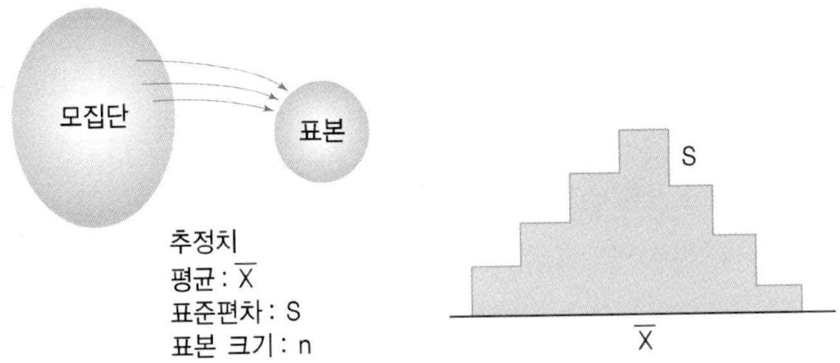

그림 7-8 표본 분포

- 표본 분포의 평균과 표준편차

$$\text{평균}\ \ \overline{X} = \frac{\sum_{i=1}^{n} X_i}{n} \qquad\qquad \text{표준편차}\ \ S = \sqrt{\frac{\sum_{i=1}^{n}\left(X_i - \overline{X}\right)^2}{n-1}}$$

그런데 표본에서 구한 통계치를 이용하여 모수를 추정한다고 할 때, 우리가 뽑은 표본이 과연 모집단을 대표할 수 있는가 하는 의문이 생길 수 있다. 따라서, 하나의 모집단에서 n의 크기를 가진 표본을 무한히 되풀이하여 뽑는다고 가정한 다음, 그 표본들의 통계치의 분포를 분석함으로써 모집단의 분포 및 특성이 어떠한가를 더 정확히 추론할 수 있다. 이러한 분포를 표집분포(sampling distribution)라 하는데, 표집분포는 통계적 추정과 검정의 기반이 되는 이론적인 분포로서 일정한 크기의 표본을 무한히 반복 추출하였을 때, 각 표본의 통계치들이 이루는 분포를 말한다.

표집분포 중에서도 특히 평균의 표집분포는 선택가능한 모든 표본들로부터 계산된 평균($\overline{X}$)들의 확률분포를 말한다. 즉, 평균의 표집분포란 특정한 모집단에서 동일한 크기로 가능한 모든 표본을 뽑아서 각각의 표본들의 평균을 계산했을 때, 그 평균들의 확률분포를 의미한다. 표집분포의 평균($\mu_{\overline{X}}$)은 모수인 μ과 같으며, 평균의

표집분포

통계적 추정과 검정의 기반이 되는 이론적인 분포로서 동일한 모집단에서 일정한 크기(n)의 표본을 무한히 반복 추출하였을 때 각 표본의 통계치들이 이루는 분포

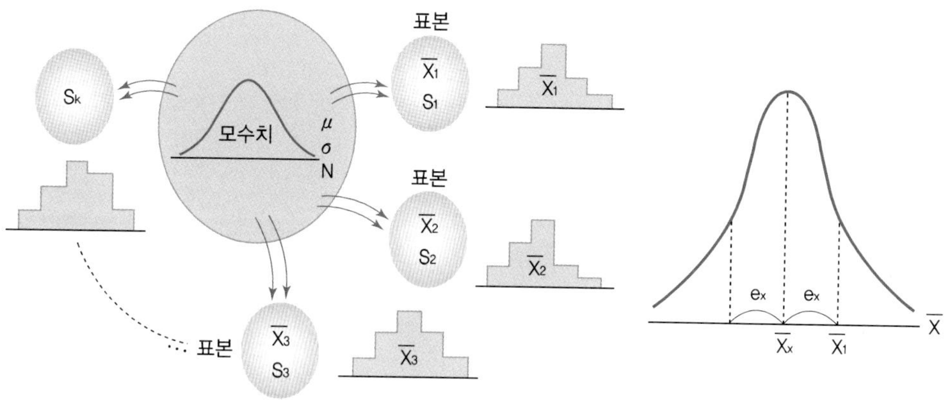

그림 7-9 평균의 표집분포

• 평균의 표집분포의 평균과 표준오차

평균 $\mu_{\overline{X}} = \mu$ 표준편차 $\sigma_{\overline{X}} = \dfrac{\sigma}{\sqrt{n}}$ 표준오차 $SE = \dfrac{S}{\sqrt{n}}$

표집분포의 표준편차($\sigma_{\overline{X}}$)는 모집단의 표준편차를 $\sqrt{n}$ 으로 나눈 값인 $\dfrac{\sigma}{\sqrt{n}}$ 과 같다. 참고로 통계치와 모수의 차이를 표준오차(standard error, SE)라고 하는데, 이는 모집단의 표준편차를 표본의 표준편차로 추정한 값이며, $\dfrac{S}{\sqrt{n}}$ 으로 구한다.

2) 중심극한정리

모집단이 정규분포일 때, 평균의 표집분포는 표본의 크기 n에 관계없이 언제나 정규분포를 따르며 평균은 μ, 표준편차는 $\dfrac{\sigma}{\sqrt{n}}$ 이다. 모집단이 정규분포가 아닐 경우에는 표집분포가 언제나 정규분포를 따른다고 할 수 없지만, 표본의 크기 n을 크게 할수록(일반적으로 $n \geq 30$) 평균의 표집분포는 평균은 μ, 표준편차는 $\dfrac{\sigma}{\sqrt{n}}$ 인 정규분포에 접근하는데, 이를 중심극한정리라고 한다.

중심극한정리

모집단의 분포모양과는 관계없이 평균 μ, 표준편차 σ인 모집단에서 크기가 n인 선택가능한 모든 표본을 모두 뽑을 때, 평균의 표집분포는 n을 증가시킬수록 정규분포에 근사하며, 이 때 표집분포의 평균은 μ, 표준편차는 $\sigma/\sqrt{n}$ 을 따른다.

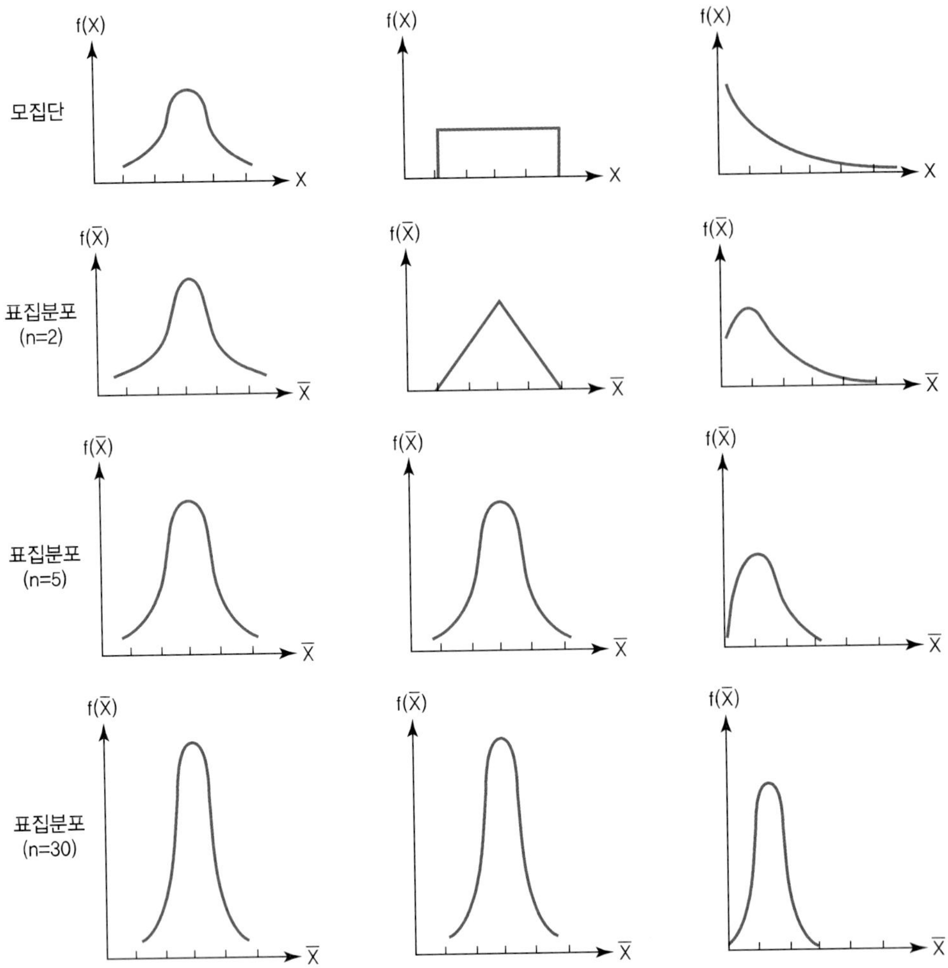

그림 7-10 중심극한정리의 예

평균의 표집분포는 다음과 같은 특성을 지닌다.

첫째, 표본평균들의 분포는 정규분포이다. 모집단의 분포가 정규분포가 아닐지라도 표본의 크기가 크면(일반적으로 $n \geq 30$), 표집분포는 중심극한정리에 따라 정규분포의 형태를 띠며, 모집단의 분포가 정규분포이면 표본의 크기에 관계없이 정규분포의 형태를 가진다.

둘째, 표본평균들의 평균은 모집단의 평균과 같다.

셋째, 표본평균의 표준편차는 모집단의 표준편차보다 작다. 이것은 표본평균들이 모집단의 각 측정치보다 표본평균들의 평균 또는 모집단의 평균으로부터 적게 떨어져 있음을 의미한다.

03 | 추 정

추리통계의 두 가지 목적은 추정과 검정이다. 그렇다면 먼저 추정이 무엇인지 예를 통하여 살펴보겠다. 우리나라 국민의 월평균 소득을 알아보려고 할 때, 시간과 비용적인 제약으로 인하여 모든 국민의 월평균 소득을 조사하지 못하고 일부 국민의 월평균 소득을 조사하였더니 월평균 소득이 300만 원이었다고 하자. 이 값을 근거로 모집단인 우리나라 국민의 월평균 소득을 300만 원이라고 추정하는 것을 점추정(point estimation)이라고 한다.

그런데 점추정은 하나의 값을 사용하여 추정하는 것으로 추정에서 나타날 수 있는 오차의 수준을 반영하지 못한다. 이러한 단점을 해결하기 위한 추정방법이 구간추정이다. 구간추정은 통계치를 기초로 모수가 존재할 가능성이 있는 구간, 즉 신뢰구간을 추정하는 방법으로, 점추정에 비해 더 많이 사용되는 통계적 추정 방법이다. 위의 예를 보면 구간추정은 “우리나라 국민의 월평균 소득은 100만 원에서 400만 원 사이일 것이다” 또는 “250만 원에서 350만 원 사이일 것이다” 등으로 추정하는 방법이다. 구간추정에서는 구간을 크게 할수록 추정이 맞을 가능성이 높아지고 구간을 넓게 할수록 추정이 틀릴 가능성이 높아지는데, 이러한 특성을 이용하여 구간의 범위를 조정함으로써 추정에서 발생하는 오차의 수준까지도 통제할 수 있다는 장점이 있다.

1) 신뢰구간의 의미

앞서 구간추정에서 모수가 존재할 범위를 제공함으로써 연구자가 추정이 틀릴 가능성을 일정수준으로 유지하며 모수를 추정할 수 있는 장점이 있다고 하였다. 이렇듯 모수를 추정하면서 추정이 틀릴 가능성의 허용 수준, 즉 오차가 발생할 허용한계를 유의수준이라고 하고 α로 표기한다. 유의수준 α는 0과 1사이의 값을 가지며, 일반적으로 0.1, 0.05, 0.01 등의 유의수준을 흔히 사용한다.

연구자는 자신이 정한 오차의 허용한계에 따라 신뢰구간을 추정할 수 있는데, 유의수준 α에서의 신뢰구간을 모수의 $100(1-\alpha)\%$ 신뢰구간이라고 한다.

유의수준 α → 모수의 $100(1-\alpha)\%$ 신뢰구간

즉, 모평균의 $100(1-\alpha)\%$ 신뢰구간이라는 의미는 통계치인 표본의 평균을 이용하여 모수인 모집단의 평균을 추정하고자 할 때, 무수히 많은 표본평균을 기준으로 도출한 신뢰구간들 중에 적어도 $100(1-\alpha)\%$는 모수인 μ를 포함하고 있어야 한다는 의미이다. 예를 들어, 만약 100개의 표본을 추출해 100개의 구간을 추정한다면 각각의 구간이 모집단의 평균 μ를 포함할 수도 있고 포함하지 않을 수도 있는데, 95% 신뢰수준이란 추정된 신뢰구간 중 95%는 모집단 평균 μ를 포함하지만 5%는 포함하지 않을 것이라는 의미이다[2].

2) 신뢰구간: 모집단의 표준편차(σ)를 아는 경우

모집단의 표준편차를 알고 있는 경우 표준정규분포를 사용하여 신뢰구간을 구할 수 있으며, 표준정규분포를 사용하여 신뢰구간을 구하는 것은 모집단이 정규분포를 따른다는 것을 가정한다. 그러나 중심극한정리에 의해 표본의 크기가 충분히 크면 표집분포는 정규분포와 근사하므로 모집단이 정규분포가 아닌 경우에도 표준정규분포를 사용하여 신뢰구간을 정할 수 있다.

정규분포의 특성에서 설명한 바와 같이 정규분포에서 $\overline{X}$가 $[\mu-2\sigma_{\overline{X}}, \mu+2\sigma_{\overline{X}}]$의 구간에 포함될 확률은 약 95%이다.

2 95% 신뢰수준을 모집단의 평균 μ가 신뢰구간에 속할 확률이 95%라고 해석하는 것은 옳지 못하다. 다만, 추정된 신뢰구간이 모집단 평균 μ를 포함할 확률이 95%라는 의미이다.

$$P(\mu - 2\sigma_{\overline{X}} \le \overline{X} \le \mu + 2\sigma_{\overline{X}}) \fallingdotseq 0.95$$

따라서, 어떤 표본을 뽑았을 때, 그 표본의 평균 $\overline{X}$를 중심으로 $[\overline{X} - 2\sigma_{\overline{X}}, \overline{X} + 2\sigma_{\overline{X}}]$인 구간에 μ가 포함될 가능성은 약 95%라고 할 수 있다.

$$P(\overline{X} - 2\sigma_{\overline{X}} \le \mu \le \overline{X} + 2\sigma_{\overline{X}}) \fallingdotseq 0.95$$

이것이 확률변수 X가 평균이 μ이고 표준편차가 σ인 정규분포를 따를 때, 평균 μ에 대한 95% 신뢰구간을 구하는 방법이라면, 모집단의 정규분포 모양에 상관없이 신뢰구간을 구할 때는 표준정규분포를 이용한다. 즉, $\overline{X}$를 표준화시킨 Z값을 이용하여 μ에 대한 신뢰구간을 구한다.

표준정규분포에서 유의수준이 0.05일 때의 Z값은 각각 $-Z_{0.05/2}$, $Z_{0.05/2}$가 되고 이는 각각 -1.96, 1.96의 값을 가진다. 즉, 표준정규분포에서 Z값이 $[-Z_{0.05/2}, Z_{0.05/2}]$의 구간에 포함될 확률은 약 95%이다.

$$P(-Z_{0.05/2} \le Z \le Z_{0.05/2}) = 0.95$$

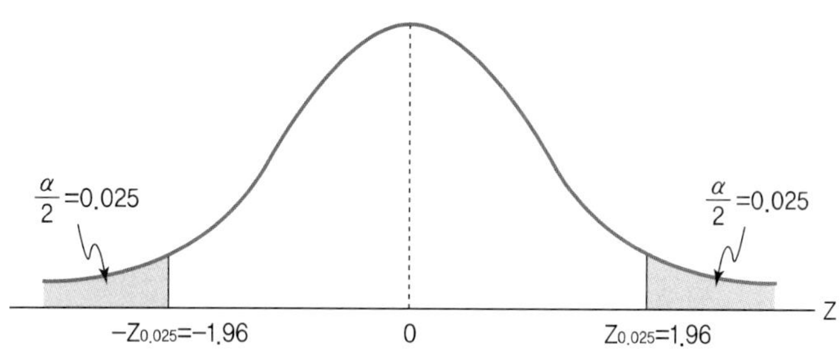

그림 7-11 표준정규분포에서 유의수준 0.05에서의 임계값

위의 예는 유의수준이 0.05일 때 95% 신뢰구간을 구하는 방법이며, 이를 유의수준이 α일 경우로 일반화시키면, 유의수준이 α일 때 Z값이 어떤 구간에 포함될 확률은 다음과 같이 나타낼 수 있다.

$$P(-Z_{\alpha/2} \le Z \le Z_{\alpha/2}) = 1-\alpha$$

그런데 $Z = \dfrac{\overline{X} - \mu_{\overline{X}}}{\sigma_{\overline{X}}} = \dfrac{\overline{X} - \mu}{\sigma/\sqrt{n}}$ 이므로 이를 위의 식에 대입하고 μ에 대하여 정리하면 μ에 대한 신뢰구간을 구하는 식을 얻을 수 있으며, 각 유의수준에 해당하는 임계값만 알면 신뢰구간을 구할 수 있다.

• Z-분포에서의 μ에 대한 $100(1-\alpha)\%$ 신뢰구간

$$\left[\overline{X} - Z_{\alpha/2}\frac{\sigma}{\sqrt{n}},\ \overline{X} + Z_{\alpha/2}\frac{\sigma}{\sqrt{n}}\right]$$

각각의 유의수준에 해당하는 임계값은 표준정규분포표에서 찾을 수 있고, 주로 사용하는 90%, 95%, 99% 신뢰구간에서의 임계값을 정리하면 표 7-2와 같다.

표 7-2 표준정규분포에서의 신뢰도와 임계값

신뢰도 $1-\alpha$	$Z_{\alpha/2}$
0.90	1.645
0.95	1.96
0.99	2.576

위의 식에서 신뢰구간의 특성을 유추할 수 있는데, 신뢰구간은 유의수준이 낮아질수록, 표준편차가 클수록 넓어지는 특성을 가진다.

3) 신뢰구간: 모집단의 표준편차(σ)를 모르는 경우

앞에서 모집단의 평균을 추정할 때 정규분포 모집단의 표준편차를 알고 있는 것으로 가정했으나, 모집단의 평균을 모르면서 모집단의 표준편차를 알고 있는 경우는 매우 드물다. 따라서, 모집단의 표준편차 σ를 모를 때에는 표본에서 구한 불편추정량[3]인 표본의 표준편차 S를 모집단의 표준편차 대신 사용한다. 그런데 표본의

3 모집단의 모수 추정에 있어서 추정량의 분산이 원래 모집단의 분산과 같을 때 그 추정량을 가리켜 불편추정량이라고 한다.

표준편차로 대신하여 구한 검정통계량 $\frac{\overline{X}-\mu_{\overline{X}}}{S/\sqrt{n}}$ 은 표준정규분포를 따르지 않고 자유도 (n−1)의 t−분포를 따르며, t−분포를 이용하여 신뢰구간을 구할 때는 Z값 대신 t값을 이용하는데 t값은 다음과 같이 구한다.

$$t=\frac{\overline{X}-\mu_{\overline{X}}}{\frac{S}{\sqrt{n}}}$$

t−분포는 스튜던트(Student) t−분포[4]라고도 하는데, 표준정규분포인 Z−분포와 유사하여 평균을 중심으로 좌우대칭인 종모양을 띤다. 그러나 정규분포와 달리 t−분포의 모양은 자유도에 의하여 결정되는데, 이 때의 자유도는 표본의 크기 n에서 1을 뺀 값이다. t−분포는 Z−분포에 비하여 꼬리부분이 두꺼우며, 자유도가 커짐에 따라 표준정규분포와 근사해지는 특성이 있다.

자유도와 유의수준에 따른 t값을 표시한 t−분포표는 〈별표 2〉에서 찾아볼 수 있다. t−분포를 이용하여 신뢰구간을 추정하는 방법은 Z값 대신 t값을 사용한다는 점 외에는 표준정규분포를 이용하여 신뢰구간을 추정하는 방법과 동일하다. t−분포를 이용한 신뢰구간은 다음과 같다.

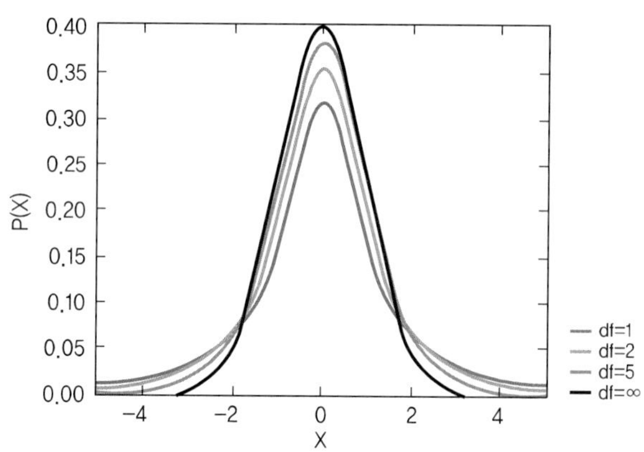

그림 7−12 t−분포의 모양과 특성

4 스튜던트 t-분포라는 명칭은 1908년 영국의 유명한 통계학자 고세트(W.S. Gosset)가 스튜던트(Student)라는 가명으로 t-분포를 처음 발표한 데서 기인한다.

• t-분포에서의 μ에 대한 100(1-α)% 신뢰구간

$$\left[\overline{X} - t_{\alpha/2}\frac{S}{\sqrt{n}},\ \overline{X} + t_{\alpha/2}\frac{S}{\sqrt{n}}\right]$$

모집단의 표준편차를 모르는 경우라 하더라도, 표본의 크기가 크면(일반적으로 $n \geq 30$) t-분포가 정규분포에 거의 접근하게 되므로 t-분포와 Z-분포 중 어떤 분포를 사용하여 신뢰구간을 구하여도 무방하다.

04 | 가설 검정

1) 가설 검정의 의미

가설 검정이란, 표본의 통계치를 활용하여 모집단의 모수에 대한 가정이나 주장이 옳은지를 검정하는 것을 말한다. 가설은 영가설(H_0: null hypothesis)과 대립가설(H_a: alternative hypothesis)로 나뉘는데, 영가설은 귀무가설, 대립가설은 연구가설이라고도 한다. 영가설은 '두 개 이상의 모집단 또는 변수 간에 차이가 없다' 또는 '독립변수가 종속변수에 영향을 미치지 않는다'라고 가정하는 이미 알려진 일반적인 사실에 대한 진술이고, 대립가설은 '두 개 이상의 모집단 또는 변수 간에 차이가 있다' 또는 '독립변수가 종속변수에 영향을 미친다'라고 가정하는 새로이 주장하고자 하는 사실에 대한 가정적 진술이다. 가설 검정에서는 대립가설이 옳음을 직접 입증하지 않고, 영가설이 참이 아니라는 것을 반증함으로써 대립가설을 채택하는 형태를 취한다. 따라서, 실제로 검정할 수 없거나 검정하기 곤란한 가설을 영가설로 설정하는 것은 바람직하지 못하다. 예를 들어, 영가설을 $\mu \neq a$라고 설정하였을 경우, $\mu \neq a$인 모집단은 무수히 많으므로 이것을 검정하기는 어렵다. 이 경우에는 영가설을 $\mu = a$라고 세우는 것이 검정에 용이하다. 일반적으로 두 가설 중 하나가 등식으로 표시되는 경우에는 등식으로 표시된 가설을 영가설로 설정한다.

영가설을 기각하거나 채택하는 가설 검정에는 단측검정과 양측검정이 있는데, 등가설에 대한 검정을 양측검정, 부등가설에 대한 검정을 단측검정이라고 한다.

자료의 분포 모양에 따라 Z-검정, t-검정, χ^2-검정 등이 있으나 가장 기본이 되는 Z-검정을 중심으로 가설 검정의 기본 개념과 원리에 대해서 살펴보겠다.

등가설의 예

- 영가설(H_0): 두 집단의 평균이 같다($\mu_A = \mu_B$).
- 대립가설(H_a): 두 집단의 평균이 같지 않다($\mu_A \neq \mu_B$).

부등가설의 예

- 영가설(H_0): 두 집단의 평균의 차이가 0보다 작거나 같다($\mu_A - \mu_B \leq 0$).
- 대립가설(H_a): 두 집단의 평균의 차이가 0보다 크다($\mu_A - \mu_B > 0$).

2) 가설 검정의 오류와 유의수준

표본에서 나온 통계치를 이용하여 모수를 추정하거나 검정하는 추리통계에서는 항상 오차가 발생한다. 즉, 영가설에 대한 검정에도 항상 오차가 있으며, 이 오차를 가설 검정의 오류라고 한다. 가설 검정에는 두 가지 오류를 범할 위험성이 있는데, 하나는 제1종 오류(type I error)로 영가설이 참인데 영가설을 부정하는 오류이고, 다른 하나는 제2종 오류(type II error)로 영가설이 거짓인데 영가설을 긍정하는 오류이다. 제1종 오류는 α형 오류라고도 하고, 제2종 오류는 β형 오류라고도 한다.

α형 오류와 β형 오류는 다음 표와 같이 표시할 수 있다. 전체 확률을 1이라 할 때 영가설이 옳을 때 영가설을 기각하는 오류는 α이므로 맞는 영가설을 올바르게 채택할 확률은 $1-\alpha$가 된다. 또한, 영가설이 틀릴 때 영가설을 받아들이는 오류는 β이므로 틀린 영가설을 올바르게 기각할 확률은 $1-\beta$가 된다.

α와 β의 크기는 서로 반대 방향으로 변하므로 제1종 오류를 일정 수준 이하로 통제하다 보면 제2종 오류를 범할 위험이 높아지고, 제2종 오류를 통제하다 보면 제1종 오류를 범할 확률이 높아진다. 두 가지 오류를 동시에 통제하는 것은 불가능하므로 일반적으로 더 심각한 오류인 제1종 오류를 범할 확률을 일정 수준 이하로

가설 검정의 오류

- 제1종 오류(α형 오류): 실제로는 영가설이 옳음에도 검정 결과 영가설을 기각하는 오류
- 제2종 오류(β형 오류): 실제로는 영가설이 틀렸음에도 검정 결과 영가설을 채택하는 오류

표 7-3 가설 검정의 오류

구 분	영가설(H_0)이 맞을 경우	영가설(H_0)이 틀릴 경우
영가설(H_0) 채택	$1-\alpha$	β(제2종 오류)
영가설(H_0) 기각	α(제1종 오류)	$1-\beta$

통제하려고 하며, 제1종 오류의 허용 한계를 유의수준 α라고 한다. 여기서 유의수준 α란 영가설이 옳은데도 불구하고 이를 기각하는 확률의 크기를 말한다. 연구자의 판단에 따라 유의수준을 결정하게 되는데, 일반적으로 많이 사용하는 유의수준에는 0.1, 0.05, 0.01 등이 있다. 유의수준을 낮게 정할수록 연구자는 더욱 엄밀하고 보수적인 기준에서 가설을 검정하는 것이라고 할 수 있다.

3) 임계값과 기각역

앞서 살펴본 바와 같이, 연구자는 영가설과 대립가설을 세우고 영가설이 사실이 아님을 입증함으로써 대립가설을 채택하고자 한다. 이 때 영가설이 사실임에도 불구하고 사실이 아니라고 판단하여 대립가설을 채택하게 되는 오류를 범할 확률을 유의수준이라 하며, 이를 일정 수준 이하로 통제하려고 한다. 예를 들어, $\mu \leq 0$이라고 영가설을 세웠을 경우, 표본에서 구한 평균값이 0보다 매우 클 때 영가설이 사실이 아니라고 판단할 수 있다. 그렇다면 어느 정도 큰 값을 매우 큰 값이라고 할 수 있겠는가? 우리는 유의수준을 이용하여 매우 큰 값의 기준을 정한다. 표본에서 구한 평균값의 Z값이 2이고 그 이상의 값이 발생할 확률이 우리가 정한 유의수준, 예를 들어 0.05보다도 낮다면 유의수준 0.05에서 $\mu \leq 0$이라는 영가설을 기각할 수 있을 것이다. 이 때 표본에서 구한 평균값의 Z값을 검정통계량이라고 하고, 영가설이 맞다고 가정했을 때 이러한 검정통계량과 같거나 더 극단적인 값이 발생할 확률을 유의확률(p-value)이라고 한다. 또한, 유의수준에 따라 정해지는 기준값을 임계값(critical value)이라고 한다.

유의확률과 임계값

- 유의확률: 영가설을 참이라고 가정했을 때, 검정통계량과 같거나 더 극단적인 값이 발생할 확률
- 임계값: 영가설의 채택과 기각에 관한 의사결정을 할 때, 그 기준이 되는 점

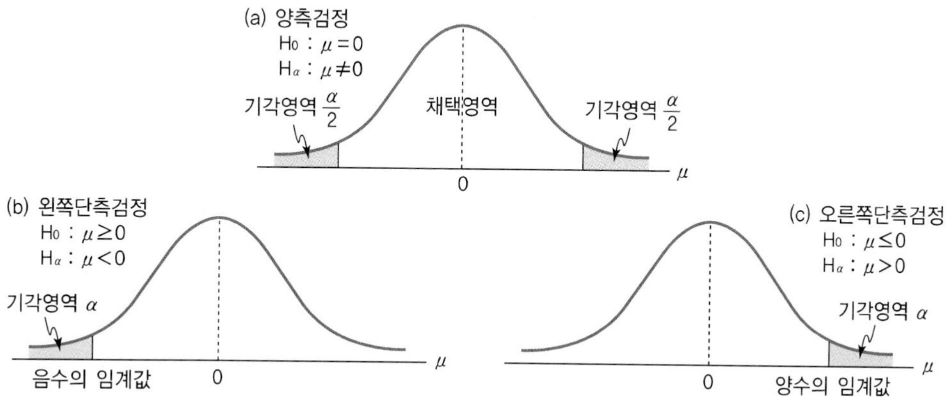

그림 7-13 표준정규분포에서의 임계값과 기각역

앞에서 살펴본 바와 같이 가설에는 등가설과 부등가설이 있고 등가설인 경우에는 양측검정, 부등가설인 경우에는 단측검정을 한다고 했는데, 양측검정과 단측검정에서의 임계값과 기각역을 그림으로 나타내면 그림 7-13과 같다.

▪ 가설 검정의 실례

(예) 새로 나온 노트북의 배터리는 평균 40시간 동안 지속된다고 광고한다. 이를 확인하기 위하여 100대의 노트북을 검사한 결과 배터리의 평균지속시간은 39시간, 표준편차는 5였다. 실제 노트북의 배터리 평균지속시간은 광고와 같은지를 유의수준 5%에서 검정하여라.

- 영가설과 대립가설을 세운다.
  – 영가설: $\mu=40$ – 대립가설: $\mu\neq 40$
- 유의수준에서 임계값과 기각역을 정한다.
  유의수준: $\alpha=0.05$
  $-Z_{0.05/2}=-1.96,\ Z_{0.05/2}=1.96$
- 검정통계량과 유의확률을 구한다.
  $$Z=\frac{39-40}{\frac{5}{\sqrt{100}}}=-2$$
  유의확률: $P(Z<-2)=0.0228$

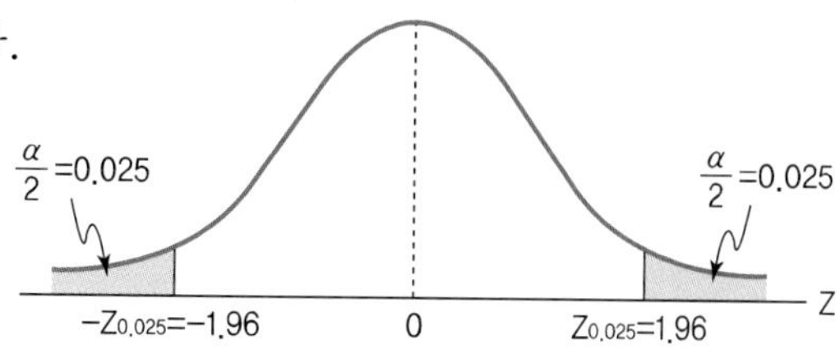

- 검정통계량이 기각역에 포함되므로 영가설 기각하고 대립가설을 채택한다. 검정통계량의 유의확률은 0.0228으로 $\frac{\alpha}{2} = 0.025$보다 작으므로 영가설을 기각하고 대립가설을 채택한다.
- 그러므로 노트북의 배터리지속시간은 유의수준 0.05에서 광고와 같지 않다.

4) 여러 가지 분포에서의 가설 검정

대표본일 경우에는 중심극한정리에 따라 모집단의 분포모양에 상관없이 표본의 평균이 정규분포를 따른다고 가정하고 표준정규분포를 사용한 Z-검정을 하였다. 그런데 앞서 신뢰구간을 구할 때도 설명했다시피 소표본이거나 모집단의 표준편차를 모를 경우에는 t-분포를 사용한다. 모집단의 분산은 Z-분포가 아니라 χ^2-분포를 따르므로 χ^2-검정을 사용한다. 따라서, 본 장에서는 Z-검정 이외의 다른 검정방법을 간단히 소개하겠다.

(1) t-검정

Z-검정을 할 때, Z값은 $Z = (\overline{X} - \mu_{\overline{X}})/\sigma_{\overline{X}}$로 구하는데, 이 때 우리는 모집단의 표준편차를 안다고 가정하였다. 그런데 신뢰구간을 구할 때도 설명하였지만 모집단의 표준편차를 모를 경우에는 표본에서 구한 불편추정량 S를 모집단의 표준편차 대신 사용한다.

이럴 경우에 검정통계량은 $\frac{(\overline{X} - \mu_{\overline{X}})}{S_{\overline{X}}} = \frac{(\overline{X} - \mu_{\overline{X}})}{S/\sqrt{n}}$으로 구하는데, 이 값은 t값이라 하며, t값은 자유도 n−1의 t-분포를 따른다.

- t-검정통계량

$$t = \frac{(\overline{X} - \mu_{\overline{X}})}{S_{\overline{X}}} = \frac{(\overline{X} - \mu_{\overline{X}})}{\frac{S}{\sqrt{n}}}$$

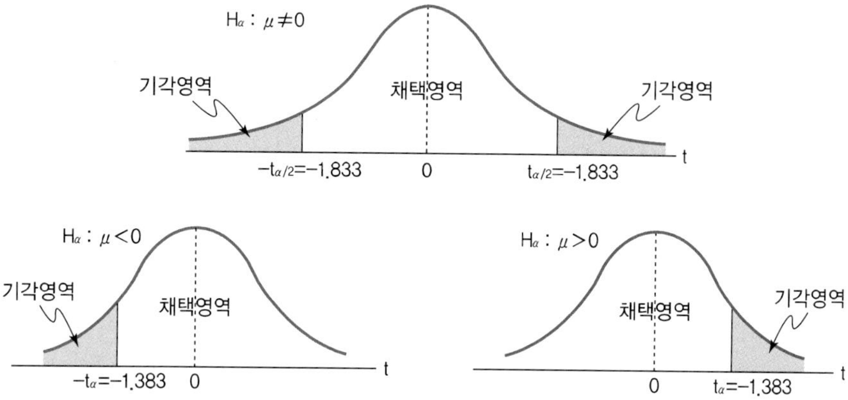

그림 7-14 t-분포에서의 임계값과 기각역(α=0.1, n=10)

즉, 모집단의 표준편차를 모를 경우에는 t값을 이용하여 t-검정을 하며, 앞서 설명한 바와 같이 자유도가 클 때에는 t-분포는 정규분포에 거의 근접하므로 모집단의 표준편차를 모르더라도 표본의 크기가 큰 경우에는 t-분포가 아닌 Z-분포를 사용하여도 무방하다. t-검정은 Z값이 아닌 t값을 사용하고, t-분포표를 사용하여 유의수준에 따른 임계값을 결정한다는 점 외에는 Z-검정과 동일하다.

(2) χ^2-검정

어떤 모집단이 σ^2의 분산을 가질 때, 이 모집단에서 얻은 표본분산 S^2들의 분포를 분산의 표집분포라고 한다. 평균의 표집분포가 정규분포를 따르는 것과 마찬가지로 분산의 표집분포는 표본의 크기인 n에 따라 χ^2-분포를 따른다. χ^2-분포는 n개의 서로 독립적인 표준정규 확률변수를 각각 제곱한 다음 합해서 얻어지는 분포를 말한다.

- χ^2-분포

$$\chi^2_{n-1} = \frac{(n-1)S^2}{\sigma^2}$$

χ^2-분포는 다음과 같이 오른쪽으로 긴 꼬리를 가지고 항상 양수값만 가지는 특징을 보이며 자유도 n−1의 크기에 따라서 그 모양이 변하는데 자유도가 커질수록 정규분포에 근접한다. χ^2-분포의 평균은 자유도인 n−1이며, χ^2-분포의 식을 통

해, χ^2값은 모집단의 분산과 표본의 분산의 차이가 클 때에는 분포의 양 끝에 위치하게 되며, 두 분산의 차이가 없을 때에는 분포의 평균값에 해당하는 자유도(n−1)에 가깝게 됨을 알 수 있다.

따라서, 모집단의 분산에 대한 가설 검정은 χ^2−검정을 실시하며, χ^2−분포표는 〈별표 3〉에서 확인할 수 있다. χ^2−검정에서도 Z값 대신 χ^2값을 사용한다는 점만 다르고 가설 검정 절차는 Z−검정과 동일하다.

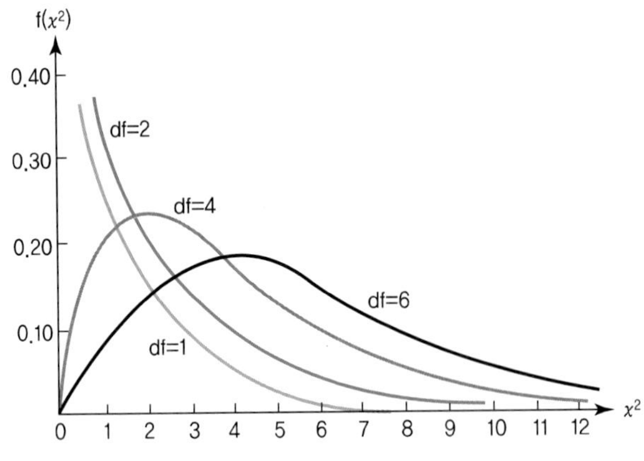

그림 7−15 χ^2−분포의 모양과 특성

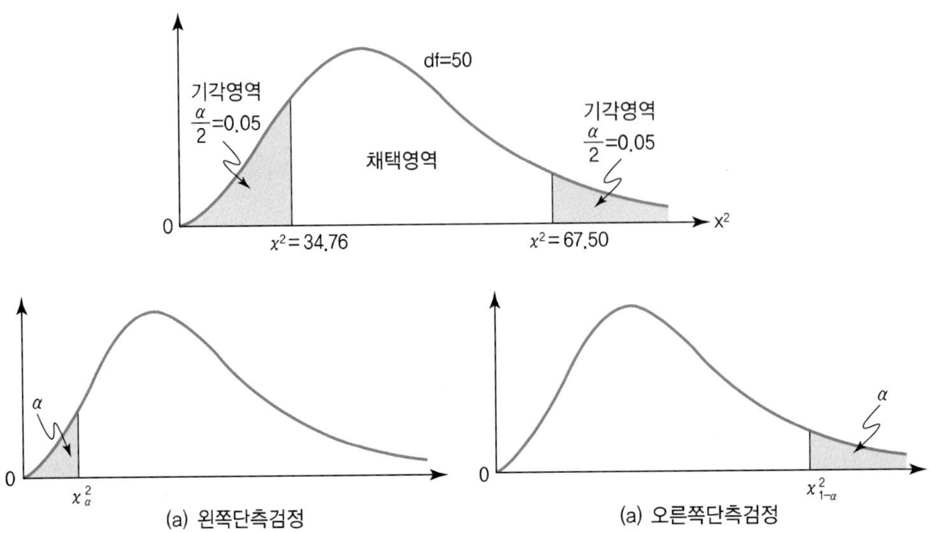

그림 7−16 χ^2−분포에서의 임계값과 기각역(α=0.1)

Part IV

정성적 자료의 분석

Chapter 08

자료의 정리

01 | 자료의 변환

정성적 자료는 분석 이전에 분석할 수 있는 형태로 변환하여야 한다. 인터뷰 음성자료, 관찰 영상자료, 현장노트, 연구자 메모 등 대부분의 정성적 자료들은 문서화를 통해 분석 단위로 변환할 수 있다. 또한, 소비자행동을 실험·관찰한 기록이나 전문가의 찬반 의견, 제품이나 매장을 관찰한 자료의 경우에는 수치화를 통하여 분석 단위로 변환할 수 있다. 자료의 변환 과정에서 연구자가 변환하여야 하는 자료에는 인터뷰나 관찰 등을 통해 수집된 객관적인 자료와 연구자의 주관적인 인상이나 감정, 해석이 기록된 메모, 주석, 현장노트가 포함된다. 주의해야 할 점은 정성적 분석에서 자료의 변환작업은 자료의 수집이 모두 완료된 시점에 하는 것이 아니라 자료가 수집되는 순간부터 수집 작업과 함께 진행되어야 한다는 것이다. 연구자는 자료의 수집과 분석을 병행하면서 추가적인 자료수집에 대한 유용한 정보를 획득하고, 연구목적 달성을 위해 연구의 틀 또는 방향을 수정·보완할 수 있다.

1) 문서화

정성적 자료를 문서화하기 위해서는 우선 수집된 자료(예: 녹음파일, 녹화영상, 연구자 메모 등)가 있어야 하고, 이를 전사하는 작업이 선행되어야 한다. 전사란, 녹음이나 녹화된 자료를 문자로 바꾸어 기록하는 작업으로, 연구주제와 연구목적을 염두에 두고 실행하는 것이 좋다. 왜냐하면 완벽하게 모든 자료를 전사하는 것보다는 연구주제에 맞게 일정한 기준을 세우고 그에 따라 전사한 자료가 자료의 분석에 도움이 되기 때문이다. 즉, 단순한 받아쓰기가 아니라 간단한 요약이나 코드 작성, 범주화를 병행하는 것이 분석 및 결론 도출에 유리하다. 앞서 3장에서 설명한 정성적 자료의 신뢰도에서 살펴본 바와 같이 응답자의 인터뷰 내용, 비언어적 행동, 연구자 메모 등을 구분하여 전사하는 것이 중요하며, 응답자가 그렇게 반응하게 된 맥락을 이해하면서 문서화하여야 한다. 그러므로 연구주제와 내용에 대해 가장 잘 알고 있는 연구자가 직접 전사를 하거나 전사의 전 과정에 적극적으로 관여하는 것이 바람직하다.

• 일상적 소비에 대한 포커스그룹 인터뷰 전사자료 중 일부

사회자	쇼핑하러 백화점에 주로 가세요?
연OO	(아주 단호하게) 네. ((다른 응답자들도 대부분 동의하는 분위기임))
사회자	어떤 품목에 관심이 많으세요?
연OO	신발이요.
박OO	저는 아이쇼핑을 많이 하는데요, 백화점에 거의 하루에 한번 가다시피 해요. 무엇을 꼭 산다기보다는 구경을 많이 하는데, 골고루 다 보는 편이지만 주로 액세서리나 가방 쪽을 많이 봐요.
김OO	저는 오전에는 스포츠센터에 가서 헬스 하고, 쇼핑은 주로 옷하고 가방 쪽으로 관심이 있어요. ((구입품목과 이용행동에 대한 이야기가 나오자 몇몇 응답자가 동의하지 않는 표정을 짓고, 이야기를 하고 싶어 함))
사회자	혹시 다른 곳으로도 쇼핑을 하러 가세요?
박OO	백화점 하고 제일평화시장에 가요. 구경하면 재미있어요. 백화점에 있는 상품은 오리지널이고 비싼데, 제일평화시장에는 카피가 있으니까요. 종류도 많고 가격도 저렴하고요.
천OO	(방금 응답한 박OO 씨를 쳐다보고 고개를 까딱하면서) 기분 내기에는 좋죠.

전사 자료는 정성적 분석의 기초 데이터로, 전사하는 과정 자체가 하나의 분석 과정이며 정성적 분석의 첫 단계라고 할 수 있다. 전사 자료는 연구에 참여하는 모든 연구자가 언제든지 쉽게 공유할 수 있도록 관리되어야 하지만, 응답자의 개인 정보가 담겨 있으므로 보안 유지에 주의하여야 한다. 소비자 인터뷰 전사 자료의 예를 살펴보면 앞과 같다.

소비자의 행동을 관찰한 영상자료나 기록물도 문서화를 통해 분석 단위로 변환될 수 있다. 예를 들어, 관찰을 통한 자료수집의 경우, 연구자는 조사대상자의 전반적인 행동이나 특이한 사항 등을 연구주제와 관련된 소비행동 단계별로 나누어 문서화할 수 있다. 관찰기록 자료를 전사한 예시를 살펴보면 표 8-1과 같다.

표 8-1 여성화장품을 선물용으로 구입하는 남성소비자를 관찰한 기록물을 전사한 자료 중 일부

단계 분류	전반적 행동	특이 사항
1단계 백화점 입점 매장 찾기 (총 7분 30초 소요)	• 지하철 2호선 삼성역에 하차하여 바로 연결된 백화점 지하 1층으로 들어감 • 에스컬레이터를 찾아 1층으로 이동 • 1층에 도착하여 우측으로 이동(응답자는 전형적인 오른손잡이임) • 5미터 정도를 주위를 살피면서 클라란스 매장 부스를 찾다가 포기하고 다시 에스컬레이터 위치로 이동 • 근처 타 매장(샤넬) 점원에게 클라란스 매장의 위치를 질문 • 타 매장 점원이 알려준 대로 이동하여 클라란스 매장 부스 발견	• 시간 지체 –클라란스 매장 부스를 모르면서 안내 데스크를 찾지 않고 일단 5미터 정도 걸으면서 두리번거림 –5미터 이동 후 바로 그 근처 가장 가까운 타 매장 점원에게 물어 보지 않고, 1층으로 올라온 첫 장소(에스컬레이터)로 다시 이동 • 심리적 불안: 백화점1층(화장품, 잡화)에서 화장품 구입경험이 없어 매장을 찾으면서 혼자 중얼거리며 불안해 함. "어디 있지? 물어봐야겠다. 앗, 저기 있다!"
2단계 담당직원에게 제품 문의 (총 3분 10초 소요)	• 매장 직원에게 스킨을 사러 왔다고 말함 • 담당직원의 제안대로 매장 부스에 마련되어 있는 의자에 앉음(머리를 긁적이며 조심스럽게 앉음. 긴장한 기색이 역력함) • 담당직원이 피부타입을 묻자 머뭇거리며 '복합성' 이라고 대답함 • 담당직원이 촉촉한 타입과 산뜻한 타입 중 어떤 것을 원하냐고 묻자 '촉촉한 타입' 이라고 말함	• 심리적 불안: 담당직원(젊은 여자)과의 대화를 쑥스러워함. 스킨을 처음 구입하는 상황이어서 부스에 앉는 것을 어색해하고, '복합성' 이라고 대답할 때 머뭇거림 • 여성 피부에 대한 무지: '복합성' 을 찾으면서 '산뜻함(지성, 복합성용)' 이 아닌 '촉촉함(중건성용)' 을 고름

2) 수치화

정성적 자료에서 수치로 산출되는 자료는 별도로 기록하여 분석에 활용하는 것이 좋다. 예를 들어 조사대상자의 연령, 성별, 소득, 학력 등과 같은 사회인구학적 변수에서 산출되는 수치와 구입횟수, 구입금액, 쇼핑시간 등과 같은 행동변수에서 산출되는 수치, 조사대상자의 찬반 의견이나 선호도 등의 태도변수에서 산출되는 수치들이 이에 해당한다. 수치화 작업을 많이 하는 정성적 자료는 내용분석 자료(4장 자료수집방법의 4절 내용분석 참조)로, 자료의 맥락을 수치화하는 방법을 사용한다. 수치화된 자료는 빈도분석 등의 기술통계기법을 이용하여 분석이 가능하며, 정량적 분석의 경우와 동일하게 해석하면 된다.

수치화된 자료는 조사대상자의 일반적인 행동이나 태도 패턴을 분석하기에 유리하고, 명료한 결과 도출이 용이하다. 아래 제시된 수치화된 자료는 25~35세의 중산층 전업주부를 대상으로 한 포커스그룹 인터뷰 참여자들의 일반적 특성을 정리한 예이다. 이를 통해 어떤 특성을 가진 소비자가 인터뷰에 참여하였는지 손쉽게 파악할 수 있다.

다음으로 제시된 내용분석 결과는 여성잡지광고에 나타난 소비가치가 시대적으로 어떻게 변화하였는지를 수치를 통해 보여 준다. 고은주 외(2010)는 1955년부터 2008년까지 광고자료를 제공하고 있는 잡지 〈여원〉, 〈주부생활〉을 분석대상으로 선정하고, 〈여원〉 992편과 〈주부생활〉 2,074편 등 총 3,064편의 잡지를 분석하였다. 여성잡지광고에 나타난 소비가치는 크게 7개로, 가장 많이 나타난 소비가치는 정서가치(37.6%), 기능가치(36.7%), 진귀가치(14.7%) 순으로 나타났고, 기능가치

표 8-2 파티세리(고급간식류) 콘셉트 도출을 위한 포커스그룹 인터뷰의 참여자 구성

구 분	성 명	연령(만)	거주지	연간 해외 여행 빈도	현 보유 자동차 대수	월평균 가계소득(만 원)	학 력
1	연OO	28	강남구	1	1	700	대졸
2	박OO	34	강남구	2	2	1,000	대학원졸
3	조OO	35	강남구	1	2	600	대졸
4	천OO	34	서초구	3	1	700	대졸
5	김OO	35	서초구	1	2	500	대졸
6	박OO	32	강남구	2	2	600	대학원졸

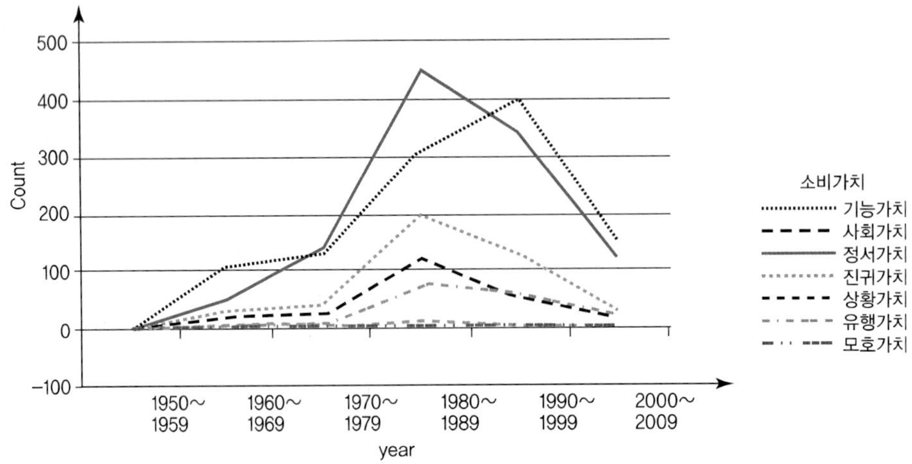

그림 8-1 여성잡지광고에 나타난 소비가치의 변화 추세

출처: 고은주·도현지·김선숙(2010), "여성잡지광고에 나타난 소비가치의 변화와 광고소구방법 및 문장표현방법 분석연구", 한국의류학회지, 34(2), 226~241.

는 1990년 이후 감소추세를, 정서가치와 진귀가치는 꾸준히 증가하다가 2000년대 들어 약간 감소하는 추세를 보인다고 결론 내렸다. 연구자들이 제시한 광고에 나타난 소비가치의 변화 추세 그래프는 그림 8-1과 같다.

02 | 코딩과 범주화

연구자는 정성적 자료의 분석에 앞서 자료를 읽고 해석할 수 있어야 한다. 이때, 자료를 있는 그대로 읽는 것이 아니라 자료의 행간과 맥락을 파악하거나, 함의 해석을 통해 새로운 자료를 만들어 추가하는 작업이 필요하다. 이 과정에서 정성적 자료의 분석단위인 코드와 범주가 생성된다.

1) 코드의 생성

코드의 생성은 자료를 분할하여 개념화하는 작업으로, 코딩, 부호화, 기호화라고도 불린다. 연구자는 문서화나 수치화를 통하여 변환된 자료를 바탕으로 연구주제와 관련된 단어 또는 문장을 조각내어 코드로 지정하고, 코드의 고유번호와 설명을 추가하게 된다. 자료를 분할하는 과정에서 중복되는 코드가 발견되면, 앞서 발견된 코드의 고유번호를 부여하면 된다. 예를 들어, "세일할 때 아니면 절대 안 사요."라는 응답자의 대답에 대해서는 '1번-세일할 때 구매'라는 코드를, "세일할 때 가면 너무 복잡하고 정신이 없어서 세일 안 할 때, 주로 가서 사요."라는 응답자의 대답에 대해서는 '2번-여유로운 쇼핑을 위하여 세일 외 기간에 구매'로 코드를 생성할 수 있다. 이 과정에서 연구자는 사전에 미리 정한 기준에 따라 코딩을 하는 것이 아니라 코딩을 하면서 새로운 기준을 계속해서 만들어 가는 방식을 따라야 하는데, 이는 정성적 분석의 귀납적 특성과도 연관이 있다. 코딩과정에서 새롭게 만들어지는 코드 생성 기준은 분석결과의 하나로, 향후 범주의 생성 과정에서 중요한 지침이 된다.

연구자는 코딩을 진행하면서도 연구자 메모를 작성할 수 있는데, 이 또한 코드 작성에 포함하여야 한다. 코딩 작업을 진행하면서 연구결과에 대한 밑그림이나 상·하위 범주, 코드 간의 관계를 파악하는 것이 전체 연구 과정에 큰 도움이 된다. 이를 바탕으로 추가적으로 더 포함시켜야 할 표본의 특성을 발견하여 표본추출을 계속하고, 인터뷰 질문이나 실험의 목록을 변경·추가할 수도 있다. 즉, 초기에 수집된 자료를 코딩하면서 연구목적을 달성하기 위하여 연구 틀이 끊임없이 진화하는 것이다. 이것이 바로 정성적 분석의 큰 장점이자 특성이며, 이를 가장 잘 수행할 수 있는 단계가 바로 코드의 생성 단계이다. 이처럼 정성적 자료의 코드 생성은 새로운 코드가 지속적으로 생성됨과 동시에 중복된 코드가 축적된다는 특징을 가지는데, 이는 사전에 정해진 코딩 기준에 따라 응답결과를 일괄적으로 수치화하는 정량적 자료의 코딩과 대비된다. 정성적 자료의 코딩 과정에서 자료에 노출된 횟수가 많은 코드는 핵심범주 생성 시 매우

- 변환된 자료(문서화/수치화 자료)를 정독한다.
- 연구주제와 관련되거나 반복적으로 등장하는 단어나 문장, 수치에 고유번호와 코드명을 부여한다. 이 작업이 코딩(코드의 생성)이다.
- 반복되는 코드에는 동일한 고유번호를 부여하고, 코드명에는 구체적인 진술과 특정한 방향성까지 포함되어야 한다.
- 첫 코딩은 연구주제와 가장 직접적으로 관련된 응답자와 현장 자료에서 시작하여 분석 전체의 축이 될 수 있는 코드를 생성하여 향후 분석에 지속적으로 활용하여야 한다.
- 코딩 과정 중에도 연구자는 메모(아이디어, 기억, 해석)를 계속해서 추가하여야 한다.
- 코딩을 완료한 자료의 재확인 작업을 반드시 하고, 이 과정에서 코드의 변경, 삭제, 추가 생성을 고려하여야 한다.

중요한 역할을 하므로 별도로 표시하는 것이 좋다. 또한, 등장 순서, 반복 정도는 별도로 기록하는 것이 좋고, 변환된 자료와 반복하여 대조하면서 누락된 부분이나 오류 발생 여부를 확인하는 것이 좋다. 코드의 생성 절차를 분석하는 순서대로 정리하면 위와 같다.

2) 범주의 생성

범주의 생성이란, 변환된 자료로부터 생성된 코드들 중에서 연구주제와 관련된 코드들을 고른 다음, 공통된 코드들을 묶어 그룹화하고 범주명을 붙이는 작업이다. 연구자는 변환된 자료와 코드를 반복하여 읽으면서 하나의 개념이나 패턴으로 분류될 수 있는 코드들을 모아 범주를 생성하면 된다. 이 때, 생성된 범주는 관련된 모든 코드들을 포함하고 있어야 하고, 범주 그 자체로 독립적이어야 하며, 범주들은 상호배타적이어야 한다.

범주는 구체적인 정도에 근거하여 하위범주, 상위범주, 핵심범주로 구분된다. 가장 구체적인 범주는 하위범주로, 코드의 바로 위 단계에 위치한다. 하위범주보다 추상적인 범주가 상위범주로 연구주제와 관련된 여러 개의 하위범주가 응축되어 생성된다. 가장 추상적인 범주를 핵심범주라고 하는데, 핵심범주는 상·하위 범주들을 정리하여 통합하는 범주로 분석 단위의 최종적인 산출물이다. 핵심범주는 향후 연구결과 분석의 가장 근간이 되는 범주로 변환된 자료 속에서 매우 자주 발견되고, 많은 수의 코드와 하위 범주들을 연결시키는 축으로서의 역할을 하며, 연구결과의 중심이므로 자료의 흐름을 대부분 설명할 수 있다.

연구자는 범주명을 생성할 때, 원자료가 아닌 코드명을 바탕으로 개념들을 재구성하여야 한다. 이 과정에서 소비자가 직접 보여 준 행동이나 응답한 대화에 기본을 둔 살아 있는 소비자의 언어적·비언어적 반응을 범주명에 활용할 수도 있고, 비유적인(은유적 표현 포함) 단어들을 사용할 수도 있다. 상·하위 범주와 핵심범주는 범주의 등급이 다르기 때문에 범주명 생성 기준 및 코드 분류 기준도 상이하여야 하며, 동일한 등급의 범주들 간(예: 하위범주1과 하위범주2)에는 적용되는 기준들이 동일하여야 한다. 가장 구체적인 하위범주는 원자료와 직접적으로 밀착되어야 하고, 상세하게 코드명을 작성해야 향후 상위범주 생성이 용이하다. 범주의 생성 과정에서도 연구자는 새롭게 떠오르는 생각이나 의문사항 등을 지속적으로 메모하여 새로운 범주의 생성이나 향후 연구결과 분석에 반영하여야 한다.

일단 수집된 자료에서 범주 생성 작업이 완료되면, 이들을 축으로 하여 남아 있는 자료의 수집이나 분석에 활용하여야 한다. 범주 생성과 추가적인 자료의 수집, 변환, 코딩 등을 병행하면서 연구자는 기존에 생성한 범주를 재검토할 수 있고, 향후 수집하여야 할 자료의 범위를 축소 또는 변경하면서 질 높은 자료를 수집할 수 있으며, 추가 자료에 대한 분석을 효율적으로 진행할 수 있다. 이상의 범주 생성 절차를 순서대로 정리하면 다음과 같다.

- 변환된 자료에서 생성된 코드를 정독한다.
- 연구주제를 기준으로 코드를 유형화하여 그룹을 만들고 하위범주를 조직한다.
- 연관되어 있는 하위범주들을 그룹화하여 상위범주를 생성한다.
- 상위범주와 이와 관련된 노출횟수가 많은 코드를 근거로 핵심범주를 생성한다.
- 생성된 범주들을 변환된 자료와 비교·대조하면서 재검토한다.
- 연구목적 달성을 위하여 추가해야 할 표본의 기준과 연구내용을 검토하여 향후 자료수집 시 반영한다.
- 추가된 자료를 분석할 때, 기존 범주를 재검토하되(삭제, 변경, 추가), 이미 생성한 핵심범주 또는 상위범주를 코드와 범주 생성 작업의 축으로 활용한다.

3) 코드와 범주 생성의 실제: 이론적 코딩

이론적 코딩(theoretical coding)은 이론 생성을 위하여 자료를 정리하는 과정으로 앞서 설명한 문서화와 범주화 과정 모두를 포함한다. 이론적 코딩에는 개방코딩, 축코딩, 선택코딩의 세 가지 코딩방식이 있는데, 일반적으로 개방코딩 → 축코딩 → 선택코딩 순으로 진행되지만, 일부 텍스트에 대해서는 이들 중에서 일부만 선택되어 사용되기도 한다.

개방코딩(open coding)은 자료를 모두 분할하여 이 중 연구주제와 관련된 단위에 번호와 코드를 붙이고, 하위범주를 생성하는 작업을 말한다. 코드는 연구주제와 기존 이론, 자료의 텍스트 자체에 근거하여 별도 제약 없이 개발되고, 연구자의 주관과 판단이 반영될 수도 있다. 개방코딩은 이론적 코딩의 첫 단계로, 자료의 전체 텍스트를 대상으로 한 세밀한 검토가 필요하므로 시간이 오래 소요된다. 개방코딩은 전체 텍스트에 모두 적용하는 것이 가장 바람직하지만, 작업의 효율성을 높이기 위하여 연구주제와 관련성이 높거나 중요한 의미를 가진 것으로 판단되는 특정 텍스트에만 적용하기도 한다. 코드를 모두 완성한 다음에는 코드 간의 연관성을 근거로 코드들을 유형화하여 범주를 만들고 코드를 붙여 완성한다. 이 때, 최초 개발된 코드는 가장 구체적인 코드(하위코드)이고, 범주는 보다 추상적인 코드(상위코드, 하위범주)가 된다. 개방코딩에서 주의할 점은 자료를 무조건 자세하게 쪼개는 것이 아니라 일정한 기준을 가지고(예: 행위, 태도, 목적, 방안, 예상 등) 이를 바탕으로 분할해야 한다는 것이다. 예를 들어, '패스트푸드점 이용행태' 라는 연구주제에 대해 주부 소비자를 대상으로 진행한 인터뷰 자료를 아래와 같이 개방코딩할 수 있다.

• 패스트푸드를 이용하는 주부 소비자들의 포커스그룹 인터뷰 전사자료 중 일부

김OO　피자 먹으러 자주 가요. 매장이 깔끔하고 앉아서 떠들기도 좋고요. 분위기도 좋으니까요.①

이OO　저는 돈 없을 때에② 햄버거 먹으러 가요. 돈이 많으면 더 좋은 데로 가죠. 요리가 먹고 싶다는 생각이 들어요.④ 그러다 보면 한식으로 가게 돼요.

박OO　저는 좀 비싸도 햄버거 먹고 싶으면 K◇◇버거를 먹으러 가요. 좀 비싸긴 해도 몸에 좋을 것 같아서요.③ 거기 매장 분위기도 좋아요.①

김OO　전 뭐, 가끔 이것저것 다른 것 먹다가 이따금 먹고 싶으면 가요. 약간 중독성인것 같아요.⑤ 그리고 애들이 학교 근처에서 안 벗어나려면 햄버거밖에 없어요.⑥ 밤 늦게 까지 문 여는 집도 패스트푸드점밖에 없어서요.⑦ 그럴 땐 어쩔 수 없이 햄버거를 먹어요.

[코드 생성]

① 깨끗하고 분위기가 좋은 매장 환경　② 저렴한 가격
③ 건강한 식품　④ 직접 만든 요리에 대한 선호
⑤ 특정 제품의 맛에 대한 선호　⑥ 이용하기 편리한 매장 위치
⑦ 자유로운 매장 영업시간

위의 자료에서는 총 7개의 코드가 생성되었는데, 이 코드들은 다시 ⓐ 매장, ⓑ 가격, ⓒ 건강, ⓓ 맛이라는 보다 높은 차원의 하위범주들로 묶을 수 있다. 일단 생성된 코드들은 코딩과정에서 지속적으로 활용된다. 같은 맥락이거나 중복되는 텍스트에는 기존 코드를 재생성하면 되고, 코딩과정 중에 기존 코드가 변경·보완·삭제되기도 한다. 만약, 기존 코드에 속하지 않는 새로운 코드가 발견되면, 새로운 번호와 함께 코드를 생성하면 된다.

축코딩(axial coding)은 개방코딩을 통해 생성된 코드와 하위범주들 중에서 연구주제와 관련된 코드와 하위범주를 근거로 코딩의 축을 지정하고, 이 축을 중심으로 하위범주들의 구조를 밝혀 상위범주를 생성하는 작업을 말한다. 축코딩은 연구주제와 관련된 자료에만 집중한다는 점에서 모든 자료를 대상으로 코드를 생성하는 개방코딩과는 차이가 있다. 개방코딩이 코드와 하위범주의 생성이 주목적이라면, 축코딩은 하위범주들의 구조를 파악하고 이를 체계화함으로써 상위범주의 생성에 초점을 맞춘다. 따라서, 축코딩에서 가장 중요한 것은 상위범주와 하위범주 간의 관계를 축을 중심으로 명확하게 규정하는 것이고, 코딩작업 중에도 수집된 자료를 계속해서 확인·대조하는 과정이 필요하다. 예를 들어, 앞서 제시한 코드와 하위범주들을 묶어 상위범주를 생성하고, 전체 범주들의 관계를 구조화하면 다음과 같다. 여기에서 축이 되는 범주는 '차선책' 이다. 아래 박스에 제시되어 있듯이 '차선책' 이라는 축을 중심으로 (i) 제품(특정 맛에 대한 선호와 저렴한 가격), (ii) 매장(이용편리성, 깔끔한 분위기)의 두 가지 상위범주를 생성할 수 있다. 또한, 축이 되는 범주인 '차선책' 의 맥락에서 제외되는 '건강 코드(③, ④번)' 는 구조화단계에서 제외됨을 알 수 있다.

연구자는 축 범주와의 연계성을 바탕으로 상위범주 간의 관련성도 검토하는 것이 좋다. 소비자분석에서는 행동-태도/심리, 원인-결과, 목적-수단, 시간-공간, 소비자-사업자, 오프라인-온라인 등으로 유형화되는 경우가 많다. 연구자는 자료를 대상으로 이론적 코딩을 계속해 나가면서 축범주를 또 다른 상위범주의 생성 또는 하위범주와 상위범주의 구조를 체계화하는 틀로서 지속적으로 활용하여야 한다. 이 과정에서 하위범주의 수가 많고 이를 설명하는 텍스트가 충분하다면, 상·하위 범주의 구조 파악이 보다 체계적으로, 그리고 효율적으로 진행될 수 있다.

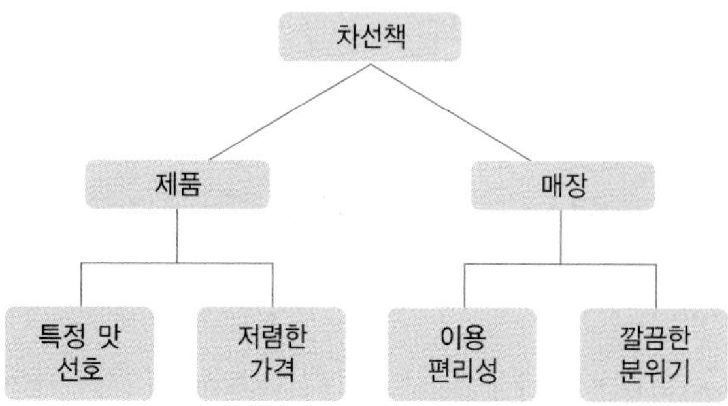

그림 8-2 축코딩 구조화의 예시

특히 정성적 자료의 경우 자료의 양이 방대한 경우가 많으므로 축이 되는 코드를 중심으로 연관된 상·하위 코드를 생성하고 관계를 규명하면, 코딩시간을 줄이고 중요한 자료를 적절하게 발췌하여 효율적으로 작업을 진행할 수 있다.

선택코딩(selective coding)은 축코딩을 반복하면서 하위범주의 상위범주(보다 추상적인 개념)를 계속해서 생성하여 최종적으로 핵심범주를 개발하는 작업을 뜻한다. 연구자는 연구주제 및 연구목적에 적합한 단 하나의 단어나 문장으로 연구결과를 일목요연하게 제시할 수 있어야 하고, 그 핵심범주를 선택하는 과정을 필수적으로 거쳐야 한다. 개방코딩과 축코딩은 자료의 전체 텍스트에 대해 반드시 실행할 필요는 없지만, 선택코딩은 자료의 전체 텍스트에 대해 실행하여야 한다. 다시 말해, 연구주제와 관련성이 적어 개방코딩과정에서 제외된 텍스트도 선택코딩 시에는 반드시 포함하여 핵심범주를 생성하여야 한다. 핵심범주는 연구주제와 직접적으로 관련이 있어야 하고 하위범주들을 모두 포함할 수 있어야 하며 정립된 이론의 핵심적인 개념이어야 한다. 핵심범주는 자료 속에서 빈번하게 발견된 코드와 직접적으로 연결되고, 생성된 코드와 범주들을 연결시키는 중심적인 역할을 하는 것이 좋다. 축 범주가 핵심범주와 연결되는 것은 이러한 이유 때문이다. 연구자는 선택코딩과정에서 핵심범주를 선택하고, 핵심범주와의 관련성, 지지 정도를 기반으로 상·하위 범주들을 연결하는 작업을 진행하면 된다.

Chapter

09 자료의 해석

정성적 분석에는 정량적 분석과는 달리, 명확하고 체계적인 자료 해석 절차나 도구가 존재하지 않는다. 정성적 분석에서 가장 중요하고 핵심적인 분석 도구는 바로 연구자 자신이다. 정성적 자료의 해석 과정은 이미 설정해 놓은 가설을 통계적으로 검증하는 것이 아니라, 수집된 자료를 바탕으로 직관적 이해로부터 새로운 이론을 구성하는 과정이다. 즉, 연역적 분석절차를 활용하는 정량적 분석과 달리, 정성적 분석은 귀납적 분석절차를 따르기 때문에 연구 진행 과정 중에도 해석 절차나 구조가 변경되기도 한다.

정성적 자료의 도식화와 분석은 자료의 수집과 동시에 시작하여야 한다. 자료가 축적될수록 분석에 대한 부담이 커지고, 분석을 하면서 앞으로 추가해야 할 표본이나 자료의 유형이 결정되기도 하기 때문이다. 초기에 수집된 소량의 자료를 바탕으로 한 분석에서 중요한 맥락이나 함의가 발견될 경우, 향후 연구의 중요한 축으로서 연구에 큰 도움이 될 수도 있고, 또는 연구진행 방향 자체가 바뀔 수도 있다.

소비자분석을 위한 정성적 분석에서는 숫자보다는 소비자의 언어적 반응인 단어와 비언어적 반응인 사진, 영상을 사용하여 서술적인 결과물을 도출한다. 이 때, 소비자의 언어적 반응뿐만 아니라 현장노트, 연구자 메모 등이 언어적 반응 자료에 모두 포함되어야 한다. 수집된 자료를 바탕으로 연구자는 코드와 범주를 생성하고,

이들의 관계를 도식화하며, 이를 수집한 사진이나 영상과 함께 해석, 제시함으로써 심도 있고 정교한 연구결과를 도출할 수 있다.

01 | 자료의 도식화

자료의 도식화란, 앞서 설명한 상·하위 범주와 핵심범주들 간의 관계를 조직화하여 가시화하는 작업으로, 분석한 결과 전체를 하나의 그림으로 압축하는 과정을 말한다. 자료를 도식화하는 과정을 흔히 매핑(mapping: 지도의 생성)이라고 부른다. 연구자는 매핑 결과를 통해 연구결과를 한눈에 파악할 수 있어 패턴의 발견이나 범주들의 함의 도출, 이론 정립을 보다 쉽게 할 수 있고, 누락되거나 잘못 해석된 범주나 패턴을 발견할 수도 있다. 소비자분석에서 주로 사용되는 지도에는 위계적 가치 지도, 체계적 인지 지도, 방계형 지도 등이 있다.

1) 위계적 가치 지도

위계적 가치 지도는 소비자의 인지적 구조를 위계적으로 연결한 지도로, 주로 구체적 유형의 속성을 파악한 후, 이를 바탕으로 추상적인 가치를 추정할 때 사용된다. 구체적 속성에는 제품의 기능이나 서비스 품질에 대한 소비자의 평가 및 선호도가 포함되고, 추상적인 가치에는 소비자가 제품과 서비스를 구매하고 이용하면서 얻고자 했던 최종적인 가치 또는 전반적인 만족도 등이 속한다. 위계적 지도는 수단-목적 가치사슬 이론(means-end chain theory)과 래더링 기법(laddering technology)을 이용하여 도식화할 수 있다. 래더링 기법은 앞서 설명한 투사적 기법 중의 하나이다. 제품의 디자인, 가격, 성능, 무게 등의 속성에 대한 소비자의 반응을 기점으로 궁극적으로 소비자가 원하고 추구하는 가치가 무엇인지를 추론하여 이를 사다리처럼 도식화하는 자료수집 및 해석 방법이다. '하이힐' 에 대한 여성소비자의 인지적 구조와 가치를 래더링 기법을 이용하여 인터뷰한 자료를 도식화한 위계적 지도의 예를 살펴보면 그림 9-1과 같다.

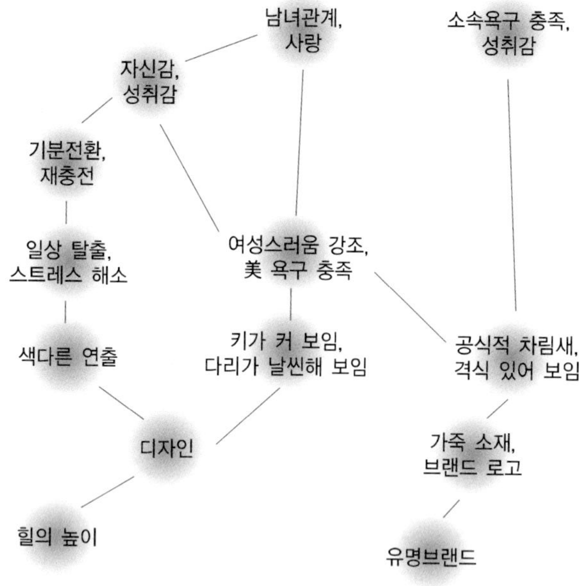

그림 9-1 위계적 가치 지도의 예시

위 지도를 보면, 하이힐을 선택한 여성소비자는 하이힐을 신음으로써 힐의 높이나 유명브랜드와 같은 구체적인 속성을 통해 기분전환을 하고, 여성스러움을 강조하며, 격식 있는 차림새라는 결과를 획득하게 된다. 궁극적으로 여자에게 하이힐은 자신감과 사랑, 소속욕구, 성취감이라는 최종적 가치를 충족시켜 주는 제품이라고 해석할 수 있다.

2) 체계적 인지 지도

체계적 인지 지도는 소비자의 행동이나 소비과정을 원인이나 배경, 선택과 구매결정, 구매 후 태도·만족도 등으로 나누어 시간 순으로 나열하거나, 이들이 상호간에 영향력을 미치는 방향을 중심으로 연구결과를 도식화한 지도를 말한다. 체계적 인지 지도는 범주 간의 인과적 관계를 분석하거나 소비자의 의사결정 패턴을 파악하기에 좋다.

체계적 인지 지도는 기존의 일반적인 순서도와 같이 지도에 다양한 의미를 가진 도형들을 활용하여 범주의 유형을 쉽게 이해할 수 있도록 제시하고, 화살표를 통해

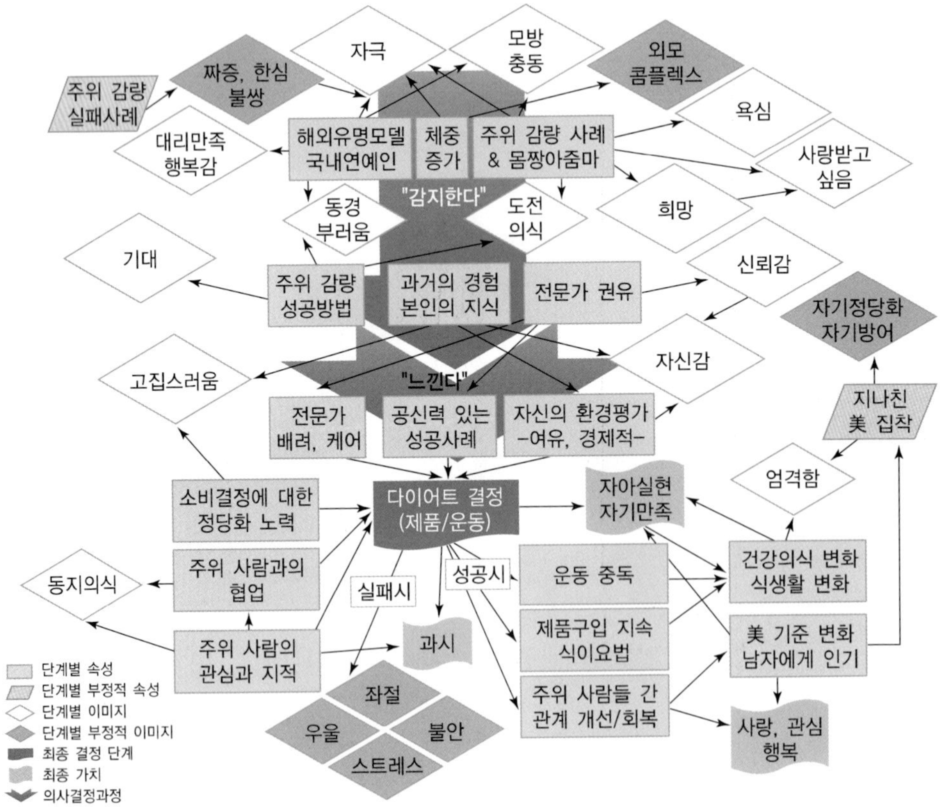

그림 9-2 체계적 인지 지도의 예시

범주 간의 영향력 관계를 표시하게 된다. 체계적 인지 지도에서 중요한 것은 도형보다는 범주 간의 관계를 설명해 주는 화살표이므로 연구자는 해석 결과에 근거하여 화살표 연결에 초점을 맞추어야 한다. '다이어트 소비과정' 을 체계적으로 도식한 체계적 인지 지도의 예를 살펴보면 그림 9-2와 같다.

위에서 제시한 체계적 인지 지도를 바탕으로 다이어트를 위한 소비자의 의사결정 과정을 단계별로 살펴보면, 크게 '다이어트의 필요성을 감지한다 → 어떤 다이어트 방법을 선택하는 것이 좋을지 느낀다/평가한다 → 다이어트를 위하여 소비품목을 결정하고 구매한다' 로 구성되고, 이 과정들을 거치면서 소비자가 궁극적으로 도달하고자 하는 최종가치는 자아실현과 자기만족, 사랑/관심/행복, 과시인 것으로 밝혀졌다. 이처럼 연구자는 체계적 인지 지도를 제시함으로써 소비자의 인식, 감정, 행동, 태도 등이 모두 혼합된 복잡한 소비과정을 명료하게 설명해 낼 수 있다.

3) 방계형 지도

방계형 지도는 일명 매핑 월(mapping wall)이라고도 하는데, 연구자의 사무실이나 집의 벽에 수집된 자료에서 도출된 범주나 코드, 혹은 이미지를 붙여 놓고, 범주들 간의 관계와 일정한 패턴을 발견해 내고자 하는 방식이다. 방계형 지도에서 범주들 간의 관계는 앞서 설명한 두 지도와 달리 위계적 관계나 인과관계, 또는 선행관계가 아닌 비교적 동등한 관계라고 할 수 있다. 주로 소비트렌드를 분석하거나, 신제품의 콘셉트를 잡을 때 많이 활용되고, 범주나 코드를 종이나 카드에 적어 벽에 붙여 놓고 패턴을 파악하거나, 유형을 분류한다. 방계형 지도에서는 단어 외에도 이미지가 많이 활용되는데, 이미지는 직관적 분석이나 해석에 유리한 경우가 많기 때문이다(이미지를 활용한 방계형 지도의 사례는 그림 9-3 방계형 지도의 예시(2)에 제시되어 있음). 아래 제시된 방계형 지도는 범주를 활용한 사례로, 홍연금과 송인숙(2008)은 친환경농산물 소비자의 윤리적 소비행동과 의식의 방향을 아래의 방계형 지도를 통해 제시하였다.

그림 9-3의 지도를 살펴보면, 소비자의 이기적 동기를 중심으로 좌측은 지속가능한 소비를, 우측은 공동체 사회에서 더불어 행복하게 사는 삶을 지향하면서 공존하고 있는 것을 알 수 있다. 그림 9-3의 지도에서는 응답자들과 그들의 면접결과를 구분하여 제시함으로써 여러 사례의 경우를 하나로 종합하였다. 이 때, 핵심범주는

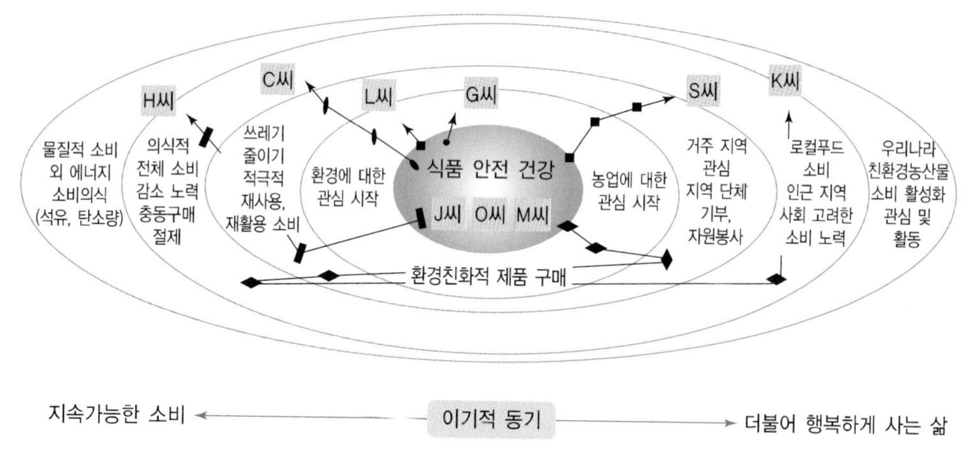

그림 9-3 방계형 지도의 예시(1)

출처: 홍연금·송인숙(2008), "친환경농산물 소비자의 구매동기 분석을 통한 윤리적 소비 행동 사례연구", 소비문화연구, 11(3). 23~42.

이기적 동기와 지속가능한 소비, 더불어 행복하게 사는 삶이라고 할 수 있고, 이기적 동기에서 시작하여 지속가능한 소비와 더불어 행복하게 사는 삶으로 발전하는 모습을 함께 제시하였다.

02 | 패턴과 이론의 구축

정성적 자료에서 패턴을 발견하고 이를 기준으로 이론을 정립하는 과정은 분석의 핵심적인 부분으로, 연구자의 통찰력과 능력이 무엇보다 중요한 단계이다. 연구자는 연구문제에 답하고 연구목적을 달성하기 위하여 앞서 생성한 지도와 범주, 코드를 바탕으로 이들을 관통하는 패턴을 찾아 이론을 구축하여야 한다. 이를 위해서 연구자는 가급적 자료수집부터 본인이 직접 참여하는 것이 바람직하고, 해당 분야에 대한 전문지식을 갖추는 것이 좋다. 특히 이 단계는 초기 연구자에게는 부담이 되기 때문에 최소한 정성적 분석 경력이 3년 이상 되는 숙달된 연구자가 전담하는 것이 좋다.

1) 패턴의 발견

패턴이란 범주와 코드, 자료의 텍스트에서 발견되는 일관된 규칙으로 단순한 공통점을 넘어선 개념이다. 즉, 정성적 분석에서 패턴의 발견은 여러 사례를 비교·대조하면서 일정하게 등장하는 소비자의 언어적·비언어적 반응과 전반적인 분위기, 환경 등을 찾아내는 작업이다. 패턴의 발견에는 앞에서 설명한 매핑과 축코딩 작업이 도움이 될 수 있다. 생성된 범주를 바탕으로 패턴을 발견하는 사례를 살펴보자. 아래 제시된 코드들은 건강빵에 대한 소비자 심층면접 자료에서 생성된 것들이다. 응답자들은 건강빵에 대한 요구와 기능성 성분이 포함된 빵에 대한 의견을 제시하였고, 구체적인 내용은 그림 9-4와 같다.

그림 9-4에 제시된 코드들을 관통하는 패턴은 '反'이다. 즉, 소비자는 몸에 해롭다고 판단되는 성분들에 대한 거부감이 매우 크고 기능성 빵에 대한 인지도와 기대수준은 매우 낮기 때문에 몸에 좋은 성분을 추가하는 것보다 몸에 해롭다고 알려진 성분을 빼는 것이 바람직하다는 결론을 도출할 수 있다.

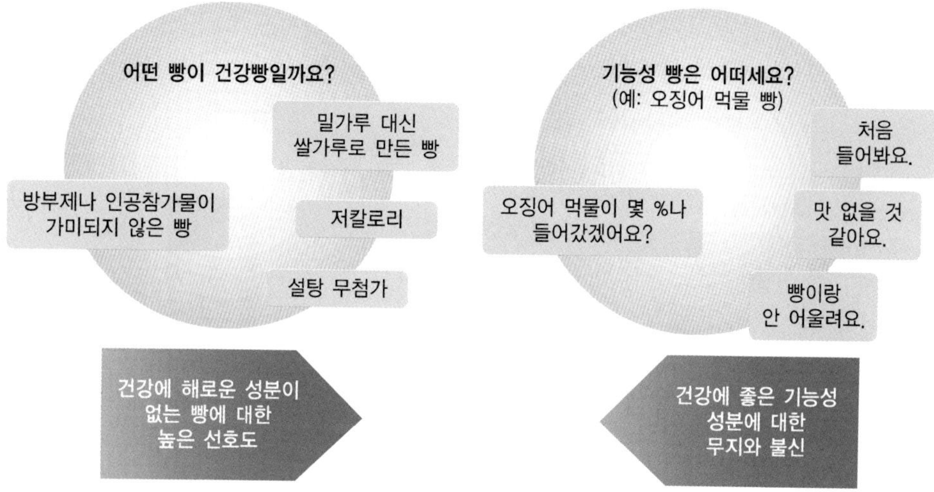

그림 9-4 패턴 발견의 예시

다음으로 그림 9-5에 제시된 '친환경 제품과 서비스'와 관련된 이미지를 활용하여 작성한 지도에서 패턴을 찾아보자. 아래 지도를 보면, 총 6가지 유형의 친환경 제품 및 서비스가 '친환경'이라는 주제와 연결되어 있음을 알 수 있고, 그들 사이에서 일정한 패턴을 발견할 수 있다.

1번은 스포츠브랜드의 친환경 로고 제작을 통한 친환경 이미지 구축이고, 5번은 특별한 역사 이야기가 담긴 가죽이나 천 소재의 재활용을 통해 친환경 스토리텔링을 시도한 제품으로, 이 두 가지 유형에서 발견된 패턴은 '보여 주기 위한', '소비자의 시선을 의식한'이다. 4번의 경우는 태양에너지를 동력으로 활용한 제품이고, 2번은 재활용을 통한 자원 절약 제품 및 서비스로, 이 둘의 공통된 패턴은 '에너지 절약', '비용 절감', '경제적인'이다.

연구자는 초기에 수집된 자료로부터 패턴을 발견하면 이를 기준으로 그 이후에 수집되는 자료에서 생성되는 코드와 범주를 앞서 발견된 패턴에 포함시킬 수 있는지 확인하면서 분석 작업을 계속하면 된다. 연구자는 발견된 패턴 외에 다른 패턴이 더 있는지 계속 탐색하여야 한다. 최종적으로 모든 자료를 대상으로 코드와 범주 생성이 완료되면 발견된 패턴을 정리하고, 이들 중 전체 자료를 연결시킬 수 있는 패턴과 모든 사례에 적용할 수 있는 패턴, 연구주제와 관련된 패턴을 선별하여야 한다. 이들을 핵심패턴이라고 할 수 있으며, 이들을 중심으로 발견된 모든 패턴들의 관계를 설정해 보고 그 함의를 해석하는 작업이 진행되어야 한다. 대개

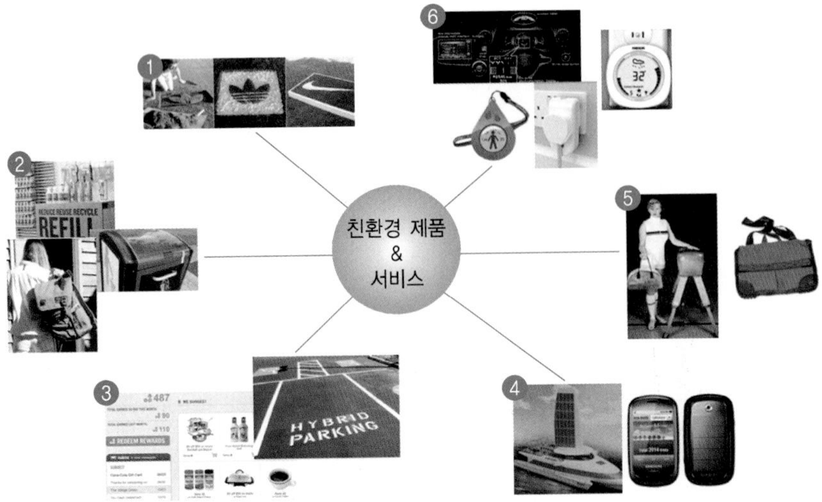

그림 9-5 방계형 지도의 예시(2)[5]

핵심패턴은 핵심범주와 연결되므로 연구자는 핵심패턴과 핵심범주, 그리고 이들에 해당하는 상·하위 범주들과 코드, 스크립트를 발췌하여 연구결과에 포함시키면 된다. 패턴을 발견하고 이를 중심으로 자료를 분석하는 기법을 순서대로 정리하면 다음과 같다.

- 자료수집과 병행하여 분석을 시작하되, 패턴이 발견되면 이를 중심에 두고 남아 있는 자료의 코드와 범주 생성을 진행한다. 이 때, 발견된 패턴이 추가되는 코드와 범주 생성의 기준이 되도록 한다.
- 사전에 발견한 패턴과 다른 코드와 범주가 생성될 경우, 그 이유와 의미를 해석하고 새로운 패턴을 추가한다.
- 코드와 범주의 맥락을 파악하면서 연구자의 직관력을 활용하여 전체적인 패턴을 파악하여야 한다.
- 패턴 발견이 완료되면 자료를 재정독하면서 누락된 부분, 패턴과 코드, 범주의 연결고리가 정확한지 점검한다.
- 발견한 패턴들 중, 수집된 모든 사례에서 발견되었거나, 자료 전체에서 발견되었거나, 연구주제와 관련된 패턴을 핵심패턴으로 선별한다.
- 핵심패턴과 핵심범주 사이의 연결고리를 찾고, 이와 관련된 범주, 코드, 스크립트를 정리하여 연구결과를 작성하고, 이론 정립에 활용한다.

---

5 이미지 출처: www.trendwatching.com

2) 이론의 정립

이론이란 연구문제에 대한 답이며, 가설 검정의 결과이다. 발견된 여러 패턴의 종합된 결과이자, 최종적인 핵심범주에 대한 해석이기도 하다. 이론의 정립은 분석의 완성 단계로 매핑과 패턴 발견 작업 이후에 진행된다. 따라서, 연구자는 이론 정립이 완료될 때까지 자료수집과 분석을 계속해야 한다. 이를 '이론적 포화' 라고 하며, 이론적 포화가 이루어지면 표본추출 및 자료의 변환과 분석을 종료한다. 다만, 정성적 분석에서의 이론 정립은 연역적 과정이 아닌 귀납적 과정을 통해 이루어지므로 예상된 이론이 아닌 새로운 이론이 개발될 가능성도 배제하지 말아야 한다.

성공적인 이론의 정립을 위하여 연구자는 도식화된 결과물(지도)을 중심으로 자료를 해석해야 하고, 특정 사례나 범주에만 집중하지 말고 전체 사례와 자료를 다양한 각도에서 살펴보아야 한다. 이론 정립은 자료의 변환과 매핑 작업의 '자료의 요약, 축소, 정리' 가 아닌, 전체 자료를 엮어 하나의 이야기를 만들어 내는 작업이어야 한다. 자료에서 발견된 범주들은 등급(상·하위 범주/핵심범주)뿐만 아니라 정립된 이론을 기준으로 네트워크화하고 이론 속에 통합할 수 있어야 한다. 이론을 정립하는 절차를 분석하는 순서대로 정리하면 다음과 같다.

- 일차적으로 수집된 자료에서 생성된 코드와 범주, 잠정적으로 도식화된 지도를 바탕으로 초기 이론을 구축한다.
- 핵심범주와 패턴을 발견할 때까지 자료수집과 분석을 지속적으로 병행하면서 초기 이론을 수정해 나간다.
- 초기 이론의 수정이 완료되고, 전형적인 사례에서 더 이상의 새로운 코드와 범주가 생성되지 않는 단계에 이르면, 극단적 사례를 분석에 포함시켜 비교·대조를 통해 이론을 보완한다.
- 모든 유형의 사례에 대한 분석이 통합되고, 자료의 수집과 분석이 완료되어 이론적 포화단계에 이르면, 현재까지 구축된 이론을 기준으로 자료를 재정독한다. 이 과정에서는 전체적인 관점, 객관적이고 제3자의 입장에서 바라보는 시각이 필요하다.
- 최종적인 이론이 생성되면, 이론과 연구문제, 가설을 함께 검토하면서 분석을 마무리한다.

소비자연구방법

정량적 분석과 정성적 분석

Part V

정량적 자료의 분석

Chapter 10

평균 차이 검정

두 집단을 비교하여 소비자의 행동이나 특성을 분석하는 경우가 많이 발생한다. 예를 들어 소비자의 소셜커머스 이용 행동을 살펴보고자 할 때, 남녀 간에 소셜커머스 이용 행동에 차이가 있는지, 이들 간의 차이가 통계적으로 의미 있는 차이인지를 파악하기 위하여 두 집단 간 평균 차이 검정방법인 독립표본 t-검정을 사용할 수 있다.

t-검정이란, 두 집단 간의 통계적 차이를 검정하는 모수통계기법으로, 두 집단의 독립성 여부에 따라 독립된 두 집단 간의 평균의 차이를 검정하는 독립표본 t-검정과 서로 관련된 표본의 평균을 비교하는 대응표본 t-검정으로 나눌 수 있다.

01 | 독립표본 t-검정

1) 기본원리와 가정

독립표본 t-검정(independent two-sample t-test)은 각기 다른 두 모집단의 평균을 비교하기 위하여 두 모집단을 대표하는 표본들을 독립적으로 추출하여 두 표본의 평균의 차이를 검정하는 방법이다. 독립변수는 범주가 2개인 범주형 변수이고 종속변수는 연속형 변수일 때 사용하며, 독립표본 t-검정은 다음과 같은 가정을 가진다.

첫째, 종속변수는 연속형 변수이다.

둘째, 두 모집단은 정규분포를 따른다.

셋째, 두 모집단은 독립적이다.

넷째, 두 모집단의 분산은 같다.

두 표본의 크기가 충분히 크다면($n \geq 30$) 중심극한정리에 의하여 첫 번째 집단의 평균의 표집분포는 평균 μ_1과 표준편차 $\frac{\sigma_1}{\sqrt{n_1}}$인 정규분포를 따르고, 두 번째 집단의 평균의 표집분포는 평균 μ_2과 표준편차 $\frac{\sigma_2}{\sqrt{n_2}}$인 정규분포를 따른다.

$$\overline{X}_1 \sim N\left(\mu_1, \frac{\sigma_1^2}{n_1}\right), \ \overline{X}_2 \sim N\left(\mu_2, \frac{\sigma_2^2}{n_2}\right)$$

확률변수의 특성에 따라 독립적인 두 집단의 평균의 차는 다음의 분포를 따른다.

$$\overline{X}_1 - \overline{X}_2 \sim N(\mu_{\overline{X}_1 - \overline{X}_2}, \sigma^2_{\overline{X}_1 - \overline{X}_2})$$
$$\mu_{\overline{X}_1 - \overline{X}_2} = \mu_1 - \mu_2$$
$$\sigma^2_{\overline{X}_1 - \overline{X}_2} = \frac{\sigma_1^2}{n_1} + \frac{\sigma_2^2}{n_2}$$

우리는 모집단의 분산(σ^2)을 모르기 때문에 $\sigma^2_{\overline{X}_1 - \overline{X}_2}$의 추정량을 사용하여 t값을 구해야 하는데, 두 집단의 등분산성이 가정되었을 경우와 가정되지 않았을 경우의 t값을 구하는 식이 다르다. 따라서, 독립표본 t-검정에 앞서 등분산성을 검정해야 하며, F-검정 결과 등분산성이 가정되면 통합분산추정량(S^2_{pooled})을 이용하여 t값을 추정하고, 두 집단의 분산이 다를 경우에는 개별 표본의 분산($S^2_{X_1}$, $S^2_{X_2}$)을 이용하여 t값을 추정한다. 독립표본 t-검정의 경우 등분산성을 가정하므로 등분산성이 가정되지 않는 경우에 개별분산추정량을 사용하여 구한 t값은 정확한 스튜던트의

t-분포를 따르지 않으며, t의 근사치를 이용하여 t-검정을 실시해야 한다.

2) 분석 방법

(1) 두 모집단의 분산에 대한 F-검정

• 영가설(H_0): $\sigma_1^2 = \sigma_2^2$

$$F = \frac{S_1^2}{S_2^2}$$ (S_1^2은 두 표본의 분산 중 큰 값, $df = (n_1 - 1, n_2 - 1)$)

두 집단의 분산의 크기가 달라 F값이 유의하게 크면, 두 집단의 분산은 같다는 영가설을 기각한다. F-분포표는 분자와 분모의 자유도와 유의수준에 따른 F값을 표시하며 〈별표 4〉에 제시되어 있다.

(2) 두 모집단의 평균에 대한 t-검정

영가설(H_0): $\mu_1 - \mu_2 = 0$

① 두 모집단이 등분산인 경우, 두 집단 간 평균 차이의 분산을 통합분산추정량($S_{pooled}{}^2$)으로 대체하여 추정하고, 이 때의 t값은 아래와 같으며 자유도는 $n_1 + n_2 - 2$이다.

$$t = \frac{(\overline{X}_1 - \overline{X}_2) - (\mu_1 - \mu_2)}{\hat{\sigma}_{\overline{X}_1 - \overline{X}_2}} = \frac{\overline{X}_1 - \overline{X}_2}{\hat{\sigma}_{\overline{X}_1 - \overline{X}_2}} = \frac{\overline{X}_1 - \overline{X}_2}{\sqrt{S^2\left(\frac{1}{n_1} + \frac{1}{n_2}\right)}}$$

$$df = n_1 + n_2 - 2$$

$$S^2 = \frac{(n_1 - 1)S_1^2 + (n_2 - 1)S_2^2}{n_1 + n_2 - 2}$$

② 두 모집단이 등분산이 아닌 경우, 개별분산추정량($S^2_{X_1}$, $S^2_{X_2}$)을 사용하여 t값을 구하는데, 이 때의 t값은 정확한 스튜던트의 t-분포를 따르지 않으며 t의 근사치를 사용한다. 자유도는 정수값을 갖지 않으므로 가장 가까운 정수값으로 근사하여 사용하며, 그 값은 아래와 같다.

$$t = \frac{(\overline{X}_1 - \overline{X}_2) - (\mu_1 - \mu_2)}{\hat{\sigma}_{\overline{X}_1 - \overline{X}_2}} = \frac{\overline{X}_1 - \overline{X}_2}{\hat{\sigma}_{\overline{X}_1 - \overline{X}_2}} = \frac{\overline{X}_1 - \overline{X}_2}{\sqrt{\frac{S^2_{X_1}}{n_1} + \frac{S^2_{X_2}}{n_2}}}$$

$$df = \frac{(S_1^2/n_1 + S_2^2/n_2)^2}{(S_1^2/n_1)^2/(n_1 - 1) + (S_2^2/n_2)^2/(n_2 - 1)}$$

3) 독립표본 t-검정의 예

손상희와 정영숙(2003)은 중년기 가족의 교육비 문제에 대한 연구에서 경제위기 전후의 사교육비 지출수준 및 필요성에 대한 인식변화를 독립표본 t-검정을 사용하여 분석하였다. 경제위기 이전과 이후의 월평균 사교육비와 사교육의 필요성, 사교육의 효과에 대한 주부들의 인식을 비교하기 위하여 1995년에 중·고등학생 이상의 자녀에게 사교육을 시키고 있는 512명의 주부를 대상으로 수집한 자료와 1999년에 중·고등학생 이상의 자녀에게 사교육을 시키고 있는 138명의 주부를 대상으로 수집한 자료를 사용하였다. 독립표본 t-검정 결과 월평균 사교육비와 사교육비의 효과는 경제위기 전후 간에 차이가 없었으나, 사교육의 필요성에 대해서는 경제위기 후에 더 높게 인식하는 것으로 나타났다.

표 10-1 경제위기 전후의 사교육비, 사교육의 필요성, 사교육의 효과에 대한 독립표본 t-검정 결과

항 목	경제위기 이전(N=512)	경제위기 이후(N=138)	t값
	평균(표준편차)	평균(표준편차)	
월평균 사교육비(원)	238,000(328,300)	262,000(231,400)	0.77
사교육의 필요성	3.40(1.00)	3.67(0.87)	3.84***
사교육의 효과	3.62(0.78)	3.60(0.78)	0.23

***$p<.001$

출처: 손상희·정영숙(2003), "중년기 가족의 교육비 문제와 디지털 시대의 해결방안 모색", 한국가정관리학회지, 21(1), 49~60.

표 10-2 소비자 집단별 편익과 비용의 차이 독립표본 t-검정 결과

구 분	연 령			이용 빈도(1년 내 외래)		
	2·30대	4·50대	t값	2회 이하	3회 이상	t값
	평균 (표준편차)	평균 (표준편차)		평균 (표준편차)	평균 (표준편차)	
결과편익	7.57(1.11)	7.75(1.03)	−3.31**	7.63(1.01)	7.72(1.12)	−1.72
과정편익	7.71(1.08)	7.90(0.99)	−3.78***	7.74(1.01)	7.90(1.05)	−2.98*
금전비용	6.75(1.52)	6.91(1.44)	−2.22*	6.87(1.40)	6.80(1.56)	0.91
시간비용	7.19(1.33)	7.50(1.18)	−5.09***	7.31(1.19)	7.42(1.32)	−1.75

***p<.001 **p<.01 *p<.05
출처: 전미영·김난도·최영락·이춘선(2011), "비용-편익 관점에서 본 서비스 산업에서의 고객 만족도 분석", 소비자학연구, 22(1), 69~91.

전미영 등(2011)은 서비스 산업에서의 비용과 편익에 따른 고객 만족도에 대한 연구에서 병원 서비스 이용에 대한 결과편익, 과정편익, 금전비용과 시간비용이 소비자 집단에 따라 어떤 차이가 있는지를 살펴보기 위하여 독립표본 t-검정을 실시하였다. 결과편익은 소비자의 개인적인 요구사항들이 충족된 정도로 측정하였고, 과정편익은 서비스 과정에 대한 평가로 측정하였다. 금전비용은 가격에 대한 평가로, 시간비용은 서비스 처리시간에 대한 평가로 측정하였다. t-검정 결과, 2·30대가 4·50대보다 결과편익, 과정편익, 금전비용, 시간비용 등 4가지 모두를 낮게 평가하였고, 이용 빈도가 높은 소비자가 이용 빈도가 1년에 2회 이하인 소비자보다 과정편익을 높게 평가함을 알 수 있었다.

02 | 대응표본 t-검정

1) 기본원리와 가정

독립된 두 집단의 평균을 비교하는 독립표본 t-검정의 경우에는 두 집단이 상호 독립적이라고 가정하였으나, 서로 독립적이지 않은 두 표본의 평균을 비교해야 하는 경우도 있다. 예를 들어, 광고 규제 효과를 평가하기 위하여 규제 시행 전과 후의 소비자 피해 수준을 비교하거나, 구매와 사용 처분 단계에서의 소비자의 친환

경 활동의 수준 차이를 알고자 할 때는 독립된 두 집단의 평균을 비교하는 것이 아니라 동일 표본의 평균의 차이를 검정해야 한다. 이렇게 서로 독립적이지 않은 표본들의 차이를 비교하는 경우 대응표본 t-검정(paired t-test)을 사용한다. 일반적으로 독립표본 t-검정의 경우에는 두 집단의 수준의 차이를 검정한다면 대응표본 t-검정에서는 한 집단에서 측정된 두 변수 간의 수준의 차이를 비교한다. 대응표본 t-검정은 다음과 같은 가정을 가진다.

첫째, 두 변수는 등간척도 이상의 수준에서 측정된 연속형 변수이다.

둘째, 두 변수의 측정단위는 같다.

셋째, 두 모집단은 정규분포를 따른다.

독립표본 t-검정의 경우 두 모집단의 분산은 동일하다는 등분산 가정이 충족되어야 하나 대응표본 t-검정은 한 집단에서 측정된 두 변수 간의 수준의 차이를 비교하는 것이므로 등분산 가정은 필요하지 않다.

2) 분석 방법

두 집단의 평균($\overline{X}_1 - \overline{X}_2$)을 검정하는 독립표본 t-검정과 달리, 대응표본 t-검정에서는 두 변수로 이루어진 "짝의 차이"의 평균이 0과 같은지 여부를 검정한다. 두 변수를 X, Y라 할 때 짝의 차이는 $d_i = X_i - Y_i$로 나타낼 수 있고, 이는 평균이 μ_d이고, 표준편차가 σ_d인 정규분포를 따른다. 독립표본 t-검정에서 영가설은 '두 모집단 평균 간에 차이가 없다' 였던 데 비해, 대응표본 t-검정에서의 영가설은 '각 짝의 차이의 평균이 0이다' 가 된다. 대응표본 t-검정에서도 t값을 구하여 t-분포에 따라 t-검정을 하게 된다.

- 영가설(H_0): $\mu_d = 0$

$$t = \frac{\overline{X}_d - \mu_d}{\sigma_d / \sqrt{n}}, \ df = n - 1$$

3) 대응표본 t-검정의 예

김정애와 이은희(2012)는 웃음치료 프로그램이 지역사회 노인의 정신건강 향상에 미치는 영향을 파악하기 위하여 연구대상을 실험 집단과 통제 집단으로 나누고 실험 집단에게는 4주 동안 웃음치료 프로그램을 실시하고 통제 집단에게는 별도의 처치를 하지 않은 후, 실험 집단과 통제 집단의 프로그램 전후 정신건강 점수를 비교하는 대응표본 t-검정을 실시하였다. 정신건강을 측정한 도구는 강박증, 대인예민증, 우울증, 불안증, 적대감, 공포불안, 편집증 등을 측정하는 문항으로 구성되었으며, 점수가 높을수록 정신건강상태가 좋지 않음을 의미하였다. 대응표본 t-검정 결과, 실험 집단의 웃음치료 프로그램 실시 후 정신건강 점수가 프로그램 실시 전보다 유의하게 낮아 웃음치료 프로그램이 지역사회 노인의 정신건강 향상에 유의한 효과가 있음을 확인하였다.

표 10-3 웃음치료 프로그램 실시 전과 후의 정신건강 점수의 대응표본 t-검정 결과

구 분	통제집단 (N=10)		paired-t	실험집단(N=10)		paired-t
	프로그램 실시 전	프로그램 실시 후		프로그램 실시 전	프로그램 실시 후	
정신건강 점수	2.80(0.32)	2.79(0.27)	0.289	2.99(0.49)	2.08(0.32)	5.020***

***p<.001
출처: 김정애·이은희(2012), "지역사회 노인의 정신건강 향상을 위한 웃음치료 프로그램의 효과연구", 한국가족복지학, 18(1), 85~104.

여정성 등(2011)은 녹색소비생활을 위한 녹색소비 연구에서 녹색구매행동을 문제인식, 정보탐색 및 대안평가, 구매의 3단계로 측정하고, 각 단계에서 녹색구매행동의 어떤 속성에 대한 고려가 많이 이루어지고 있는지를 비교하기 위하여 대응표본 t-검정을 실시하였다. 그 결과, 녹색구매행동의 4가지 속성을 고려하는 수준에는 유의한 차이가 있었고 문제인식 단계에서는 공정성을 가장 많이 고려하고 환경성, 효율성, 건강성의 순으로 적게 고려하였으며, 정보탐색 및 대안평가 단계에서는 건강성에 대하여 가장 많이 고려하고, 효율성, 환경성, 공정성의 순으로 적게 고려하였다. 마지막으로 구매 단계에서는 효율성에 대한 고려가 가장 많이 이루어졌고 그 다음으로 공정성을 많이 고려하였으며, 건강성과 환경성에 대한 고려가 가장 적게 이루어짐을 알 수 있었다.

표 10-4 고려 속성별 녹색구매행동의 수준에 대한 대응표본 t-검정 결과

구 분	속성 평균 비교	평균차이(표준오차)	
문제인식	공정성 - 환경성	0.10***	(0.02)
	환경성 - 효율성	0.05***	(0.02)
	효율성 - 건강성	0.05***	(0.01)
정보탐색 및 대안평가	건강성 - 효율성	0.36***	(0.02)
	효율성 - 환경성	0.09***	(0.01)
	환경성 - 공정성	0.20***	(0.01)
구매	효율성 - 공정성	0.05***	(0.02)
	공정성 - 건강성	0.10***	(0.02)
	건강성 - 환경성	0.01	(0.02)

***$p<.001$
출처: 여정성·손상희·나종연·김소연·최신애·최아영·신수현(2011), "녹색소비생활확산을 위한 녹색소비", 서울대학교 생활과학대학-AIEES.

03 | 일원분산분석

여러 가지 사회현상이나 소비자의 행동은 집단에 따라 다르게 나타날 수 있다. 예를 들어, 소비자마다 효과적이라고 생각하는 판매촉진 기법에는 차이가 있을 수 있다. 어떤 사람은 쿠폰이 판매를 촉진하는 효과가 가장 크다고 생각하는 반면, 포인트 제도가 효과적이라고 생각하는 사람도 있을 수 있고, 다른 사람은 경품의 효과가 크다고 주장할 수 있다. 이렇듯 집단에 따라 소비자의 행동이나 인식 등이 어떻게 다른지를 파악하고자 할 때는 집단 간의 평균의 차이를 비교해야 한다. 앞서 두 집단 간의 종속 변수의 평균차이를 검정하기 위하여 독립표본 t-검정을 사용하였는데, 비교하고자 하는 집단이 3개 이상일 경우에는 분산분석(analysis of variance: ANOVA)을 사용하면 된다.

분산분석은 독립변수의 수, 종속변수의 수에 따라 여러 가지 기법으로 분류되는데, 독립변수가 하나인 분산분석을 일원분산분석(one-way ANOVA)이라고 하고, 독립변수가 2개인 분산분석을 이원분산분석(two-way ANOVA), 독립변수가 3개 이상인 분산분석을 다원분산분석(n-way ANOVA)이라고 한다. 종속변수가 2개 이상인 분산분석을 다변량 분산분석(multivariate analysis of variance: MANOVA)이

라고 하는데, 본서에서는 가장 기본이 되는 일원분산분석과 이원분산분석을 중심으로 살펴보겠다.

1) 기본원리와 가정

분산분석을 실행하기 위한 가정은 다음과 같다.

첫째, 종속변수는 등간척도 이상의 수준에서 측정된 연속형 변수이다.

둘째, 각 모집단의 분포는 정규분포를 따른다.

셋째, 각 모집단의 분포는 서로 독립적이다.

넷째, 각 모집단의 분산은 같다.

이론적으로는 위의 가정을 충족시켜야 분산분석의 수행이 가능하나, 실제로는 정규성과 등분산성 가정은 위배되어도 의미 있는 결과를 얻을 수 있다.

독립표본 t-검정이 두 개의 독립적인 표본의 평균의 차이로 모집단 평균의 차이를 검정하는 기법인 데 비해, 분산분석은 집단 간 서로 다른 원인에서 기인하는 분산의 크기를 비교함으로써 평균의 차이를 알아보는 통계 기법이다. 분산분석에 이용되는 분산은 크게 전체 분산, 집단간 분산, 집단내 분산의 세 가지로 나눌 수 있다. 개념적으로 집단내 분산보다 집단간 분산이 매우 크다면 각 집단은 동일한 모집단에서 나왔다고 할 수 없으며, 집단간 평균에는 차이가 있다고 할 수 있을 것이다. 따라서, 분산분석에서는 전체 분산을 집단간 분산과 집단내 분산으로 분해하고 집단내 분산에 비해 집단간 분산이 얼마나 큰지를 이용하여 집단간 평균에 차이가 있는지를 검정한다.

2) 분산의 구성

독립변수 A의 범주의 수는 J개이고 j번째 집단의 표본수를 n_j, 전체 표본의 수를 N이라고 할 때, 전체분산과 집단간 분산, 집단내 분산은 다음과 같이 구할 수 있다.

전체분산은 총편차제곱합(total sum of squares, SST)라고 하며, 각 요소의 측정치들이 전체 평균에서 떨어져 있는 정도를 나타낸다.

$$SST = \sum_{j=1}^{J}\sum_{i=1}^{n_j}(X_{ij} - \overline{X})^2,\ df = N - 1$$

집단간 분산은 각 집단의 평균들이 전체 평균으로부터 얼마나 떨어져 있는가를 나타내는 것으로, 집단간 편차제곱합(sum of squares between groups, SSB)이라고 한다.

$$SSB = \sum_{j=1}^{J} n_j(\overline{X}_j - \overline{X})^2,\ df = J - 1$$

집단내 분산은 각 요소의 측정치가 각 집단의 평균으로부터 떨어져 있는 정도를 나타내는 것으로, 집단내 분산의 주요 원인은 우연적인 오차에 있기 때문에 오차제곱합(sum of squared error, SSE)이라고도 하고, 집단내 편차제곱합(sum of squares within groups, SSW)이라고도 한다.

$$SSW = \sum_{j=1}^{J}\sum_{i=1}^{n_j}(X_{ij} - \overline{X}_j)^2,\ df = N - J$$

3) 분산분석

앞서 설명한 바와 같이 분산분석은 집단내 분산에 비하여 집단간 분산이 얼마나 큰지를 이용하여 집단간 평균의 차이를 검정한다. 따라서, 각 분산의 크기를 비교하기 위해 각 편차제곱합을 자유도로 나누어 표준화시켜야 한다. 이렇게 편차제곱합을 각각의 자유도로 나누어 표준화시킨 값을 평균제곱합이라고 하는데, 집단간 평균제곱합(mean square between groups, MSB)과 집단내 평균제곱합(mean square within groups, MSW)은 아래의 식으로 구할 수 있다.

$$MSB = \frac{SSB}{J-1} \qquad MSW = \frac{SSW}{N-J}$$

이렇게 구한 집단간 평균제곱합을 집단내 평균제곱합으로 나눈 값으로 F값을 구하며, 이를 분산비의 분포인 F-분포를 이용하여 검정한다. 분산분석에서 검정하고자 하는 영가설과 대립가설은 아래와 같으며 집단간 분산이 집단내 분산에 비해 클수록 F값이 커지며, F값이 유의하게 크면 영가설을 기각하게 되어 적어도 한 집단의 평균은 다른 집단과 다르다는 결론을 내린다.

- 영가설(H_0): J개 집단의 평균이 모두 같다.
- 대립가설(H_a): 적어도 한 집단의 평균은 다른 집단과 같지 않다.

$$F = \frac{MSB}{MSW},\ df = (J-1, N-J)$$

지금까지의 결과를 이용하여 분산분석표를 작성하면 표 10-5와 같다.

분산분석 결과 독립변수의 수준에 따라 종속변수의 차이가 있음을 알 수 있었다. 그렇다면 과연 독립변수가 종속변수의 총분산을 어느 정도 설명하는가? 독립변수가 종속변수 총분산의 어느 정도를 설명하는지는 총분산 중에 독립변수의 집단간 분산이 차지하는 비중이 어느 정도인지로 나타낼 수 있으며, 이를 η(에타)^{2}으로 표기한다.

$$\eta^2 = \frac{SSB}{SST}$$

표 10-5 분산의 분해와 F값

분산의 근원	편차제곱합	자유도	평균제곱합	F값
집단간	SSB	J-1	MSB=SSB/(J-1)	MSB/MSW
집단내	SSW	N-J	MSW=SSW/(N-J)	
전체	SST	N-1		

4) 사후검정

F-검정을 통해 영가설이 기각되면 모든 집단의 평균이 같지 않다고 결론지을 수 있을 뿐 어느 집단의 평균이 다른 집단의 평균과 유의한 차이가 있는지를 알 수는 없다. 그러므로 어떤 집단의 평균이 다른 집단과 다른지를 파악하기 위하여 사후검정 절차를 거쳐야 한다. 사후검정에서는 각 집단 간 평균의 차이를 비교함으로써 특정 집단 간의 평균의 차이를 검정한다. 자주 사용되는 사후검정 방법으로는 던칸사후검정(Duncan's method), 쉐페사후검정(Scheffe's method) 등이 있다. 기법에 따라 집단 간 유의한 차이를 검정하는데 사용하는 기준치와 검정 방법에는 조금씩 차이가 있으나, 대부분의 경우 검정 결과는 크게 다르지 않다. 일반적으로 던칸사후검정은 두 집단의 평균치에 가장 민감한 기법으로 알려져 있고, 쉐페사후검정은 집단 간 평균의 차이에 가장 보수적인 방법으로 알려져 있다. 즉, 쉐페사후검정에서 통계적으로 유의한 차이가 있을 때는 던칸사후검정에서도 유의한 차이가 있으나, 던칸사후검정에서 유의한 차이가 있다고 반드시 쉐페사후검정에서도 유의한 차이가 있는 것은 아니다.

5) 일원분산분석의 예

박지우와 여정성(2009)은 소비자가 금융정보를 탐색하면서 경험하는 장애 수준을 파악하고 개선방안을 제시하기 위하여, 금융지식에 따라 금융정보 탐색장애 수준에 유의한 차이가 있는지를 살펴보았다. 이를 위하여 금융지식을 20개 문항으로 측정하여 금융지식에 대한 객관적 점수가 0~7점인 경우 금융지식이 낮은 집단, 8~10점인 경우 금융지식이 보통인 집단, 11~20점인 경우 금융지식이 높은 집단

표 10-6 금융지식에 따른 금융정보 탐색장애 일원분산분석 결과

독립변수	범 주	평균(표준편차)	F값	Duncan
금융지식	저	49.89(8.45)	6.182*	a
	중	50.91(8.30)		a
	고	47.63(9.60)		b

*p<.01

출처: 박지우·여정성(2009), "소비자의 금융정보탐색장애와 신문·팸플릿의 유용성 평가", 소비자학연구, 20(1), 127~150.

으로 분류하였다. 금융지식 수준에 따라 금융정보 탐색장애의 평균이 다른지를 일원분산분석으로 검정한 결과, 금융지식 수준에 따라 금융정보 탐색장애 평균은 유의한 차이가 있었다($F=6.182$, $p<.01$). F-검정만으로는 어느 집단의 평균이 유의하게 다른지를 알 수 없기 때문에 던칸사후검정을 실시하였는데, 금융지식이 높은 집단의 경우 금융지식이 낮거나 보통인 집단에 비해 금융정보 탐색장애의 평균이 유의하게 낮아, 금융지식이 높은 집단이 다른 집단에 비해 금융정보를 탐색하면서 장애를 덜 겪는 것으로 나타났다.

김정현과 최현자(2012)는 개인의 재무 상태에 따라 소비자 재무관리역량의 수준이 어떻게 다른지를 알아보기 위하여, 월소득, 월생활비, 월저축투자액, 금융자산, 부동산, 부채총액, 월부채상환액에 따른 재무관리역량수준을 살펴보았다. 개인의 재무상태를 측정하는 월소득, 월생활비, 월저축투자액, 금융자산, 부동산, 부채총액 변수는 모두 상/중/하의 세 집단으로 범주화하였고, 개인의 재무상태에 따라

표 10-7 재무적 특성에 따른 소비자 재무관리역량 일원분산분석 결과

독립변수	집단구분	비 율(%)	재무관리역량		F값
월소득	상(500만 원 이상)	24.75	65.07	a	14.01**
	중(250~500만 원)	45.28	63.69	a	
	하(250만 원 이하)	29.96	60.90	b	
월생활비	상(250만 원 이상)	29.17	65.44	a	18.53**
	중(100~250만 원)	34.18	63.67	b	
	하(100만 원 이하)	36.64	60.97	c	
월저축투자액	상(150만 원 이상)	30.06	66.51	a	33.06**
	중(50~150만 원)	31.43	63.39	b	
	하(50만 원 이하)	38.51	60.53	c	
금융자산	상(1억3천만 원 이상)	25.08	64.85	a	4.99*
	중(2천~1억 3천만 원)	47.56	63.39	ab	
	하(2천만 원 이하)	27.36	62.12	b	
부동산	상(3억 2천만 원 이상)	25.47	65.20	a	5.35*
	중(8천~3억 2천만 원)	49.05	63.17	b	
	하(8천만 원 이하)	25.47	62.10	b	
부채총액	상(3천만 원 이상)	23.92	63.70		0.60
	중(0~3천만 원)	19.52	63.19		
	하(0원)	56.56	62.89		

$*p<.01$, $**p<.001$

출처: 김정현·최현자(2012). "우리나라 소비자의 재무관리역량", 소비자학연구, 23(1), 229~254.

재무관리역량이 어떻게 다른지 분산분석을 통해 살펴보았다. 그 결과 월소득, 월생활비, 월저축투자액, 금융자산, 부동산에 따라 소비자의 재무관리역량 수준은 유의하게 차이가 있었다. 어느 집단의 재무관리역량이 다른 집단과 유의하게 다른지 파악하기 위하여 사후 검정을 실시한 결과, 월소득이 250만 원 이하인 집단이 월소득이 250만 원 이상인 집단보다 재무관리역량이 유의하게 낮았고, 월생활비와 월저축투자액의 경우 월생활비와 월저축투자액이 많은 집단일수록 재무관리역량 수준이 높았다. 또한, 금융자산이 1억 3천만 원 이상인 집단이 금융자산이 2천만 원 이하인 집단보다 재무관리역량 수준이 유의하게 높았으며 부동산자산이 3억 2천만 원 이상인 집단이 다른 집단보다 재무관리역량 수준이 유의하게 높았다.

04 | 이원분산분석

1) 기본원리와 가정

일원분산분석은 한 개의 독립변수 집단에 따른 종속변수의 차이를 검정하는 데 비해, 관심 있는 독립변수가 2개인 경우에는 이원분산분석을 사용하여 2개의 범주형 독립변수가 종속변수에 미치는 주효과와 두 독립변수가 동시에 종속변수에 영향을 미치는 상호작용 효과를 검정할 수 있다. 예를 들어, 환경 문제에 대하여 관심이 있는 사람이 환경 문제에 무관심한 사람에 비하여 친환경 상품을 많이 구매할 것이라고 예상되는데, 이러한 환경 문제에 대한 관심이 친환경 상품 구매에 미치는 영향은 소득 수준에 따라 다르게 나타날 수 있다. 즉, 소득이 많은 소비자는 환경 문제에 관심이 많을수록 친환경 상품을 많이 구매하는 반면, 소득이 적은 소비자는 환경 문제에 관심이 많을지라도 친환경 상품을 많이 구매하지 못할 수도 있다. 이렇게 두 개의 독립변수 수준에 따른 종속변수의 차이와 두 개의 독립변수가 복합적으로 종속변수에 미치는 영향을 파악하고자 할 때는 이원분산분석을 실시한다.

2) 분산의 구성

첫 번째 독립변수 A는 J개의 범주를 가지고, 두 번째 독립변수 B는 K개의 범주를 가지며, 전체 표본의 수를 N, j번째 집단의 표본수를 n_j, k번째 집단의 표본수를 n_k, jk범주의 표본수를 n_{jk}라고 할 때, 이원분산분석에서 사용되는 자료는 다음과 같이 구성된다.

이원분산분석에서는 전체 분산을 독립변수 A에 대한 집단간 분산과 두 번째 독립변수 B에 대한 집단간 분산, 두 변수의 상호작용에 대한 집단간 분산, 오차에 의한 집단내 분산으로 분해한다. 일원분산분석과 마찬가지로 전체분산은 개별 요소 측정치가 전체평균으로부터 떨어진 정도를 나타내며 총편차제곱합(SST)로 표기한다.

$$SST = \sum_{j=1}^{J}\sum_{k=1}^{K}\sum_{i=1}^{n}(X_{jki} - \overline{X})^2 = \sum_{j=1}^{J}\sum_{k=1}^{K}\sum_{i=1}^{n}X_{jki}^2 - \frac{(\sum_{j=1}^{J}\sum_{k=1}^{K}\sum_{i=1}^{n}X_{jki})^2}{JKn},\ df = N-1$$

표 10-8 이원분산분석의 자료

B \ A	A_1	A_2	A_3	$\overline{X}_{\cdot k}$
B_1	X_{111} X_{211} X_{311}	X_{121} X_{221} X_{321}	X_{131} X_{231} X_{331}	$\overline{X}_{\cdot 1}$
$\overline{X}_{jk}$	$\overline{X}_{11}$	$\overline{X}_{21}$	$\overline{X}_{31}$	
B_2	X_{112} X_{212} X_{312}	X_{122} X_{222} X_{322}	X_{132} X_{232} X_{332}	$\overline{X}_{\cdot 2}$
$\overline{X}_{jk}$	$\overline{X}_{12}$	$\overline{X}_{22}$	$\overline{X}_{32}$	
$\overline{X}_{j\cdot}$	$\overline{X}_{1\cdot}$	$\overline{X}_{2\cdot}$	$\overline{X}_{3\cdot}$	$\overline{X}$

J열 평균간 분산은 독립변수 A의 집단 평균이 전체 평균에서 떨어진 정도를 나타내는 것으로써 A요인 편차제곱합(SSA)이라고 한다.

$$SSA = K\sum_{j=1}^{J} n_j(\overline{X}_{j.} - \overline{X})^2,\ df = J - 1$$

K행 평균간 분산은 독립변수 B의 집단 평균이 전체 평균에서 얼마나 떨어진 정도를 나타내는 것으로, B요인 편차제곱합(SSB)이라고 한다.

$$SSB = J\sum_{k=1}^{K} n_k(\overline{X}_{.k} - \overline{X})^2,\ df = K - 1$$

상호작용에 의한 분산은 J열과 K행에 해당되는 집단의 평균이 전체 평균으로부터 떨어진 정도를 나타내며, 상호작용 편차제곱합(SSAB)이라고 한다.

$$SSAB = \sum_{k=1}^{K}\sum_{j=1}^{J} n_{jk}(\overline{X}_{jk} - \overline{X}_{j.} - \overline{X}_{.k} + \overline{X})^2,\ df = (J-1)(K-1)$$

표 10-9 이원분산분석의 분산의 분해와 F값

분산의 근원	편차제곱합	자유도	평균제곱합	F값
A효과	SSA	J-1	MSA=SSA/(J-1)	MSA/MSW
B효과	SSB	K-1	MSB=SSB/(K-1)	MSB/MSW
AB효과	SSAB	(J-1)(K-1)	MSAB=SSAB/(J-1)(K-1)	MSAB/MSW
집단내	SSW	N-JK	MSW=SSW/(N-J)	
전 체	SST	N-1		

집단내 분산은 집단간 분산으로 설명되지 않는 오차에 의한 분산으로, 집단내 편차제곱합(SSW)이라고 한다.

$$SSW = \sum_{j=1}^{J}\sum_{k=1}^{K}\sum_{i=1}^{n}(X_{jki} - \overline{X}_{jk})^2,\ df = N - JK$$

3) 분산분석

이원분산분석에서도 F값을 구하는 절차는 일원분산분석과 같다. 그러나 이원분산분석에서는 독립변수 1의 주효과, 독립변수 2의 주효과, 두 변수의 상호작용 효과 등 세 가지 효과를 검정해야 하므로 각각의 효과를 검정하기 위한 3개의 F값을 구해야 한다. 먼저, 각 효과에 의한 분산과 집단내 분산의 크기를 비교하기 위하여 편차제곱합을 해당 자유도로 나누어 평균제곱합을 구한다.

$$\mathrm{MSA} = \frac{\mathrm{SSA}}{\mathrm{J}-1} \qquad \mathrm{MSB} = \frac{\mathrm{SSB}}{\mathrm{K}-1}$$

$$\mathrm{MSAB} = \frac{\mathrm{SSAB}}{(\mathrm{J}-1)(\mathrm{K}-1)} \qquad \mathrm{MSW} = \frac{\mathrm{SSW}}{\mathrm{N}-\mathrm{JK}}$$

독립변수 A의 주효과를 검정하기 위한 가설과 F값은 아래와 같다.

- 영가설(H_0): 독립변수 A의 J개 범주 간 평균은 모두 같다.

$$\mathrm{F} = \frac{\mathrm{MSA}}{\mathrm{MSW}}$$

독립변수 B의 주효과를 검정하기 위한 가설과 F값은 아래와 같다.

- 영가설(H_0): 독립변수 B의 K개 범주 간 평균은 모두 같다.

$$\mathrm{F} = \frac{\mathrm{MSB}}{\mathrm{MSW}}$$

상호작용 효과를 검정하기 위한 가설과 F값은 아래와 같다.

- 영가설(H_0): 독립변수 A와 독립변수 B의 종속변수에 대한 상호작용 효과는 없다.

$$\mathrm{F} = \frac{\mathrm{MSAB}}{\mathrm{MSW}}$$

이원분산분석도 일원분산분석과 마찬가지로 집단간 평균제곱이 집단내 평균제곱에 비하여 유의하게 커서 F값이 유의하게 크면 영가설을 기각하고, 각 집단간 평균의 차이가 유의하다고 결론을 내린다.

4) 이원분산분석의 예

김미정과 박상일(2012)은 소비자가 레스토랑을 이용할 경우, 서비스 실패에 대한 고객의 지각된 심각성 정도와 관계품질 수준이 레스토랑에 대한 고객의 부정적인 감정에 상호작용 효과를 가질 것이라고 가정하고, 이를 검정하기 위하여 이원분산분석을 실시하였다. 관계품질과 서비스 실패의 심각성이 부정적 감정에 미치는 주효과와 관계품질과 서비스 실패의 심각성의 상호작용 효과를 검정한 결과, 세 가지 효과 모두 유효한 것으로 나타났다. 즉, 서비스 실패의 심각성이 큰 경우 관계품질 수준이 높은 고객이 관계품질 수준이 낮은 고객보다 부정적 감정을 더 많이 느끼고, 서비스 실패의 심각성이 크지 않은 경우 관계품질 수준이 높은 고객이 낮은 고객보다 부정적인 감정을 덜 느끼는 것으로 나타났다.

표 10-10 관계품질과 실패심각성의 상호작용 효과에 대한 이원분산분석 결과

분산의 근원	제곱합	자유도	평균제곱	F값
관계품질	156.230	22	7.101	8.568***
실패심각성	77.221	1	7.221	93.165***
관계품질*실패심각성	29.393	9	3.288	3.967***

***p<.001

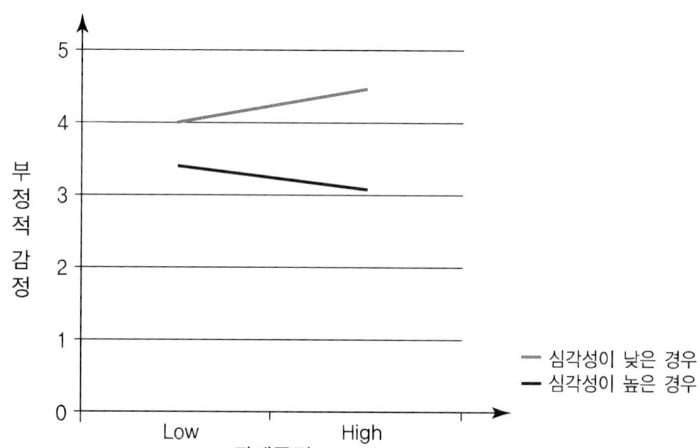

그림 10-1 관계품질과 실패심각성의 상호작용 효과

출처: 김미정·박상일(2012), "레스토랑의 서비스 실패에 대한 관계품질의 효과", 호텔경영학연구, 21(1), 161~176.

Chapter

11 인과적 관계 분석

소비자분석에서는 둘 또는 그 이상의 변수들이 서로 어떤 관계를 가지고 있는가를 규명해야 하는 경우가 많다. 예를 들어 특정 브랜드에 대한 태도와 구매가 어떤 관계를 가지고 있는가를 알아보거나 어느 제품에 대한 광고비가 그 제품의 판매량과 어떤 관계가 있는지 알아보고자 할 때, 변수들 간의 관계를 파악하여야 한다. 이 때, 변수들 간의 관련성 여부와 관련되어 있는 정도를 알아보기 위하여 상관관계분석을 사용하고, 변수들 간의 인과관계를 설명하기 위하여 회귀분석을 사용할 수 있다. 변수들 간의 상관 정도를 기초로 인과관계를 파악할 수 있으므로 본 절에서는 인과관계 분석의 기초가 되는 상관관계분석을 먼저 설명하겠다.

01 | 상관관계분석

상관관계분석(correlation analysis)이란, 전술한 바와 같이 두 변수 간에 관련이 있는지, 어느 정도 관련되어 있는지를 알아보는 통계기법이다. 두 변수 간의 관련성을 분석할 때는 먼저 산점도(scatter plot)를 그려 보는 것이 좋다.

산점도

두 변수의 관계를 알아보기 위하여 한 변수를 X축, 다른 변수를 Y축으로 설정하고, 두 변수의 값을 점으로 찍어 도표에 나타낸 것

산점도를 그림으로써 상관관계분석이나 회귀분석을 시행하기 전에 과연 자료가 상관관계분석이나 회귀분석에 적합한 자료인지를 파악할 수 있으며, 두 변수 간의 관계를 대략적으로 파악하여 자료를 잘못 해석하는 위험을 줄일 수 있다. 예를 들어, 환경에 대한 관심과 유기농산물 구매 간의 관계를 파악하기 위하여 환경 문제에 대한 관심과 유기농산물 구매 수준을 100점 만점으로 측정하였을 때 다음의 자료를 얻었다고 하자. 표 11-1을 보면, 환경에 대한 관심이 높을수록 유기농산물을 많이 구매하는 것을 알 수 있다. 이를 산점도로 나타내면 그림 11-1과 같다.

표 11-1 환경에 대한 관심과 유기농산물 구매 정도

환경에 대한 관심(X)	유기농산물 구매(Y)
40	10
40	15
45	15
50	20
55	30
65	35
70	50
70	70
70	75
80	80

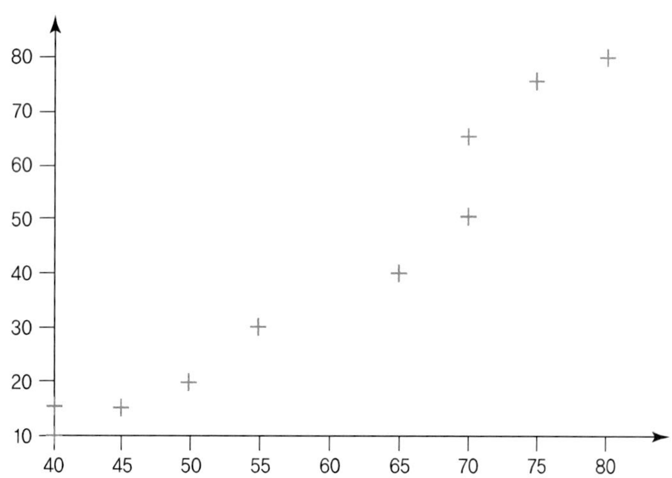

그림 11-1 환경에 대한 관심과 유기농산물 구매의 산점도

위에서 제시한 산점도만으로도 두 변수 간의 관계를 대략적으로 파악할 수 있으나 두 변수 간의 관련성의 정도를 파악하기 위해서는 상관계수를 이용하여 상관관계를 검정하는 상관관계분석을 해야 한다.

1) 기본원리와 가정

일반적으로 상관관계분석은 등간척도 이상으로 측정된 두 변수 간의 선형적 관련성을 검정하는 것으로 피어슨(Pearson)의 적률상관계수를 이용한다[6]. 상관관계분석에서 관련성은 두 변수가 공통으로 변화하는 분산(공분산, covariance)이 어느 정도 되는가에 따라 결정된다. 즉, 어떤 변수의 분산 중에서 다른 변수와 공통으로 변하는 공분산이 크면 상관관계가 높다고 하고, 공분산이 낮으면 상관관계가 낮다고 한다. 따라서, 상관계수를 이해하기 위해서는 먼저 공분산의 개념을 이해해야 한다. 공분산이란, 확률변수 X의 증감에 따른 확률변수 Y의 증감에 대한 척도로서 다음의 식으로 구하고, 기호로는 cov(X, Y)로 나타낸다. 모집단의 공분산은 σ_{XY}로, 표본의 공분산은 S_{XY}로 표기한다. X와 Y가 같은 방향으로 변화하면 공분산은 (+)의 부호를 가지고, 두 변수가 변화하는 방향이 서로 다르면 공분산은 (−)의 부호를 가진다.

• X와 Y의 공분산 (cov(X, Y))

모집단 $$\sigma_{XY} = \frac{\sum_{i=1}^{N}(X_i - \mu_X)(Y_i - \mu_Y)}{N}$$

표본 $$S_{XY} = \frac{\sum_{i=1}^{N}(X_i - \overline{X})(Y_i - \overline{Y})}{N-1} = \frac{\sum_{i=1}^{n}X_iY_i}{N-1} - \overline{XY}$$

그런데 공분산은 자료의 측정단위가 커지면 같이 커지는 경향이 있으므로 측정단위에 상관없이 두 변수 사이의 관계의 강도를 나타내기 위해서는 공분산을 표준화하는 작업이 필요하다. 따라서, 공분산을 각 확률변수의 표준편차로 나누어 표준화시켜 주는데, 이것이 우리가 일반적으로 사용하는 피어슨의 적률상관계수이다.

---

6 서열척도로 측정된 변수인 경우에는 스피어만(Spearman)의 서열상관계수를 사용할 수 있고, 명목척도로 측정된 변수의 경우에는 켄달(Kendall)의 타우 상관계수를 사용하여 변수 간의 관련성을 검정할 수 있다.

모집단의 상관계수는 ρ(rho)로 표기하고, 표본의 상관계수는 r로 표기한다.

• X와 Y의 상관계수 (corr(X, Y))

모집단 $\rho_{XY} = \frac{\sigma_{XY}}{\sigma_X \sigma_Y}$ 표본 $r_{XY} = \frac{S_{XY}}{S_X S_Y}$

상관관계분석을 위한 가정은 다음과 같다.
첫째, 두 변수가 모두 등간척도 이상의 수준에서 측정된 연속형 변수이다.
둘째, 두 변수는 정규분포를 따른다.
셋째, 두 변수 간에 선형의 관계를 가정한다.

2) 해 석

상관계수 r은 변수 X와 Y 사이의 선형관계를 나타내는 지표로, t-검정을 사용하여 상관관계의 유의성을 판단한다. 상관계수는 $-1 \leq r \leq 1$ 사이의 값을 갖게 되고, (−)값은 부적 상관관계를 (+)값은 정적 상관관계를 나타낸다. 상관계수가 |1|에 가까울수록 강한 상관관계를, 0에 가까울수록 약한 상관관계를 나타낸다. 일반적으로 상관계수의 절대값이 0.2 이하이면 상관관계가 거의 없다고 해석하며, 상관계수의 절대값이 0.6 이상이면 강한 상관관계가 있다고 해석한다.

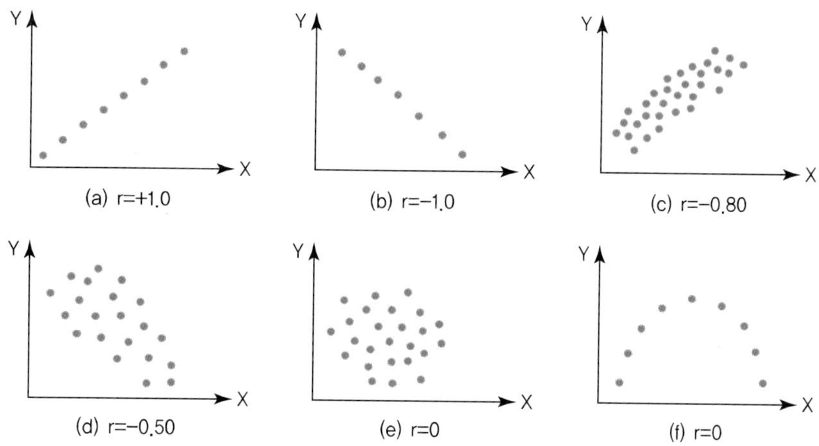

그림 11-2 다양한 상관관계

그림 11-2는 두 변수 간에 발생할 수 있는 다양한 상관관계를 나타내는데, (a)의 경우에는 두 변수가 완전한 정적 상관관계를 보이며 상관계수는 1이고, (b)는 두 변수 간에 완전한 부적 상관관계를 나타내며 상관계수는 −1이다. (c)와 (d)는 두 변수 간에 완전한 상관관계는 없지만 어느 정도 관련성이 있음을 나타내고, (c)의 상관계수는 0과 1사이의 값을 갖고, (d)의 상관계수는 −1과 0 사이의 값을 가진다. (e)의 경우 두 변수 간에는 유의한 상관관계가 보이지 않으며 상관계수는 0에 가까운 값을 가지며, (f)는 X값이 증가함에 따라 Y값이 점차 감소하다 일정 수준 이상에서는 다시 증가하는 곡선의 관계가 있으나 이 때의 상관계수는 0에 가까운 값을 가진다. 피어슨의 상관계수는 두 변수 간의 선형의 관계만을 나타내기 때문에 (f)의 경우처럼 두 변수 간에 비선형의 관계가 있을 때는 0에 가까운 상관계수를 가진다. 따라서, 두 변수 간에 관계가 없다는 잘못된 해석을 피하기 위해서는 상관관계분석을 하기 전에 산점도를 그려 두 변수가 선형의 관계를 가지는지를 먼저 확인한 후, 상관계수를 통하여 관계의 유의성과 관계의 강도를 구해야 한다.

3) 상관관계분석의 예

최은실(2007)은 공산품의 소비자위험 수준과 특성에 관한 연구에서 8가지 위험 특성 간의 상관관계에 따라 상품군을 분류하고 상품군별로 안전관리 제도의 개선 방안을 모색하기 위하여 상관관계분석을 실시하였다. 상관관계분석 결과, 위험의 심각성은 위험의 발현시기, 위험의 노출유형, 위험의 통제가능성, 위험의 친숙성, 위험에 따른 이익과 상당히 높은 수준의 상관관계가 있었으며, 위험의 발현시키는 위험의 통제가능성, 위험의 친숙성, 위험에 따른 이익과 높은 상관관계가 있었다. 위험의 노출유형은 위험의 통제가능성, 위험의 친숙성, 위험에 따른 이익과 상관관계가 있었으며, 위험의 통제가능성은 위험의 친숙성, 위험에 따른 이익과 상관관계가 있는 것으로 나타났다. 마지막으로 위험에 따른 이익은 위험의 불가피성과 상관관계가 있었다.

표 11-2 위험의 특성 간 상관관계

변 수	위험의 소재	심각성	발현시기	노출유형	통제 가능성	친숙성	위험이익	불가피성
위험의 소재	1.000	-.223	-.241	-.282*	.134	.122	-.082	-.186
심각성		1.000	-.753**	.658**	-.725**	.784**	.603**	.046
발현시기			1.000	-.356**	.634**	-.847**	-.555**	.088
노출유형				1.000	-.604**	.651**	.442**	.356**
통제가능성					1.000	-.737**	-.491**	-.133
친숙성						1.000	.652**	.100
위험이익							1.000	.536**
불가피성								1.000

* $p<.05$ ** $p<.01$

출처: 최은실(2007), "공산품의 소비자위험 수준과 특성 연구", 서울대학교 박사학위논문.

02 | 단순회귀분석

상관관계분석이 단순히 두 변수 간의 선형의 관련성을 추정한다면, 회귀분석은 한 변수가 다른 변수에 미치는 인과적 영향을 추정한다. 즉, 회귀분석은 종속변수에 영향을 미치는 독립변수들을 이용하여 종속변수의 변화를 예측하는 방법으로, 가장 대표적인 인과관계에 관한 분석기법이다. 회귀분석은 원칙적으로 등간척도 이상의 수준에서 측정된 독립변수와 종속변수 간의 관계를 분석하나, 독립변수가 범주형 변수인 경우에도 독립변수를 가변수로 변환하여 분석을 실시할 수 있다.

가장 단순한 형태의 회귀분석은 하나의 독립변수와 하나의 종속변수 사이의 관계를 추정하는 단순회귀분석(simple regression analysis)이고, 하나의 종속변수와 여러 개의 독립변수들 사이의 관계를 분석하는 것을 중회귀분석(multiple regression analysis)이라고 한다. 실제 소비자분석에서는 단순회귀분석보다 여러 변수가 함께 종속변수에 영향을 미치는 상황을 분석하는 중회귀분석을 이용하는 경우가 훨씬 많지만, 이해를 돕기 위하여 본 절에서는 단순회귀분석을 중심으로 회귀분석의 기초개념과 원리를 먼저 설명하겠다.

1) 기본원리와 가정

경력년수가 월평균 소득에 미치는 영향을 파악하기 위하여 자료를 수집하여 산점도를 그려 보면 그림 11-3과 같은데, 독립변수인 경력년수와 종속변수인 월평균 소득 간의 관계는 선형 분포의 형태로 나타난다. 회귀분석은 이러한 자료를 가장 잘 설명할 수 있는 선형의 회귀식을 찾아가는 통계기법이다.

표 11-3 경력년수와 월평균 소득 자료

X	Y
경력년수(년)	월평균 소득(만 원)
1	10
1	15
2	15
2	20
2	30
3	35
3	50
4	70
4	75
5	80

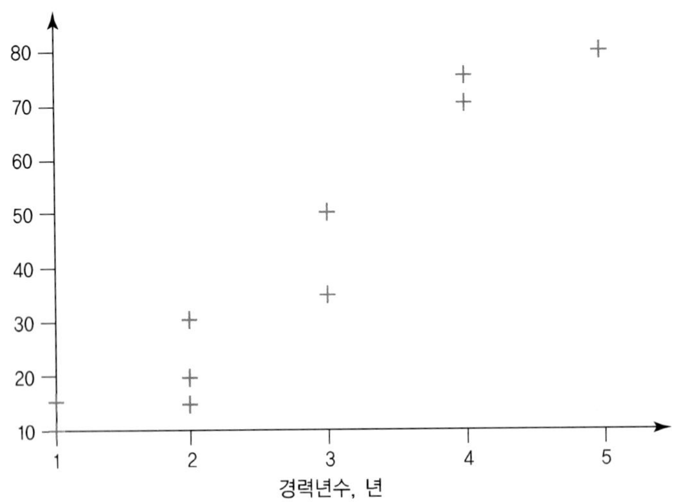

그림 11-3 경력년수와 월평균 소득 산점도

위의 산점도를 보면, 하나의 독립변수 값은 여러 개의 종속변수 값을 가진다. 즉, 하나의 독립변수 측정치와 하나의 종속변수 측정치가 1 : 1로 대응되는 것이 아니라, 하나의 독립변수에 여러 개의 종속변수 측정치가 일정한 분포를 이루며 퍼져 있다. 회귀모형에서는 종속변수 측정치들이 이루고 있는 이러한 분포를 오차로 나타낸다. 모집단의 절편을 α, 기울기를 β, 오차를 ε이라 할 때, 이를 회귀모형으로 나타내면 다음과 같다. 회귀분석은 이러한 모형을 가장 잘 설명할 수 있는 회귀식을 추정하는 기법이다.

• 회귀모형

모집단 $Y_i = \alpha + \beta X_i + \varepsilon_i$ 표 본 $Y_i = a + bX_i + e_i$

회귀분석은 다변량 통계기법의 기초를 이루는 것으로, 다양한 기법들이 개발되어 있으나 본서에서는 회귀분석의 가장 기본적인 형태인 최소제곱법(ordinary least squares, OLS) 모형을 중심으로 설명하겠다. OLS는 많은 가정에 의해 가장 단순화시킨 기본모형이며, 이를 위한 가정들은 다음과 같다.

첫째, 독립변수와 종속변수는 등간척도 이상의 수준에서 측정된 연속형 변수이다.

둘째, 독립변수와 종속변수는 선형종속관계이다.

셋째, 독립변수는 비확률변수이다.

넷째, 측정오차가 없다. 다시 말하자면 독립변수와 종속변수는 정확하게 측정되어 있다.

다섯째, 오차항에 대한 가정

- 오차항의 평균값은 0이다($E(e_i)=0$).
- 오차항은 정규분포를 따른다.
- 오차항은 서로 독립적이다($Cov(e_i, e_j)=0 \ (i \neq j)$).
- 오차항은 모두 동일한 분산을 가진다($Var(e_i)=E(e_i^2)=\sigma^2$).

회귀분석은 변수들 간의 상관관계를 기초로 회귀식을 추정하는 기법이므로, 독립변수와 종속변수는 등간척도 이상의 수준에서 측정된 연속형 변수여야 하고, 변수들 간에는 선형관계가 존재해야 한다. 물론 범주형 변수인 독립변수를 회귀분석에 사용할 수 있으나 이는 회귀모형의 가정을 위배하여 인위적으로 모형에 포함시킨 것이므로, 범주형 변수를 독립변수로 모형에 포함시킬 때에는 신중을 기해야 한다. 범주형 변수를 독립변수로 모델에 포함시키는 방법은 '부록: 범주형 변수의

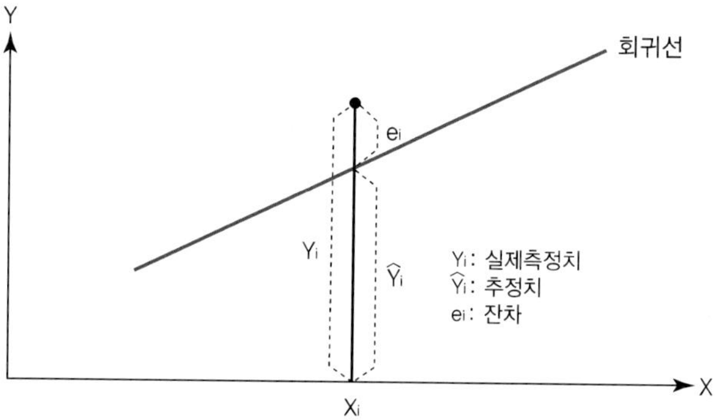

그림 11-5 잔차의 의미

회귀식에 의해 추정된 추정치가 실제측정치에 가장 근접할 때, 그 회귀식이 자료를 가장 잘 설명한다고 할 수 있다. 따라서, 그림 11-5에서 실제측정치와 추정치의 차이를 오차 또는 잔차(residual) $e_i = Y_i - \hat{Y}_i$가 가장 작은 회귀식이 좋은 회귀식이라고 할 수 있다. 따라서, 연구자는 잔차를 최소화시키는 방법으로 회귀식을 구하여야 한다.

각 측정치마다 존재하는 잔차를 전체적으로 최소화시킬 수 있는 방법에는 여러 가지가 있을 수 있으나, 회귀분석에서는 잔차의 제곱합이 최소가 되도록 회귀식을 추정하는 방법을 주로 사용하며, 이를 최소제곱법이라고 한다.

$$\min\sum_{i=1}^{n} e_i^2 = \min\sum_{i=1}^{n}(Y_i - \hat{Y}_i)^2 = \min\sum_{i=1}^{n}(Y_i - (a + bX_i))^2$$

회귀식의 절편 a와 회귀계수 b를 구하기 위하여 위 식을 각각 a와 b에 관해 미분하여 연립 방정식을 풀면 다음과 같은 식을 도출할 수 있다.

• 회귀식

$$\hat{Y}_i = a + bX_i \qquad a = \overline{Y} - \beta\overline{X} \qquad b = \frac{S_{XY}}{S_X^2} = \frac{\sum_{i=1}^{n}(X_i - \overline{X})(Y_i - \overline{Y})}{\sum_{i=1}^{n}(X_i - \overline{X})^2}$$

최소제곱법에 의해 구해진 최소제곱추정량은 불편성을 가지며, 추정량 a와 b의 평균값은 모수의 회귀계수인 α와 β값과 일치한다. 또한, 최소제곱추정량 a와 b는 종속변수 Y와 1차 선형함수의 관계를 가진다. 최소제곱추정량은 모든 가능한 선형불편추정량 중에서 가장 작은 분산을 가지므로 선형불편추정량들 중에서 가장 효율적인 추정량이다. 따라서, 최소제곱추정량인 a와 b를 α와 β에 대한 최적선형불편추정량(best linear unbiased estimator)이라고 한다.

이러한 과정을 직접 계산해 보기 위하여 경력년수와 월평균 소득의 관계를 검정한 사례에서 다음과 같은 표를 그릴 수 있다.

표 11-4 단순회귀분석에 의한 회귀식의 계산 과정

		x_i	x_i^2	x_iY_i		
X_i	Y_i	$X_i-\bar{X}$	$(X_i-\bar{X})^2$		$Y_i-\hat{Y}_i$	$(Y_i-\hat{Y}_i)^2$
1	10	−1.7	2.89	−17	2.73	7.4529
1	15	−1.7	2.89	−25.5	7.73	59.7529
2	15	−0.7	0.49	−10.5	−11.52	132.7104
2	20	−0.7	0.49	−14	−6.52	42.5104
2	30	−0.7	0.49	−21	3.48	12.1104
3	35	0.3	0.09	10.5	−10.77	115.9929
3	50	0.3	0.09	15	4.23	17.8929
4	70	1.3	1.69	91	4.98	24.8004
4	75	1.3	1.69	97.5	9.98	99.6004
5	80	2.3	5.29	184	−4.27	18.2329
$\Sigma X_i=27$	$\Sigma Y_i=400$	$\Sigma x_i=0$	$\Sigma x_i^2=16.1$	$\Sigma x_iY_i=310$	$\Sigma Y_i-\hat{Y}_i$ $=-107.77$	$\Sigma(Y_i-\hat{Y}_i)^2$ $=531.0565$
$\bar{X}=2.7$	$\bar{Y}=40$					

표 11-4를 이용하여 회귀식을 구하면 다음과 같다.

$$b = \frac{\sum_{i=1}^{n}(X_i - \overline{X})(Y_i - \overline{Y})}{\sum_{i=1}^{n}(X_i - \overline{X})^2} = \frac{\sum_{i=1}^{n} x_i Y_i}{\sum_{i=1}^{n} x_i^2} = \frac{310}{16.1} = 19.25$$

$$a = \overline{Y} - \beta\overline{X} = 40 - 19.25 \times 2.7 = -11.98$$

$$\hat{Y} = -11.98 + 19.25X$$

그런데 위의 회귀식은 회귀분석 모형의 결정적인 관계를 나타내는 것이 아니라 확률적인 관계를 제시해 주는 것이다. 즉, 실제측정치는 회귀선을 중심으로 분포되어 있으므로 신뢰구간을 구하여 이들 분포에 대한 추가적인 정보를 얻을 수 있다. 따라서, a와 b 각각의 계수들에 대한 95% 신뢰구간을 구하면 다음과 같으며, a와 b의 참값이 이 구간 안에 포함될 확률은 95%이다.

- a의 95% 신뢰구간: $a \pm t_{0.025} S_a$
- b의 95% 신뢰구간: $b \pm t_{0.025} S_b$

$$S_a = S\sqrt{\frac{\sum X_i^2}{n\sum x_i^2}},\quad S_b = \frac{S}{\sqrt{\sum x_i^2}},\quad S = \sqrt{\frac{\sum(Y_i - \hat{Y}_i)^2}{n-2}}$$

위의 식과 표 11-4를 이용하여 a와 b 각각의 신뢰구간을 구하면 다음과 같다.

- a의 95% 신뢰구간 $= -11.98 \pm 2.306 \times 6.06 = -11.98 \pm 13.97$
- b의 95% 신뢰구간 $= 19.25 \pm 2.306 \times 2.03 = 19.25 \pm 4.68$

$$S = \sqrt{\frac{\sum(Y_i - \hat{Y}_i)^2}{n-2}} = \sqrt{\frac{531.06}{8}} = 8.15$$

$$S_a = S\sqrt{\frac{\sum X_i^2}{n\sum x_i^2}} = 8.15\sqrt{\frac{89}{10 \times 16.1}} = 6.06$$

$$S_b = \frac{S}{\sqrt{\sum x_i^2}} = \frac{8.15}{\sqrt{16.1}} = 2.03$$

3) 회귀식의 검정과 해석

앞서 설명한 바와 같이 최소제곱법으로 회귀식을 구하고 나면, 추정된 회귀식이 자료를 설명하는데 적합한 회귀식인지 여부를 검정하여야 한다. 회귀식에 대한 검정은 F-검정을 실시하는데, 이를 위해서는 분산분석과 마찬가지로 총편차를 회귀식에 의해 설명되는 편차와 회귀식에 의해 설명되지 않는 편차로 나누어 회귀식에 의해 설명되는 편차가 차지하는 비중이 유의하게 큰 지를 검정하여야 한다.

앞에 제시하였던 경력년수와 월평균 소득에 대한 사례를 다시 한 번 살펴보자. 우리가 경력년수에 대한 자료를 수집하지 않았다고 한다면, 월평균 소득을 대표할 수 있는 최선의 추정치는 월평균 소득의 전체평균이라고 할 수 있을 것이다. 따라서, 독립변수에 대한 정보가 없을 때, 종속변수인 월평균 소득의 총편차는 측정치와 전체평균의 차이인 $Y_i - \overline{Y}$가 된다. 여기에서 우리가 추가로 경력년수에 대한 자료를 수집하여 독립변수인 경력년수와 종속변수인 월평균 소득 간의 관계를 기초로 회귀식을 추정하였다고 하자. 이제 월평균 소득에 대한 가장 좋은 예측치는 개별 X_i에 대한 $\hat{Y}_i$가 되었다. 즉, 회귀식에 의해 추정한 $\hat{Y}_i$는 전체평균 $\overline{Y}$보다 훨씬 정확한 예측치가 되며, 이 때의 오차는 총편차 $Y_i - \overline{Y}$에서 회귀식에 의하여 추가로 설명된 편차인 $\hat{Y}_i - \overline{Y}$를 뺀 나머지 부분인 $Y_i - \hat{Y}_i$가 된다. 이를 그림으로 나타내면 아래 그림 11-5와 같다.

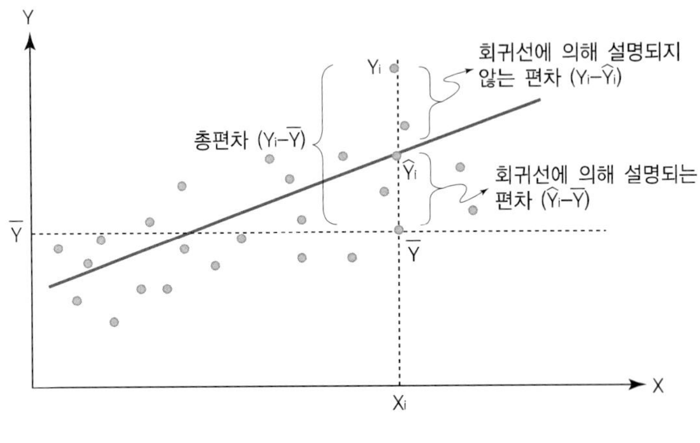

그림 11-5 회귀식에 의한 총편차의 분해

- 전체평균으로부터의 총편차 $= Y_i - \overline{Y}$
- 회귀식에 의해 설명되는 편차 $= \hat{Y}_i - \overline{Y}$
- 회귀식에 의해 설명되지 않는 편차(=잔차) $= Y_i - \hat{Y}_i$

개별 측정치에 대한 편차의 총합은 항상 0이 되므로, 이를 제곱하여 더하면 종속변수 Y_i의 총변동인 총제곱합(SST)을 구할 수 있고 총제곱합은 회귀식에 의해 설명되는 부분(회귀제곱합, SSR)과 회귀식에 의해 설명되지 않는 부분(오차제곱합, SSE)으로 분해된다.

$$\Sigma(Y_i - \overline{Y})^2 = \Sigma(\hat{Y}_i - \overline{Y})^2 + \Sigma(Y_i - \hat{Y}_i)^2$$

- 총제곱합(sum of squares total, SST) $= \Sigma(Y_i - \overline{Y})^2$, df=n-1
- 회귀제곱합(sum of squares regression, SSR) $= \Sigma(\hat{Y}_i - \overline{Y})^2$, df=k
- 오차제곱합(sum of squares errors, SSE) $= \Sigma(Y_i - \hat{Y}_i)^2$, df=n-k-1

이러한 관계를 이용하여 회귀식이 자료를 설명하는데 적합한 모형인지를 판단하기 위하여 F-검정을 실시하게 되는데, F값을 구하기 위한 절차는 분산분석에서와 동일하다. 즉, 회귀제곱합과 오차제곱합을 각각의 자유도로 나누어 구한 평균회귀제곱합(MSR, mean sum of squares regression)과 평균오차제곱합(MSE, mean sum of squares errors)을 구하고, 평균오차제곱합에 대한 평균회귀제곱합의 비로 F값을 구하여 회귀식이 유의한지를 검정한다.

- 영가설(H_0): 모든 회귀계수는 0이다.
- 대립가설(H_a): 적어도 하나의 회귀계수는 0이 아니다.

$$F = \frac{MSR}{MSE} = \frac{SSR/k}{SSE/(n-k-1)},\ df = (k,\ n-k-1)$$

F-검정 결과 회귀식이 유의하다면, 다음으로 회귀식이 종속변수의 전체변동 중에서 어느 정도를 설명하는지를 알고 싶을 것이다. 이를 나타내는 통계치가 결정계수 R^2이다. 이는 분산분석에서 η^2과 유사한 값으로 전체변동 중에서 회귀식에 의해 설명되어지는 부분을 나타낸다.

$$R^2 = \frac{SSR}{SST} = \frac{\Sigma(\hat{Y}_i - \overline{Y})^2}{\Sigma(Y_i - \overline{Y})^2}$$

참고로 독립변수가 하나인 단순회귀분석에서는 X와 Y의 상관계수 r을 제곱한 값이 결정계수가 된다.

$$r^2 = \frac{S_{XY}^2}{S_X^2 S_Y^2} = R^2$$

4) 회귀계수의 검정과 해석

회귀식이 자료를 유의하게 설명하고 있음을 확인하고 나면, 회귀계수의 유의도를 검정하고 해당 독립변수가 종속변수에 미치는 영향을 해석한다. 변수들의 유의도를 확인할 때는 각각의 변수에 대하여 추정한 회귀계수가 0과 유의하게 다른지를 검정해야 하는데, 모집단의 분산을 모르기 때문에 t-분포를 사용하여 검정한다.

- 영가설(H_0): $\beta_i = 0$
- 대립가설(H_a): $\beta_i \neq 0$

$$t = \frac{\hat{\beta}_i - \beta_i}{S_b},\ df = n - 2$$

위에서 직접 구했던 회귀식을 이용하여 회귀계수에 대한 유의도 검정을 직접 해보면 다음과 같다.

$$t = \frac{19.25 - 0}{8.15/4.01} = 9.48,\ df = 10 - 2$$

$$t_{0.01,\ 8} = 2.8965$$

t-검정 결과, t값이 기각역에 포함되므로 유의수준 0.01에서 경력년수의 회귀계수가 0이라는 영가설을 기각한다. 즉, 유의수준 0.01에서 경력년수는 월평균 소득에 유의한 영향을 미친다고 할 수 있다. 위의 예를 SPSS 프로그램을 이용하여 단순회귀분석을 실시한 결과는 다음과 같다.

표 11-5 경력년수와 월평균 소득의 단순회귀분석 결과

구 분	비표준화계수	표준오차	t값	유의확률	F값	유의확률	R^2
상 수	-11.998	6.058	-1.979	.083	89.918	.000	0.918
경력년수	19.255	2.031	9.483	.000			

$$\hat{Y} = -11.998 + 19.255X$$

회귀식은 유의수준 0.001에서 유의하고 경력년수는 월평균 소득 변동의 91.8%를 설명하며, 경력년수는 월평균 소득에 유의한 영향을 미치는데, 경력년수가 1년 증가할 때마다 월평균 소득은 192,500원씩 증가함을 알 수 있다.

회귀분석에서는 위와 같이 독립변수가 종속변수에 미치는 영향력을 파악할 수 있을 뿐만 아니라, 회귀식을 이용하여 종속변수의 측정치를 예측할 수 있다. 즉, 유의한 회귀식을 얻은 후, 특정 경력년수를 대입하여 해당 경력년수에 대한 월평균 소득 금액을 예측할 수 있다. 예를 들어, 위의 회귀식에서 어떤 사람의 10년 후 경력이 20년이라면, 이 사람의 월평균 소득은 3,730,100원으로 추정할 수 있다.

$$\hat{Y}_{X=20} = -11.99 + 19.25(20) = 373.01(\text{만 원})$$

03 | 중회귀분석

1) 기본원리와 가정

앞 절에서는 독립변수가 하나인 단순회귀분석을 중심으로 회귀분석의 개념과 원리, 검정과 해석에 대하여 살펴보았다. 그러나 실제 상황에서 하나의 독립변수로 종속변수를 잘 설명할 수 있는 경우는 극히 드물며 대부분의 경우 하나의 종속변수는 여러 개의 독립변수들의 영향을 받는다. 따라서, 소비자분석에서는 단순회귀분석에서 독립변수의 수가 두 개 이상인 경우로 확장된 중회귀분석의 활용도가 더 높다. 중회귀분석을 사용하면 하나의 독립변수를 사용한 경우보다 종속변수를 더 정확히 추정할 수 있고, 다른 독립변수들의 영향을 통제한 상태에서 개별 독립변수가 종속변수에 미치는 영향을 파악할 수 있다는 장점이 있다. 중회귀분석의 회귀모형은 다음과 같다.

- 회귀모형

모집단 $Y_i = \alpha + \beta_1 X_{1i} + \beta_2 X_{2i} + \beta_3 X_{3i} + \dots + \beta_k X_{ki} + \varepsilon_i$

표 본 $Y_i = a + b_1 X_{1i} + b_2 X_{2i} + b_3 X_{3i} + \dots + b_k X_{ki} + e_i$

중회귀분석의 경우에도 단순회귀분석에서 적용되었던 가정이 모두 충족되어야 하며, 그 외에 독립변수 간에 강한 선형의 상관관계가 없다는 가정이 추가된다. 즉, 독립변수 중에서 어느 하나가 다른 독립변수와 선형적 함수관계를 가져서는 안 된다. 독립변수 간에 선형적 함수관계가 있을 때는 다중공선성의 문제가 발생하는데, 이 경우 다른 독립변수의 영향을 통제하면서 또 다른 독립변수가 종속변수에 미치는 영향을 파악하는 것이 논리적으로 불가능해진다.

2) 회귀식의 추정

중회귀분석도 단순회귀분석과 마찬가지로 최소제곱법을 사용하여 회귀식을 추정한다. 회귀모형과 잔차의 제곱합을 최소화시키는 최소제곱법으로 구한 회귀식은 다음과 같다.

회귀식: $\hat{Y}_i = a + b_1 X_{1i} + b_2 X_{2i} + \dots + b_k X_{ki}$

위의 회귀식에서 독립변수가 여러 개이므로 각 독립변수의 회귀계수를 어떻게 해석하느냐가 중요한데, 여기서 b_1은 다른 독립변수 X_k가 변하지 않고 고정된 상황에서(X_k를 통제했을 때) X_1의 단위변화량에 대한 Y의 변화량을 나타내는 부분회귀계수(partial regression coefficient)를 의미한다.

3) 회귀식의 검정과 해석

중회귀분석에서의 회귀식의 검정은 단순회귀분석의 경우와 동일한 절차로 이루어진다. 총편차제곱합을 회귀식으로 설명되는 편차제곱합과 회귀식으로 설명되지 않는 편차제곱합으로 분해하고, 회귀식으로 설명되지 않는 변동에 비하여 회귀식으로 설명되는 변동이 얼마나 큰지를 바탕으로 F-검정을 실시한다. 이 때 검정하는 영가설은 '모든 회귀계수가 0이다' 이다. 이는 모든 독립변수 중에서 종속변수를 의미 있게 설명하는 독립변수가 하나도 없다는 의미로 중회귀모형이 유의하지 않다는 뜻이다.

- 영가설(H_0): $\beta_1 = \beta_2 = \cdots = \beta_k = 0$

$$F = \frac{MSR}{MSE} = \frac{SSR/k}{SSE/n-k-1},\ df = (k,\ n-k-1)$$

회귀식이 유의한 경우 회귀식의 설명력은 결정계수 R^2로 나타내는데, 단순회귀분석에서 설명한 바와 같이 결정계수는 독립변수들이 종속변수의 변동을 어느 정도 설명해 주는지를 나타내는 지수이다. 따라서, 중회귀분석에서 결정계수는 각각의 독립변수의 설명력을 나타내는 것이 아니라 모든 독립변수들이 함께 종속변수의 변동을 설명하는 정도를 의미한다. 그런데 결정계수는 독립변수의 개수가 늘어날수록 증가하는 속성을 지니므로, 여러 개의 중회귀분석 모델의 설명력을 결정계수만 가지고 비교할 경우 잘못된 결론을 내릴 수도 있다. 특히, 독립변수를 추가하면 결정계수가 증가하는 속성을 이용하여 결정계수를 높이려고 중요하지 않은 독립변수를 모형에 추가하는 것은 바람직하지 못하며, 모형에 어떤 독립변수를 포함시킬 것인지는 이론이나 기존 연구에 기초하여 신중하게 결정하여야 한다. 결정계수가 독립변수의 수에 따라 증가하는 문제를 해결하기 위하여 수정된 결정계수 adj. R^2를 사용하기도 하는데, 수정된 결정계수는 다음과 같이 구할 수 있다.

$$adj.\ R^2 = 1 - (1 - R^2)\frac{N-1}{N-k}$$

중회귀분석에서 수정된 결정계수는 결정계수보다 작거나 같은 특성을 가지나 일반적으로 결정계수와 수정된 결정계수 중 어떤 것을 사용해도 무방하다.

4) 회귀계수의 검정과 해석

회귀식이 자료에 적합하다는 결론을 내릴 경우, 개별 독립변수가 종속변수에 미치는 영향을 의미하는 회귀계수의 유의성과 영향력을 해석할 필요가 있다. 개별 독립변수의 회귀계수에 대한 유의도 검정은 단순회귀분석에서와 마찬가지로 t-검정으로 하며, 이 때의 영가설은 '각각의 독립변수가 종속변수에 유의한 영향을 미치지 않는다', 즉 '개별 부분회귀계수=0'이 된다.

영가설(H_0): $\beta_1 = 0$

영가설(H_0): $\beta_2 = 0$

…

영가설(H_0): $\beta_k = 0$

회귀계수에 대한 검정은 각각의 독립변수에 대하여 개별적으로 실시하며, 검정 결과 종속변수에 유의한 영향을 미치는 변수가 무엇인지를 알 수 있다. 전술한 바와 같이, 부분회귀계수에 대한 해석은 다른 독립변수들이 변하지 않고 고정된 상황에서(X_2, X_3, …, X_k를 모두 통제했을 때) 해당 독립변수(X_1)의 단위변화량에 대한 Y의 변화량으로 해석할 수 있다. 예를 들어, 종속변수가 가계부채액이고, 월평균 소득(X_1, 만 원)과 자산(X_2, 천만 원)을 두 개의 독립변수를 가진 회귀모형의 회귀식이 Y=3,000−2×월평균 소득(만 원)−60×자산(천만 원)으로 구해졌다고 하자. 월평균 소득이 가계부채액에 미치는 영향은 자산이 일정하다고 가정할 때, 월평균 소득이 만 원 증가하면 가계부채액은 2만 원 감소한다고 해석할 수 있으며, 자산이 가계부채비율에 미치는 영향은 소득이 일정하다고 할 때 자산이 천만 원 증가하면 가계부채액은 60만 원 감소한다고 해석할 수 있다.

그러나 위의 회귀식에서 부분회귀계수 b_1과 b_2의 크기는 측정단위의 영향을 받으므로 부분회귀계수의 상대적 크기에 근거하여 자산이 가계부채액에 미치는 영향이 월평균 소득보다 크다고 할 수는 없다. 만약 자산이 월평균 소득과 마찬가지로 만 원 단위로 측정되었다면 자산의 회귀계수는 60이 아닌 0.06이 되기 때문에, 부분회귀계수의 상대적 크기에 근거해서 독립변수 영향력의 상대적 크기를 유추하는 것은 잘못이다. 따라서, 측정도구의 영향을 배제하였을 때 독립변수 영향력의 상대

비표준화 회귀계수(b_i)

다른 독립변수들이 변하지 않고 고정된 상황에서 해당 독립변수의 단위변화량에 대한 Y의 변화량

표준화 회귀계수(β_i)

독립변수들의 영향력의 상대적인 크기를 나타내는 계수

적 크기를 비교하기 위해서는 표준화 회귀계수(b_k^*)를 사용해야 한다. 표준화 회귀계수는 모든 자료를 표준화시킨 후 구한 회귀식의 부분회귀계수를 말하며, 이에 반하여 표준화되지 않은 자료에 대한 부분회귀계수는 비표준화 회귀계수(b_k)라 한다.

표준화 회귀식은 다음과 같이 구할 수 있으며, 표준화 회귀식의 절편은 0이고, 표준화 회귀식의 부분회귀계수는 표준화 회귀계수가 된다.

$$Z_Y = b_1^* Z_{X_1} + b_2^* Z_{X_2} + \dots + b_k^* Z_{X_k}$$

표준화 회귀계수는 자료를 표준화시켰을 때 구한 값으로서 측정단위의 영향에서 독립적이므로 표준화 회귀계수의 상대적 크기에 근거해서 독립변수의 영향력의 크기를 비교할 수 있다. 예를 들어, 위에서 예로 든 가계부채액과 월평균 소득, 자산의 관계를 나타낸 표준화 회귀식이 다음과 같다면 표준화 회귀계수의 크기를 비교하여 월평균 소득이 가계부채액에 미치는 영향이 자산보다 작다고 해석할 수 있다.

$$Z_{가계부채액} = 0.2Z_{월평균소득} + 0.5Z_{자산}$$

단순회귀분석과 마찬가지로 추정된 회귀식을 통하여 특정 독립변수의 측정치에 대응하는 종속변수의 값을 예측할 수도 있다. 종속변수의 값을 예측할 때에는 표준화된 회귀식이 아닌 원래의 회귀식을 이용한다. 예를 들어, 종속변수가 가계부채액(Y, 만 원)이고 월평균 소득(X_1, 만 원)과 자산(X_2, 천만 원)을 두 개의 독립변수로 가진 회귀모형의 회귀식이 $Y=3,000-2X_1-60X_2$로 구해졌다고 할 때, 월평균 소득이 만원 증가할 때 가계부채액은 2만 원 감소하고, 자산이 천만 원 증가할 때, 가계부채액은 60만 원 감소한다고 할 수 있다. 또한, 월평균 소득이 500만 원이고 자산이 3억 원인 가계부채액은 $3,000-2\times500-60\times30=20$만 원으로 추정할 수 있다.

5) 중회귀분석의 예

고정원 등(2010)은 소비자의 로하스 소비의식과 로하스 상품소비 연구에서 로하스 상품소비에 영향을 미치는 요인들을 파악하기 위하여 중회귀분석을 실시하였다. 그 결과 회귀식은 유의하였으며, 성별, 연령, 교육수준, 가계소득, 건강상태, 가족원의 질병 유무, 로하스 소비의식은 로하스 상품 소비 수준의 약 13.5%를 설명

표 11-6 로하스 상품소비에 영향을 미치는 요인 중회귀분석 결과

구 분	비표준화 회귀계수	표준화 회귀계수
성별(기준=여성)	.200***	.129
연 령	.009***	.125
교육수준(기준=고졸 이하) 대학교 재학 대학교 졸업 이상	 .069 −0.17	 .029 −.011
가계소득	.0−17	.030
건강상태(기준=보통) 건강함 건강하지 않음	 .087 −.050	 .056 −.021
가족구성원의 질병 유무	−.040	−.024
로하스 소비의식	.296***	.301
R^2	.135	

***p<.001
출처: 고정원·이성림·김민정(2010), "소비자의 로하스 소비의식과 로하스 상품소비", 소비자학연구, 21(4), 89～112.

하는 것으로 나타났다. 로하스 상품 소비 수준은 남성이 여성보다 높았고, 연령이 높을수록, 로하스 소비의식이 높을수록 높았다. 독립변수의 상대적 영향력의 크기를 비교하기 위하여 표준화 회귀계수를 비교한 결과, 로하스 상품소비에 가장 큰 영향을 미치는 변수는 로하스 소비의식이었다.

이유리와 나종연(2007)은 패션 사이트에 대한 평가와 소비자 혁신성이 패션 사이트에 대한 소비자 태도에 미치는 영향을 알아보았다. 패션 사이트에 대한 소비자 평가는 이용편이성, 디자인, 정보성, 신뢰성의 측면에서 측정하였고, 소비자 혁신성은 패션 혁신성과 기술 혁신성의 측면에서 측정하였다. 회귀분석 결과, 사이트 이용 편이성, 사이트 디자인, 사이트 정보성이 패션 사이트에 대한 소비자 태도에 유의한 정적 영향을 미쳤고, 소비자 혁신성은 유의한 영향을 미치지 않았다. 사이트 속성 중에서는 사이트 디자인과 이용 편이성이 소비자 태도에 큰 영향을 미치는 중요한 요인으로 나타났다.

표 11-7 사이트 속성과 소비자 혁신성이 패션 사이트에 대한 소비자 태도에 미치는 영향

구 분	비표준화 회귀계수	표준화 회귀계수
사이트 속성 평가		
이용편이성	.123***	.277
디자인	.209***	.480
정보성	.051*	.108
신뢰성	.036	.073
소비자 혁신성		
패션 혁신성	-.006	-.014
기술 혁신성	.017	.040
상 수	-.803	
F	141.319***	
R^2	.730	
adj. R^2	.725	

***p<.001 **p<.01 *p<.05

출처: 이유리·나종연(2007), "온라인 3D 쇼핑환경에 대한 소비자 태도와 이용의도: 소비자혁신성과 사이트 속성의 영향을 중심으로", 소비자학연구, 18(4), 159~185.

범주형 변수의 활용-가변수(더미변수)

회귀분석의 가장 기본적인 전제는 독립변수와 종속변수가 모두 등간척도 이상으로 측정된 연속형 변수여야 한다는 것이다. 그러나 실제 분석을 하다 보면, 서열척도나 명목척도로 측정된 범주형 독립변수를 모델에 포함시켜야 하는 경우가 빈번하게 발생한다. 이런 경우, 가정에는 위배되지만 범주형 독립변수를 이항변수인 가변수로 만들어 회귀모형에 포함시킬 수 있다.

범주형 변수를 가변수로 바꾸지 않고 그대로 회귀모형에 포함시켰을 경우 발생하는 오류를 먼저 살펴보자. 종속변수로는 월평균 소득을, 독립변수로는 고졸 이하는 1점, 대졸은 2점, 대학원 졸업 이상은 3점으로 측정된 교육수준(X_1)과 연속형 변수인 자산(X_2)을 사용한 회귀모형이 있다고 하자. 이 때, 3개의 범주로 측정된 교육수준을 그대로 독립변수로 사용한 경우 교육수준에 대한 월평균 소득은 다음과 같이 구해진다.

회귀식: $Y = a + b_1X_1 + b_2X_2$
고졸자인 경우의 월평균 소득은 $a + b_1X_1 + b_2$
대졸자인 경우의 월평균 소득은 $a + b_1X_1 + 2b_2$
대학원 이상 졸업자인 경우의 월평균 소득은 $a + b_1X_1 + 3b_2$

(계속)

즉, 범주형 변수를 연속형 변수인 것처럼 사용하면 고졸자와 대졸자의 월평균 소득의 격차와 대졸자와 대학원 이상 졸업자의 월평균 소득의 격차가 모두 b_2로 같다는 잘못된 결과가 도출된다. 따라서, 이러한 오류를 피하기 위하여 교육수준이라는 범주형 변수를 가변수로 바꾸어서 모델에 포함시켜야 한다.

가변수란 어떤 속성을 가졌을 경우에는 1로, 가지지 않았을 경우에는 0으로 측정되는 이항변수를 말한다. 가변수의 수는 범주형 '독립변수의 범주의 수－1' 개로 결정되는데, 위와 같이 교육수준이 3개의 범주로 측정되었을 때, 필요한 가변수의 수는 3－1＝2개가 된다. 위의 예를 중심으로 가변수를 만드는 과정을 살펴보면, 먼저 3개의 범주 중에서 기준범주를 하나 정하고, 기준범주를 제외한 다른 범주에 해당하는 가변수를 각각 만든다. 고졸 이하를 기준범주로 정하면, 대졸에 대한 가변수($D_{대졸}$)와 대학원 졸업 이상에 대한 가변수($D_{대학원\ 졸업\ 이상}$)를 만든다. 대졸에 대한 가변수는 대학교 졸업자인 경우에만 1점으로 코딩하고 고졸 이하인 경우와 대학원 졸업 이상인 경우에는 0점으로 코딩한다. 마찬가지로 대학원 졸업 이상에 대한 가변수는 대학원 졸업 이상인 경우에만 1점으로 코딩하고 고졸 이하인 경우와 대학교 졸업인 경우에는 0점으로 코딩한다. 이를 표로 나타내면 다음과 같다.

〈가변수 생성의 예〉

구 분	고등학교 졸업 이하	대학교 졸업	대학원 졸업 이상
$D_{대졸}$	0	1	0
$D_{대학원\ 졸업\ 이상}$	0	0	1

새로 생성된 가변수를 독립변수로 사용하여 구성한 회귀식은 다음과 같이 나타낼 수 있으며 이를 바탕으로 구한 교육수준에 따른 월평균 소득은 아래와 같다.

$$Y = a + b_1X_1 + b_2D_{대졸} + b_3D_{대학원\ 졸업\ 이상}$$

고졸자인 경우 월평균 소득은 $a + b_1X_1$

대졸자인 경우 월평균 소득은 $a + b_1X_1 + b_2 = a + b_2 + b_1X_1$

대학원 이상 졸업자인 경우 월평균 소득은 $a + b_1X_1 + b_3 = a + b_3 + b_1X_1$

여기에서 각각의 가변수에 대한 회귀계수는 기준범주(고졸 이하)와 해당 범주를 비교했을 때 종속변수의 차이를 의미하며, 이는 독립변수의 영향을 나타내는 기울기가 아닌 상수의 차이로 나타난다. 즉, b_2는 고졸 이하와 대졸 간의 소득격차를 의미하고, b_3은 고졸 이하와 대학원 졸업 이상 간 소득격차를 의미하는데, 각 학력수준별로 상수만 달라질 뿐 자산수준에 대한 기울기는 b_1로 모두 같다. 이와 같이 독립변수가 범주형 변수인 경우 이를 가변수로 바꾸어 회귀식을 구성함으로써 범주 간에 종속변수의 차이가 항상 일정하다고 해석되는 오류를 피할 수 있다. 그러나 전술한 바와 같이 범주형 변수를 독립변수로 회귀모형에 포함시키는 것은 회귀분석의 기본적인 가정에 위배되는 것이므로 범주형 독립변수는 신중하게 선택해야 한다.

Chapter

12 비인과적 관계 분석

01 | 요인분석

요인분석(factor analysis)은 다수의 변수들 간의 상관관계를 기초로 많은 변수들 속에 내재하는 체계적인 구조를 찾아내는 기법이다. 예를 들어 소비자의 녹색소비행동은 여러 가지 문항으로 측정될 수 있는데, 이러한 녹색소비행동이 어떤 차원들로 구성되어 있는지 분명히 나타나 있지 않은 경우, 여러 가지 녹색소비행동을 측정하는 문항들을 이용하여 요인분석을 실시함으로써 녹색소비행동의 주요 구성 요인들을 추출해 낼 수 있다.

요인분석은 주로 다음과 같은 경우에 많이 사용한다. 첫째, 여러 변수들에 내재하고 있는 요인들을 추출하고, 요인 구조를 파악하기 위하여 사용한다. 둘째, 측정도구의 타당성을 평가하기 위하여 사용한다. 요인분석의 결과 공통된 개념을 측정하는 변수들이 하나의 요인으로 추출되면 수렴타당도가 높다고 할 수 있고, 해당 변수들이 다른 요인과는 상관이 낮을 경우에 판별타당도가 높다고 할 수 있다. 셋째, 회귀분석에서 독립변수들 간에 강한 상관관계가 있는 다중공선성의 문제가 발생한 경우, 요인분석을 통해 상호독립적인 요인들을 추출하고 추출된 요인들을 회귀분석의 새로운 독립변수로 사용하여 다중공선성 문제를 해결할 수 있다.

요인분석은 분석의 목적에 따라 크게 탐색적 요인분석과 확인적 요인분석으로 나눌 수 있는데, 일반적으로 요인분석이라 함은 탐색적 요인분석을 말한다. 탐색적 요인분석은 여러 개의 변수로 측정된 자료에서 원래의 변수들이 가지고 있는 정보를 최대한 유지하면서 변수들을 공통적으로 설명할 수 있는 소수의 새로운 요인을 파악하는 분석기법으로, 탐색적 요인분석의 목적은 변수들에 내재되어 있는 요인의 구성과 패턴을 발견하는 것이다. 반면, 확인적 요인분석은 선행연구 등에 의해 이미 알려져 있는 요인구조에 자료가 잘 부합하는가를 확인하는 분석기법이나, 요인의 구성과 패턴을 발견하는 방법이나 원리는 탐색적 요인분석과 동일하다.

1) 기본원리와 가정

요인분석을 실시하기 위하여 충족되어야 하는 가정과 전제 조건은 다음과 같다.

첫째, 분석하고자 하는 변수는 등간척도 이상의 수준에서 다문항척도로 측정된다.

둘째, 각 변수는 정규분포를 따르고, 서로 독립적이며, 등분산을 가진다.

셋째, 표본의 수는 적어도 100개 이상이어야 하며, 일반적으로 200개 이상이거나, 변수 수의 4~5배의 표본을 사용한다.

넷째, 개별문항의 절반 이상이 0.3 이상의 상관관계를 가진다.

요인분석에 적합한 자료인지를 판단하기 위해서는 일반적으로 바틀렛(Bartlett)의 단위행렬 검정과 KMO 값을 사용한다. 바틀렛의 단위행렬 검정은 변수들이 서로 독립적이라는 영가설을 χ^2-검정을 사용하여 검정하는데, 영가설을 기각하면 변수들 간에 상관이 있어 요인분석에 적합한 자료라고 판단한다. 이 때 유의할 점은 표본의 수가 증가하면 바틀렛의 단위행렬 검정 결과가 유의하게 나오는 경향이 있으므로 바틀렛의 단위행렬 검정 결과에만 의존하여 요인분석의 적합성을 판단해서는 안 된다는 것이다. KMO 측도는 일반적으로 0.8이상이면 요인분석에 적합한 자료라고 판단한다. 그러나 이 두 가지 방법은 자료의 적합성을 판단하는 절대적인 기준이 될 수 없고, 문항들 간의 상관관계의 전체적인 패턴과 함께 복합적으로 판단해야 한다.

요인분석은 일반적으로 다음과 같은 절차로 이루어진다.

첫째, 자료의 적합성 판단

둘째, 요인 추출 방법의 선정과 요인 추출

셋째, 요인의 수 결정
넷째, 요인의 회전
다섯째, 요인의 해석
여섯째, 요인 점수의 산출

2) 요인의 추출

자료가 요인분석에 적합하다고 판단되면 요인을 추출하게 된다. 요인을 추출하는 방법은 크게 주성분분석법(principal component analysis)과 공통요인분석법(common factor analysis)으로 나눌 수 있다. 주성분분석법과 공통요인분석법의 차이점을 이해하기 위해서는 먼저 분산의 종류를 이해해야 한다. 특정 변수의 분산은 다른 모든 변수와 공유하는 분산인 공통분산과 특정 변수에만 존재하는 고유분산, 오류에 의해 발생하는 오차분산으로 나눌 수 있는데, 주성분분석법은 공통분산, 고유분산, 오차분산을 모두 이용하여 요인을 추출하는 방법이다. 따라서, 오차분산이나 고유분산에 대한 지식이 없는 경우 일반적으로 주성분분석법을 많이 사용한다. 이에 비해 공통요인분석법은 공통분산만 이용하여 요인을 추출하는 방법으로,

표 12-1 요인행렬의 예

측정문항	요 인		
	1	2	3
불공정한 거래로 문제를 일으킨 기업의 상품을 구매하지 않는다.	.874	.203	.182
환경문제를 일으킨 기업의 상품을 구매하지 않는다.	.863	.201	.193
불공정한 생산과 유통으로 문제를 일으킨 적이 있는 매장에서는 구매하지 않는다.	.832	.236	.170
공정하게 생산되고 유통된 상품을 주로 구매한다.	.820	.240	.146
유기농산물을 주로 구매한다.	.149	.799	.135
환경관련 인증마크가 있는 식품을 주로 구매한다.	.351	.749	.195
합성첨가물을 사용하지 않고 생산된 식품을 주로 구매한다.	.239	.742	.241
꼭 필요한 상품만 구매하도록 노력한다.	.158	.085	.879
식품은 꼭 필요한 만큼만 구매한다.	.136	.195	.793
에너지를 효율적으로 사용하는 상품을 주로 구매한다.	.230	.299	.627

공통분산의 비중이 크고 오차분산이나 고유분산이 작을 때 사용한다. 공통요인분석법에는 주요인분석법(principal factor analysis), 주축요인분석법(principal axis factor analysis), 최대우도법(maximum likelihood factor analysis), 일반화최소제곱법(generalized least square factor analysis) 등이 있다.

요인추출방법을 정하여 요인을 추출하면 요인행렬을 구할 수 있다. 요인행렬이란 요인과 개별변수 간의 상관관계를 나타내는 요인부하량(factor loadings)으로 이루어진 행렬을 말한다. 좋은 요인구조란 하나의 변수가 하나의 요인에만 높게 적재된 구조를 의미하며, 일반적으로 요인부하량이 0.4보다 높을 경우 해당 요인을 구성하는 유의한 변수라고 해석한다.

위의 요인행렬표에서 '불공정한 거래로 문제를 일으킨 기업의 상품을 구매하지 않는다'는 변수는 첫 번째 요인과는 매우 높게 적재되어 있는 반면(요인부하량=0.874), 두 번째, 세 번째 요인과는 낮게(요인부하량은 각각 0.203, 0.182) 적재되어 있으므로 첫 번째 변수는 첫 번째 요인을 이루는 유의한 변수로 간주한다. 위의 요인분석 결과를 보면, 첫 번째부터 네 번째까지의 변수는 첫 번째 요인에만 높게 적재되고, 다섯 번째부터 일곱 번째까지의 변수는 두 번째 요인에만, 마지막 세 변수는 세 번째 요인에만 높게 적재되어 좋은 요인 구조를 보인다고 할 수 있다.

요인부하량의 제곱, 즉 특정 요인과 변수 간의 상관계수의 제곱은 해당 요인이 설명하는 해당 변수의 분산비를 나타낸다. 이러한 요인부하량의 제곱값을 이용하여 공통분산비(communality)와 고유값(eigen value)을 구할 수 있다. 공통분산비는 유의한 요인으로 추출된 모든 요인들이 함께 설명하는 특정 변수의 분산 비율인데, 이는 해당 변수가 추출된 모든 요인에 적재된 요인부하량의 제곱의 합으로 구할 수 있다. 즉, 첫 번째 변수의 공통분산비는 $0.874^2+0.203^2+0.182^2=0.838$로, 유의하게 추출된 3개의 요인은 첫 번째 변수의 분산 중에서 약 84%를 설명한다고 해석한다. 고유값은 한 요인으로 설명할 수 있는 모든 변수들의 분산의 총합으로 모든 변수가 특정 요인에 적재된 요인부하량의 제곱의 합으로 구한다. 예를 들어, 첫 번째 요인의 고유값은 $0.874^2+0.863^2+0.832^2+0.820^2+0.149^2+0.351^2+0.239^2+0.158^2+0.136^2+0.230^2=3.172$이다. 요인을 추출하면 가장 설명력이 높은 요인이 가장 먼저 추출되고, 그 뒤로 설명력이 낮은 순으로 요인들이 추출되기 때문에 첫 번째 추출된 요인이 가장 큰 고유값을 가진다.

요인부하량(factor loadings)

요인과 개별변수 간의 상관관계

공통분산비(communality)

추출된 모든 요인들이 함께 설명하는 특정 변수의 분산 비율

고유값(eigen value)

한 요인으로 설명할 수 있는 모든 변수들의 분산의 총합

3) 요인의 선정

요인을 추출할 경우, 처음에는 변수의 개수만큼 요인이 추출될 수 있으나, 이 중에서 변수들의 정보를 유의하게 설명하면서 자료를 의미 있게 요약할 수 있는 유의한 요인들을 선별해야 한다. 요인의 수가 너무 많아지면 의미 있게 나올 수 있는 하나의 요인이 의미 없는 여러 요인으로 분리되어 버릴 수 있고, 요인의 수가 너무 적은 경우에는 요인구조에 문제가 생길 수 있으므로 선행연구 등을 통해 요인 수에 대하여 신중하게 판단하여야 한다.

유의한 요인의 수를 정하는 방법으로는 고유값을 기준으로 하는 방법이 일반적으로 가장 많이 사용되는데, 고유값을 기준으로 고유값이 '1' 이상인 요인을 유의한 요인으로 추출한다. 이는 하나의 요인이 최소한 한 변수의 변량인 '1' 이상을 설명해야 한다는 의미이다. 이 외에도 자료의 총분산 중에서 60% 이상을 설명하는 요인까지를 유의한 요인으로 추출하는 방법, 스크리 도표를 이용하여 X축과 거의 평행을 이루기 직전까지의 요인을 유의한 요인으로 추출하는 방법 등이 있다. 스크리 도표는 추출된 요인과 해당 요인의 고유값을 꺾은선으로 나타낸 도표로, 고유값이 처음에는 큰 폭으로 감소하다가 어느 지점부터는 감소폭이 줄어들어 X축과 거의 평행을 이룬다.

위에서 예로 든 10개의 변수를 사용하여 요인분석을 실시할 경우 초기의 고유값과 설명된 분산은 다음과 같이 구할 수 있다.

표 12-2 고유값과 설명된 총분산 표

요 인	고유값	% 분산	% 누적
1	4.917	49.175	49.175
2	1.867	13.671	62.846
3	1.000	10.001	72.847
4	.603	6.428	79.275
5	.541	5.405	84.680
6	.393	3.929	88.609
7	.349	3.492	92.101
8	.331	3.309	95.410
9	.254	2.540	97.950
10	.205	2.050	100.000

초기의 요인 추출 결과에서는 변수의 수와 같은 10개의 요인이 추출되었으며, 우리는 이 중에서 유의한 요인을 정해야 한다. 고유값을 기준으로 하면 세 번째 요인의 고유값이 1로, 세 번째 요인까지를 유의한 요인으로 결정할 수 있다. 또한, 첫 번째 요인은 총분산의 49.175%를 설명하고, 두 번째 요인은 총분산의 13.671%를 추가로 더 설명하여 두 개의 요인은 총 분산의 62.845%를 설명하고 있다. 따라서, 설명된 분산의 누적 비율을 기준으로 했을 때 유의한 요인의 수는 2개로 정할 수 있다. 마지막으로 스크리 도표를 사용해서 유의한 요인을 정하기도 하는데, 스크리 도표는 그림 12-1에 제시되어 있다. 이 스크리 도표를 보면 네 번째 요인부터 감소폭이 크게 줄어들기 때문에 세 번째 요인까지를 유의한 요인으로 선정할 수 있다.

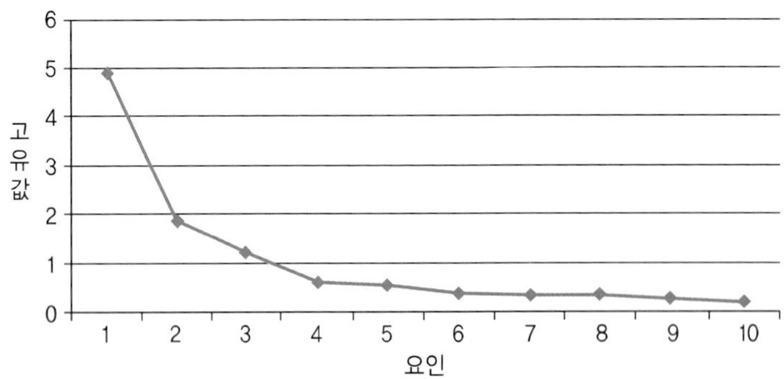

그림 12-1 스크리 도표

4) 요인의 회전과 해석

위의 예에서는 하나의 변수가 하나의 요인에만 높게 적재된 좋은 요인 구조를 찾을 수 있었다. 그러나 한 번의 요인분석으로 좋은 요인구조를 찾을 수 없는 경우도 있다. 예를 들어, 요인분석 결과 다음과 같은 요인행렬을 얻었다고 하자. 아래의 요인행렬을 보면 '유기농산물을 주로 구매한다'는 문항은 첫 번째 요인과 세 번째 요인에 모두 높게 적재되어 있음을 알 수 있다. '식품을 꼭 필요한 만큼만 구매한다'는 문항 역시 첫 번째 요인과 두 번째 요인에 높게 적재되어 있고 '꼭 필요한 상품만 구매하도록 노력한다'는 문항은 세 요인에 모두 높게 적재되어 있다. 이렇게 하나의 변수가 여러 개의 요인에 높게 적재되는 것을 교차적재(cross loading)라고 하고, 일반적으로 한 변수의 가장 높은 부하량과 다른 요인에 적재된 부하량의 차이가 0.2보다 작거나 다른 요인에 적재된 요인부하량이 0.4보다 큰 경우 교차적재의 문제가 있다고 말한다.

표 12-3 회전 전의 요인행렬

측정문항	요 인		
	1	2	3
불공정한 거래로 문제를 일으킨 기업의 상품을 구매하지 않는다.	0.818	−0.376	−0.167
환경문제를 일으킨 기업의 상품을 구매하지 않는다.	0.815	−0.361	−0.171
불공정한 생산과 유통으로 문제를 일으킨 적이 있는 매장에서는 구매하지 않는다.	0.799	−0.351	−0.122
공정하게 생산되고 유통된 상품을 주로 구매한다.	0.782	−0.36	−0.103
환경관련 인증마크가 있는 식품을 주로 구매한다.	0.732	0.09	0.422
합성첨가물을 사용하지 않고 생산된 식품을 주로 구매한다.	0.669	0.194	0.425
에너지를 효율적으로 사용하는 상품을 주로 구매한다.	0.61	0.384	−0.128
유기농산물을 주로 구매한다.	0.585	0.186	0.549
식품은 꼭 필요한 만큼만 구매한다.	0.565	0.542	−0.269
꼭 필요한 상품만 구매하도록 노력한다.	0.563	0.567	−0.409

교차적재(cross loading)

교차적재란 변수가 2개 이상의 요인에 높게 적재된 경우를 말하며, 가장 높은 부하량과 다른 요인에 적재된 부하량의 차이가 0.2보다 작거나, 가장 높게 적재된 요인 외의 다른 요인에 0.4 이상으로 높게 적재된 경우를 말한다.

하나의 변수가 여러 개의 요인에 모두 높게 적재되어 있는 요인 구조는 좋은 요인 구조가 아니며, 이러한 결과로는 명확한 요인 구조를 파악할 수 없다. 이런 경우 요인 추출 결과를 극명화하기 위하여 요인회전을 실시한다. 요인회전이란, 하나의 변수가 하나의 요인에만 높게 적재되도록 요인을 회전하는 것을 말하는데, 요인회전에는 직교회전과 사각회전이 있다. 직교회전(orthorgonal rotation)은 요인의 축을 직각을 유지하여 요인을 회전시키는 방법으로, 추출된 요인들이 서로 독립적임을 가정으로 한다. 따라서, 회귀분석의 다중공선성 문제를 해결하기 위하여 요인분석 결과 추출된 요인을 독립변수로 사용하고자 할 경우, 직교회전을 사용하여 요인을 추출해야 한다. 직교회전에는 배리맥스(varimax), 쿼티맥스(quartimax), 이퀴맥스(equamax) 등의 방법이 있다. 쿼티맥스는 하나의 변수를 설명해 주는 요인의 수를 최대한 줄여서 변수의 해석에 중점을 두는 방식이고, 배리맥스는 하나의 요인에 높게 적재하는 변수의 수를 줄여서 요인의 해석에 중점을 둔 방식이며, 이퀴맥스는 쿼터맥스와 배리맥스의 절충형 방식이다. 사각회전(oblique rotation)은 회전축을 직각으로 유지하지 않고 요인을 회전시키는 방법으로, 추출된 요인들 간의 독립성을 가정하지 않는다. 사각회전 방법에는 직접 오블리민과 프로맥스(promax)가 있다. 일반적으로 추출된 요인들 간의 관계가 파악되지 않는 경우에는 직교회전을 사용한다.

아래의 회전 그림을 보면 6개 변수들은 크게 1, 2, 3과 4, 5, 6의 두 집단으로 구분될 수 있는데, 그림에서 축으로 표시되는 요인들과 변수들의 관계를 보면, 하나의 변수가 2개의 요인과 모두 높은 상관관계를 가져 요인에 의한 변수들의 명확한 구분이 어렵다. 따라서, 변수들의 요인구조를 극명화하기 위하여 요인의 축을 회전시킨다. 아래의 그림과 마찬가지로 요인축의 직교를 유지하면서 실선 $0F_2'$, 실선 $0F_1'$로 회전시키는 방식이 직교회전이고, 직교를 유지하지 않고 점선 $0F_2''$, 점선 $0F_1''$로 회전시키는 방식이 사각회전이다.

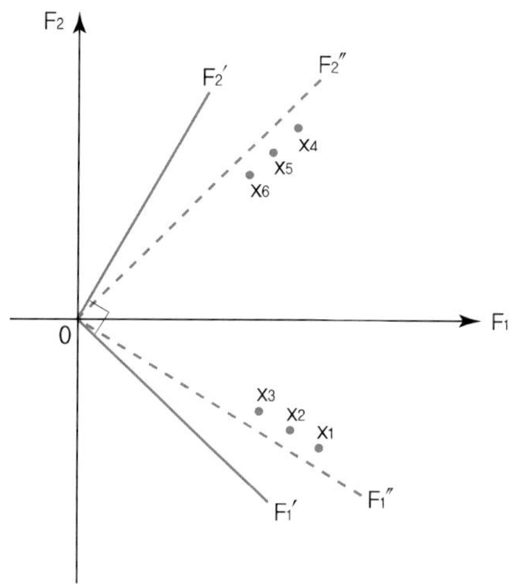

그림 12-2 직교회전과 사각회전

표 12-4 회전 후의 요인행렬

측정문항	요 인		
	1	2	3
불공정한 거래로 문제를 일으킨 기업의 상품을 구매하지 않는다.	.874	.203	.182
환경문제를 일으킨 기업의 상품을 구매하지 않는다.	.863	.201	.193
불공정한 생산과 유통으로 문제를 일으킨 적이 있는 매장에서는 구매하지 않는다.	.832	.236	.170
공정하게 생산되고 유통된 상품을 주로 구매한다.	.820	.240	.146
유기농산물을 주로 구매한다.	.149	.799	.135
환경관련 인증마크가 있는 식품을 주로 구매한다.	.351	.749	.195
합성첨가물을 사용하지 않고 생산된 식품을 주로 구매한다.	.239	.742	.241
꼭 필요한 상품만 구매하도록 노력한다.	.158	.085	.879
식품은 꼭 필요한 만큼만 구매한다.	.136	.195	.793
에너지를 효율적으로 사용하는 상품을 주로 구매한다.	.230	.299	.627

요인 회전을 통해 유의한 요인들이 추출되면 각 요인을 구성하는 변수들의 공통적인 특성을 바탕으로 연구자가 직접 요인의 이름을 붙인다. 위에 제시된 요인 회전 후의 요인행렬은 하나의 변수가 하나의 요인에만 높게 적재된 좋은 요인 구조를

보이고 있으며, 이를 바탕으로 최종적으로 요인의 이름을 붙일 수 있다. 예를 들어, 첫 번째 요인은 공정한 사회를 위한 녹색구매, 두 번째 요인은 건강한 식생활을 위한 녹색구매, 세 번째 요인은 자원 절약을 위한 녹색구매로 명명할 수 있을 것이다.

5) 요인 점수의 산출

마지막으로 요인분석의 결과를 이용하여 다른 분석을 실행하기 위하여 요인 점수(factor score)를 산출하기도 한다. 예를 들어, 회귀분석의 다중공선성 문제를 해결하기 위하여 요인분석을 실시하여 추출된 요인을 새로운 독립변수로 사용하려 한다면, 개인별로 각 요인에 대한 요인 점수를 구하여 각 요인의 자료값으로 사용할 수 있다. 요인 점수를 구하는 방법에는 여러 가지가 있는데, 요인 점수 계수를 이용하여 요인 점수를 산출하는 방법이 가장 많이 사용된다.

$$F_{ij} = \sum_{k=1}^{K} d_{jk} Z_{ki}$$

F_{ij} = j번째 요인에 대한 i번째 개체의 요인 점수
Z_k = k번째 변수에 대한 i번째 개체의 표준화 점수
d_{jk} = j번째 요인과 k번째 변수 간의 요인 점수 계수

6) 요인분석의 예

먼저, 탐색적 요인분석의 사례를 살펴보자. 유선미와 정재윤(2012)은 자기애 유형에 따른 네일 서비스 구매행동과 만족 비교 연구에서 자기애 유형을 나누기 위하여 요인분석을 실시하였다. 네일 서비스를 이용하는 여성의 자기애 유형을 나누기 위하여 자기애를 측정한 자료가 요인분석의 가정을 만족시키는지 여부를 살펴본 결과, KMO 값이 0.927로 나타났고 바틀렛 검정 결과 χ^2 값이 2912.000(d_f=120, $p<.001$)로 나타나, 자기애를 측정한 자료가 요인분석의 가정을 만족시키는 것으로 판단하고 요인분석을 실시하였다. 요인분석 결과, 자기애를 측정한 16개의 문항은 아래 표와 같이 세 가지 요인으로 추출되었고, 요인들의 총 설명력은 68.5%이었다. 요인1(25.4%)은 타인의 영향을 받기보다는 자기주장이 강하여 권위주의적인

활용-가변수(더미변수)' 에서 다루기로 하겠다.

오차항에 대한 가정을 자세히 살펴보면, 첫 번째 오차항에 대한 가정인 오차항의 평균은 '0' 이어야 한다는 가정이 위배되었을 경우, 회귀식의 절편이 영향을 받는다. 그런데 회귀식에서 절편의 위치는 회귀분석 결과에 큰 영향을 미치지 않으므로, 오차항의 평균이 0이어야 한다는 가정은 반드시 충족시켜야 하는 가정은 아니다. 오차항은 정규분포를 따른다는 가정 역시 중심극한정리에 의하여 표본의 수가 충분히 크다면 문제가 되지 않는다. 그러나 오차항은 서로 상관이 없다는 가정이 위배될 경우 자기상관의 문제가 발생하고, 자기상관이 있을 경우 제1종 오류를 범하게 될 위험이 커지므로 오차항 간에 상관이 없는지를 회귀분석을 실시하기 전에 반드시 확인해야 한다. 독립변수의 각 측정치에 대하여 오차항은 모두 동일한 분산을 가져야 한다는 오차항의 등분산성의 가정이 위배되었을 경우에도 회귀계수의 표준오차가 커져 추정이나 가설 검정의 정확성이 떨어진다. 따라서, 오차항의 등분산성 가정이 충족되는지를 확인해야 하는데, 이는 독립변수와 종속변수 간의 산점도를 그려 독립변수 측정치에 대한 오차항의 분포가 유사한지를 확인하면 알 수 있다.

2) 회귀식의 추정

회귀분석의 목적은 자료를 가장 잘 설명하는 회귀식을 추정하는 것인데, 앞의 산포도에서 독립변수 X와 종속변수 Y의 관계를 설명하는 회귀선은 그림 11-4와 같이 여러 개가 있을 수 있다. 그렇다면 이들 중 독립변수 X와 종속변수 Y의 관계를 가장 잘 설명해 줄 수 있는 회귀선은 어떤 것일까?

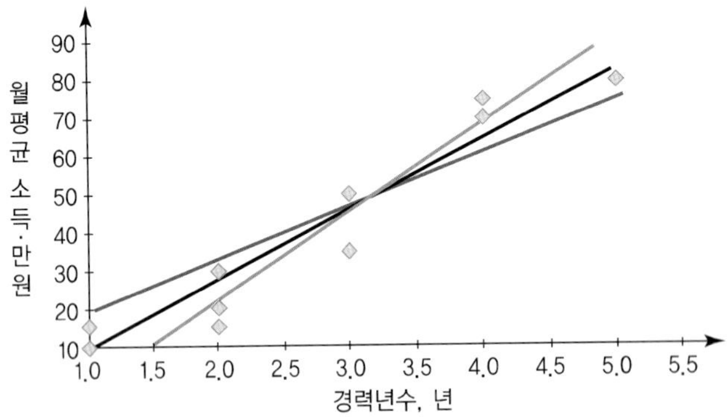

그림 11-4 회귀선

성향이 강한 특성을 가지고 있는 자기애에 관한 내용을 내포하고 있으므로 '자기주도' 요인으로 명명하였고, 요인2(21.4%)는 타인의 비판에 대해서 민감하고 타인에 의해 자신의 중요성을 인정받고 싶어하는 자기애에 관한 내용을 내포하고 있으

표 12-5 자기애의 차원에 대한 요인분석 결과

측정문항	요인1 자기주도	요인2 타인주도	요인3 리더십	공통성
사람들과의 관계에서 모욕감을 느끼면 화를 내거나 나도 상대에게 모욕을 준다.	0.846	0.019	0.155	0.74
다른 이들이 내 말이나 행동에 관심을 보이지 않아 기분이 나빴던 적이 있다.	0.794	0.294	0.077	0.722
다른 사람들과 똑같은 대접을 받아 자존심이 상한 경우가 있다.	0.742	0.22	0.268	0.67
나는 다른 사람들에게 권위를 갖는 것을 좋아한다.	0.706	0.264	0.364	0.702
어떤 사람에 대해 때로는 좋고 때로는 미운 생각이 드는 경우가 있다.	0.696	0.306	0.117	0.592
사람들은 항상 나의 권위를 인정해 주는 것과 같다.	0.693	0.245	0.318	0.641
나는 칭찬받는 것을 좋아한다.	0.057	0.824	0.108	0.693
나는 내 외모를 살펴보기를 좋아한다.	0.242	0.697	0.195	0.583
항상 다른 사람들로부터 인정받고 지지를 받고 싶다.	0.188	0.678	0.317	0.596
다른 사람들이 내게 주목하고 나를 높이 평가해 주었으면 좋겠다.	0.225	0.665	0.321	0.596
나는 거울 속의 내 모습을 살펴보는 것을 좋아한다.	0.37	0.633	0.147	0.559
나는 기회가 되면 내 자랑거리를 드러내 보이는 경향이 있다.	0.294	0.584	0.339	0.543
나는 무슨 일이든지 다른 사람을 설득하여 내가 원하는 방식대로 할 수 있다.	0.213	0.211	0.801	0.731
나는 내가 좋은 리더라고 생각한다.	0.07	0.294	0.789	0.714
나는 타고난 리더이다.	0.392	0.206	0.687	0.668
나는 비범한 사람이다.	0.349	0.303	0.563	0.53
고유치	4.056	3.432	2.792	
누적 설명력(%)	25.352	48.801	64.249	
Cronbach's α	0.896	0.852	0.816	

출처: 유선미·정재윤(2011), "자기애 유형에 따른 네일 서비스 구매행동과 만족 비교", 한국디자인문화학회지, 17(4), 268~282.

므로 '타인주도' 요인으로 명명하였다. 요인3(17.4%)은 타인의 영향을 받기보다는 자기 스스로 리더십을 행사하기를 원하고 자기주장이 강한 특성을 보이는 내용을 내포하고 있으므로, '리더십' 요인으로 명명하였다. 이러한 요인분석 결과를 바탕으로 자기애를 자기주도, 타인주도, 리더십의 3가지 유형으로 분류하고 이에 따른 네일 서비스 구매행동과 만족도를 비교하였다.

다음으로 확인적 요인분석의 사례를 살펴보자. 안선영과 나종연(2009)은 휴대폰 구매 시 정보탐색과정에서의 소비자 혼란에 관한 연구에서 확인적 요인분석을 사용하여 소비자 만족도 척도의 구성타당도를 검정하였다. 선행연구에 따라 소비자 정보탐색 만족을 정보를 탐색하는 과정에서 재미나 즐거움을 느끼는 정도인 쾌락적 만족과 소비욕구의 충족에서 기인하는 실용적 만족의 두 하위차원으로 측정하였고, 주성분 분석을 이용하여 확인적 요인분석을 실시하였다. 그 결과, 8개의 측정문항에서 쾌락적 만족과 실용적 만족의 2개 요인이 추출되었고, 총 설명력은 72%였다. 각 요인의 신뢰도 계수 Cronbach's α 값도 모두 0.8 이상으로 요인을 구성하는 문항들의 내적 일관성도 높아 척도의 신뢰도에도 문제가 없었다.

표 12-6 소비자 정보탐색 만족에 대한 요인분석 결과

문항 및 요인명	요인 1	요인 2
요인 1: 쾌락적 만족		
휴대폰에 대한 정보를 탐색하는 과정은 전반적으로 즐거웠다.	.713	.391
휴대폰에 대한 정보를 탐색하는 것 대신에 할 수 있었던 다른 일들과 비교해 보더라도 즐거웠다.	.819	.326
휴대폰에 대한 정보를 탐색하는 과정은 물건을 사기 위해서보다는 그 자체로써 즐거웠다.	.820	.219
휴대폰에 대한 정보를 탐색하는 과정 동안 흥미로움을 느꼈다.	.743	.394
요인 2: 실용적 만족		
휴대폰에 대한 정보를 탐색하는 과정을 통해 원하던 정보를 얻을 수 있었다.	.338	.756
휴대폰에 대한 정보를 탐색하는 과정은 효율적이었다.	.331	.796
휴대폰에 대한 정보를 탐색하는 과정은 내게 가치 있고 중요한 정보를 제공해 주었다.	.382	.783
휴대폰에 대한 정보를 탐색하는 과정은 합리적인 제품 선택에 도움이 되었다.	.246	.820
Cronbach's α	0.86	0.87
고유값	2.83	2.95
누적 설명력(%)	35.43	72.36

출처: 안선영·나종연(2009), "휴대폰 구매 시 정보탐색과정에서의 소비자혼란", 소비자학연구, 20(2), 53~80.

02 | 군집분석

시장세분화 전략을 세우기 위하여 소비자들의 특성에 따라 동질적인 특성을 지닌 소비자로 유형을 나누어야 하는 경우가 빈번히 발생한다. 이러한 경우에 다양한 특성을 지닌 대상들을 유사성에 기초하여 동질적인 집단으로 분류하는데, 이 때 이용되는 기법이 군집분석이다.

1) 기본원리와 가정

군집분석(factor analysis)이란 일정한 속성에 따라 많은 대상들을 몇 개의 군집으로 분류하여 같은 군집에 속한 대상들의 유사성과 다른 군집에 속한 대상 간의 상이성을 규명하고자 하는 통계 분석 방법이다. 군집분석에서는 측정된 k개의 변수들을 이용하여 개체들 사이의 유사성 또는 비유사성 정도를 측정하여 가까운 순서대로 묶어 가며 개체를 군집화한다.

군집분석은 일반적으로 다음과 같은 절차를 통해 이루어진다.

첫째, 분석대상 및 설명변수의 선정

둘째, 유사성 측정방법의 결정: 거리척도

셋째, 군집화 방법의 결정: 계층적 군집화, 비계층적 군집화

넷째, 군집의 해석 및 특성 파악

2) 설명변수의 선택

군집분석에서는 설명변수에 따라 유사성 거리가 달라지므로 설명변수의 선택에 주의하여야 한다. 또한, 군집분석에서는 선정된 설명변수들이 모두 동일한 비중으로 유사성 거리의 측정에 반영되고, 회귀분석이나 판별분석 등에서와 같이 통계적으로 의미 없는 설명변수를 제외 또는 추가하는 방법이 없으며, 최종 군집 결과에 대하여 통계적 유의성을 검정할 방법이 없으므로 설명변수의 선정과 군집의 해석에 유의하여야 한다.

3) 유사성 측정방법

대상들을 군집화하기 위해서 대상들이 얼마나 비슷한지를 나타내는 대상 간 유사성을 측정하는 방법을 결정하여야 한다. 군집분석에서는 일반적으로 대상들 간의 거리가 근접해 있으면 유사성이 높다고 판단하는데, 대표적으로 많이 사용하는 거리 척도에는 유클리디안 거리(Euclidean distance), 도시블록 거리(city block distance, Manhattan distance), 민코프스키 거리(Minkowski distance) 등이 있다. 변수 간의 측정 척도가 다를 경우에는 자료를 표준화한 후에 대상들 간의 거리를 측정한다.

(1) 유클리디안 거리

유클리디안 거리는 직각 삼각형의 원리를 이용하여 두 지점 간의 거리를 계산하는 것으로, 두 지점 간의 직선 최단거리를 나타낸다. 군집분석에서 가장 일반적으로 쓰이는 거리척도이다.

$$d_{ij} = \sqrt{\sum_{i=1}^{k}(X_{1i} - X_{2i})^2}$$

d_{ij}: 두 대상 간의 거리
k: 설명변수의 수

(2) 유클리디안 제곱거리

유클리디안 거리를 제곱한 것으로, 다음과 같이 구한다.

$$d_{ij} = \sum_{i=1}^{k}(X_{1i} - X_{2i})^2$$

(3) 도시블록 거리

도시블록 거리는 맨하탄 거리라고도 불리며, 다차원공간에서 측정하는 두 지점 간의 직선거리가 아닌 평면상에서 측정하는 두 대상 간의 거리이다. 도시블록 거리는 다음과 같이 두 대상 간의 거리 차이의 절대값의 합으로 구한다.

$$d_{ij} = \sum_{i=1}^{k} |X_{1i} - X_{2i}|$$

(4) 민코프스키 거리

민코프스키 거리는 비유사성을 나타내는 거리의 일반형으로, 거리 차이의 p제곱의 합의 p제곱근으로 구한다. 조사 목적에 따라 함수의 지수(p)를 조정함으로써 다양한 방식의 거리를 구할 수 있다.

$$d_{ij} = (\sum_{i=1}^{k} (X_{1i} - X_{2i})^p)^{\frac{1}{p}}$$

4) 군집화 방법

대상 간의 유사성을 측정하는 방법을 정한 후에는 이를 이용하여 어떻게 대상들을 군집화할 것인지 그 방법을 결정하여야 한다. 군집화 방법에는 여러 가지가 있지만 기본적으로 군집내의 대상 간 유사성은 극대화하고 군집 간의 대상 간 유사성은 극소화하는 방법으로 군집을 나눈다. 군집화 방법은 계층적 군집분석과 비계층적 군집분석으로 나눌 수 있다.

(1) 계층적 군집분석

계층적 군집분석은 모든 대상들이 각각 하나의 군집을 이루고 있는 상태에서 출발하여 순차적으로 가장 유사한 대상들끼리 군집화하고, 최종적으로는 모든 대상이 하나의 군집으로 묶일 때까지 군집화를 계속하는 방법이다. 따라서, 연구자는 어느 시점에서의 군집화 결과가 가장 의미 있는 것인지를 판단하고 군집의 수를 결정해야 한다. 계층적 군집분석에서는 단일결합법, 완전결합법, 평균결합법, Ward법 등이 사용된다.

① 단일결합법

단일결합법은 최단거리를 기준으로 군집을 나누는 방법으로, 군집과 다른 대상과의 거리를 구할 때 군집 내 대상들과 다른 대상의 거리 중에서 최단거리를 기준으로 군집과 다른 대상과의 거리를 구한다.

② 완전결합법

완전결합법은 가장 가까운 거리의 대상을 군집으로 묶는다는 점에서 단일결합법과 동일하나, 형성된 군집과 다른 대상 간의 거리를 계산할 때, 군집 내 대상들과 다른 대상과의 거리 중에서 최장거리를 기준으로 한다는 점에서 차이가 있다.

③ 평균결합법

평균결합법은 가장 가까운 거리의 대상을 군집으로 묶는다는 점은 앞의 두 방법과 동일하나, 형성된 군집과 다른 대상 간의 거리를 구할 때, 군집 내 모든 대상들과 다른 대상 간의 거리의 평균을 기준으로 한다는 점이 다르다.

④ Ward법

Ward의 오차제곱합 방법은 구성 가능한 군집들 모두에 대해서 그 군집을 구성하는 대상들의 측정치의 분산을 기준으로 사용하는 방법이다. 따라서, Ward의 오차제곱합 방법은 구성가능한 모든 군집들에 대해 분산을 구하여 가장 작은 분산값을 나타내는 쌍을 군집으로 묶는 방법이다.

다음의 사례는 계층적 군집분석의 통계분석 결과이다. 군집화 일정표는 거리척도를 근거로 모든 개체들이 하나의 군집으로 묶일 때까지의 단계를 순차적으로 나타내는데, 표 12-7을 보면 가장 첫 번째 단계에서 '7'과 '9'가 군집으로 묶이고, 두 번째 단계에서 '1'과 '4'가 군집으로 묶이며, 세 번째 단계에서 '5'와 '8'이 군집으로 묶이고, 네 번째 단계에서 '1'과 '6'이 군집으로 묶이는 것을 알 수 있다. 두 번째 단계에서 '1'과 '4'가 군집으로 이미 묶여 있기 때문에 결과적으로 네 번째 단계에서는 '1', '4', '6'이 하나의 군집으로 묶이게 된다.

수직고드름 도표와 덴드로그램(dendrogram)은 군집 수에 따라 자료들이 어떻게 군집화되는가를 보여 준다. 아래의 수직고드름 도표를 보면, 군집의 수를 4개로 할 경우 {8, 5, 3}, {9, 7}, {2, 11, 6, 4, 1}, {10}으로 군집화됨을 알 수 있다.

표 12-7 군집화 일정표

결합 군집			처음 나타나는 군집의 단계		
군집1	군집2	계 수	군집1	군집2	다음 단계
7	9	1.350	0	0	8
1	4	11.290	0	0	4
5	8	28.390	0	0	6
1	6	33.992	2	0	5
1	11	72.492	4	0	7
3	5	162.430	0	3	10
1	2	244.504	5	0	8
1	7	423.728	7	1	9
1	10	562.920	8	0	10
1	3	1030.735	9	6	0

표 12-8 수직고드름 도표

군집의 수	8		5		3		10		9		7		2		11		6		4		1
1																					
2																					
3																					
4																					
5																					
6																					
7																					
8																					
9																					
10																					

그림 12-3 덴드로그램

개체 수가 적은 경우에는 위와 같은 계층적 군집분석의 결과를 해석하기에 무리가 없으나 개체의 수가 많은 경우에는 군집화 결과를 해석하기가 어렵다. 따라서, 많은 사회연구에서 비계층적 군집분석을 많이 사용한다.

(2) 비계층적 군집분석

계층적 군집분석에서는 순차적으로 군집 수를 형성해 나가는 데 반해, 비계층적 군집분석에서는 군집을 형성하는 과정이 순차적으로 이루어지지 않고 최종 군집의 수와 시작점을 미리 정하여 이를 바탕으로 군집화가 이루어진다.

비계층적 군집분석 중에서 K-means법이 가장 많이 사용된다. K-means법에서는 먼저 계층적 군집화에 의해 얻어진 K개의 시작점을 입력 자료로 사용하여 K개의 시작점과 가장 가까운 대상들이 각 시작점에 군집으로 묶인다. 이렇게 형성된 각 군집의 평균을 구하여 이 값을 중심으로 다시 가까운 대상들이 묶이는 과정이 K개의 군집이 도출될 때까지 되풀이된다. 이 과정에서 어떤 대상이 사전에 한 군집으로 묶였더라도 새로운 군집 시작점에 더 가까우면 이 대상은 새로운 군집으로 다시 할당되어 오류를 줄일 수 있다는 장점이 있다. 또한, 연구자가 직접 군집의 수를 지정할 수 있고 군집결과를 바탕으로 군집의 수를 변경하면서 가장 적절한 군집결과를 도출할 수 있다는 장점이 있어 많이 사용된다.

5) 군집의 해석

대상들의 군집화가 끝난 후에는 군집화가 갖고 있는 의미를 해석하고 각 군집의 특성을 파악한다. 이를 위해서는 주로 각 군집의 평균값을 통해 군집의 특성을 파악하고, 개체들의 대표적인 속성들에 따라 군집 간 차이가 유의한지를 t-검정이나 F-검정 등으로 검정한다.

6) 군집분석의 예

먼저 계층적 군집분석의 사례를 살펴보자. 양세정(2005)은 맞벌이 소비지출유형별 가계경제구조를 분석하기 위하여 각 지출비목별 구성비를 이용하여 계층적 군집분석을 실시하였다. 가구의 지출비목 간의 구성형태의 유사성을 측정하기 위하여 유클리디안 제곱거리를 사용하였고, 평균결합법을 사용하여 군집을 분류하였다. 타당도와 신뢰도가 높은 군집의 수를 파악하기 위하여 Pseudo F-값과 덴드로그램을 참고하여 군집을 나눈 결과, 교육비 지출 비중이 높은 제1유형, 기타 소비지출 및 보육비 비중이 높고 식료품비 비중이 낮은 제2유형, 교통통신비 비중이 높고 식료품이나 주거비 지출의 비중이 낮은 제3유형, 비소비지출 비중이 높은 제4유형, 생필품비 지출 비중이 높은 제5유형의 5개 유형이 도출되었다. 또한, 군집분석 결과를 바탕으로 소비자 유형별 가계구조를 파악하기 위하여 소비지출유형별 가구특성, 소비지출구조, 소득구조, 가계경제수지, 저축 및 부채보유액을 분석하였다.

다음으로 비계층적 군집분석의 사례를 살펴보자. 김주호와 가영현(2005)은 라이프스타일이 화장품 브랜드 구매의사결정에 미치는 영향을 파악하기 위하여 비계층적 군집분석을 사용하여 소비자의 라이프스타일을 유형화하고, 라이프스타일 유형별 소비자 특성을 살펴보았다. 군집분석 결과, 중국 화장품 소비자는 유행 추구형, 사교 추구형, 전통보수 추구형, 성취 추구형, 소극적 침체형의 5개 유형으로 분류되었다. 라이프스타일 유형에 따른 소비자 특성을 살펴보면, 활동성향은 유행 추구형, 전통보수 추구형, 성취 추구형에서 높았고 경제성은 유행 추구형, 사교 추구형에서 높게 나타났다. 보수성은 유행 추구형, 사교 추구형에서 가장 높았고, 유행성은 유형 추구형에서, 사교성은 사교 추구형에서 가장 높았다.

표 12-9 라이프스타일 유형 간의 차이 분석 결과

구 분		N	평 균	표준편차	F값
활동성향	유행 추구형(b)	13	3.9038	.2610	24.398***
	사교 추구형(a)	9	3.0278	.6180	
	전통보수 추구형(b)	12	4.0833	.4174	
	성취 추구형(b)	36	3.8056	.3490	
	소극적 침체형(a)	25	3.1400	.3313	
	Total	95	3.6053	.5304	
성취감	유행 추구형(b)	13	3.2308	.6572	11.620***
	사교 추구형(b)	9	3.5000	.5303	
	전통보수 추구형(a)	12	2.7500	.4264	
	성취 추구형(b)	36	3.5764	.5758	
	소극적 침체형(a)	25	2.7800	.3908	
	Total	95	3.2079	.6312	

(계속)

구 분		N	평 균	표준편차	F값
경제성	유행 추구형(b)	13	3.7949	.6741	10.396***
	사교 추구형(b)	9	3.5556	.7071	
	전통보수 추구형(a)	12	2.8889	.2595	
	성취 추구형(a)	36	2.8056	.5821	
	소극적 침체형(a)	25	3.1467	.3859	
	Total	95	3.1123	.6314	
자신감	유행 추구형	13	3.5000	.2887	2.216
	사교 추구형	9	3.4444	.5833	
	전통보수 추구형	12	3.5000	.7385	
	성취 추구형	36	3.3472	.7153	
	소극적 침체형	25	2.9800	.6843	
	Total	95	3.3000	.6740	
보수성	유행 추구형(b)	13	3.8974	.6720	14.866***
	사교 추구형(b)	9	4.1481	.2940	
	전통보수 추구형(a)	12	3.1111	.3849	
	성취 추구형(a)	36	2.9537	.5971	
	소극적 침체형(a)	25	2.8933	.5988	
	Total	95	3.2000	.7136	
유행성	유행 추구형(c)	13	3.1795	.9585	2.775*
	사교 추구형(b)	9	2.8148	.5300	
	전통보수 추구형(b)	12	2.8333	.5946	
	성취 추구형(b)	36	3.1111	.5801	
	소극적 침체형(a)	25	2.6000	.6804	
	Total	95	2.9228	.6918	
사교성	유행 추구형(a)	13	2.7308	.6651	9.410***
	사교 추구형(b)	9	3.7222	.5652	
	전통보수 추구형(b)	12	3.7500	.2611	
	성취 추구형(a)	36	2.9306	.6563	
	소극적 침체형(a)	25	3.1400	.3686	
	Total	95	3.1368	.6377	

*p<.05, ***p<.001
출처: 김주호·가영현(2005), "소비자의 개인적 특성이 브랜드 구매의사결정에 미치는 영향 연구-중국 20~30대 화장품 소비자 라이프스타일 연구를 중심으로", 마케팅과학연구, 15(3), 1~30.

03 | 분할표 분석

두 개의 연속형 변수 간에 관련성이 있는지 여부는 상관관계분석을 통하여 검정한다. 그렇다면 두 개의 범주형 변수 간의 관련성은 어떻게 분석할 수 있을까? 보통 명목척도로 측정된 범주형 변수 간의 관련성 여부는 분할표 분석(cross-table analysis)을 이용하고 χ^2-검정을 한다. 예를 들어, 성별과 선호하는 자동차 유형 간에 관련이 있는지를 파악하고자 할 때 분할표 분석을 사용할 수 있다.

분할표 분석은 앞에서 다루었던 통계기법들과 달리 비모수통계기법에 속한다. 비모수통계기법은 모수통계기법에 비하여 검정력이나 분석수준이 떨어지는 것으로 알려져 있으나, 자료에 대한 가정이 많지 않고 해석이 명료하다는 장점이 있다. 또한, 표본의 수를 늘리면 검정력도 높아지므로 비모수통계기법을 이용하면서도 일정 수준까지는 검정력을 높일 수 있다. 모수통계기법은 등간척도 이상의 수준에서 측정된 자료에 대해서 여러 가정이 충족되었을 때 실시할 수 있는 통계기법이므로, 이러한 가정을 충족시키지 못하는 명목척도나 서열척도로 측정된 자료에 모수통계기법을 적용할 경우 검정력이 감소하고 여러 가지 오류가 발생할 수 있다. 따라서, 서열척도나 명목척도로 측정된 자료에는 비모수통계기법을 적용하는 것이 바람직하다.

- 비모수통계기법의 장점
  - 가정이 적기 때문에 잘못 사용할 가능성이 적다.
  - 계산이 간단하다.
  - 논리가 간단하고 명확하다.
  - 명목척도나 서열척도로 측정된 자료에 적용 가능하다.
  - 정확한 확률을 사용한다.

1) 기본원리와 가정

분할표 분석은 두 개의 범주형 변수가 서로 관련되어 있는지를 검정하는데 사용한다. 분할표 분석은 관찰빈도와 기대빈도 간에 차이가 나는가를 이용하여 두 변수 간의 관련성 여부를 검정하는 방법으로, 적합도 검정(goodness-of-fit)이라고도 부른다.

분할표 분석의 가정은 다음과 같다.

첫째, 자료는 N개의 독립적인 관찰로 이루어진다.

둘째, 자료는 명목척도로 측정된다.

셋째, 측정치는 서로 중복되지 않는 r개의 범주로 나누어지며, 카테고리는 상호 배타적이고 포괄적이다.

2) 분석방법

분할표 분석에서는 해당 범주의 관찰빈도와 기대빈도에 차이가 있는지를 이용하여 두 변수 간의 관련성 여부를 검정한다. 관찰된 빈도를 관찰빈도라 하고, 두 변수가 서로 독립적이라고 가정했을 때 기대되는 빈도를 기대빈도라 하며, 기대빈도는 다음과 같이 구한다.

$$E_{rc} = \frac{n_r}{N} \times \frac{n_c}{N} \times N$$

n_r: 해당 행의 표본수
n_c: 해당 열의 표본수
N: 전체 표본수

이상의 내용을 바탕으로 성별에 따라 선호하는 자동차 유형에 차이가 있는지를 검정하기 위한 분할표를 만들어 보면 표 12-10과 같다.

이렇게 구한 분할표에서 기대빈도와 관찰빈도와의 차이를 이용하여 χ^2 값을 구하고, χ^2-검정을 통해 두 변수 간의 관련성 여부를 검정한다.

표 12-10 성별과 선호하는 자동차 유형 간의 분할표의 예

구 분			자동차 유형		Total
			세 단	SUV	
성 별	남 자	관찰빈도(기대빈도)	70(60)	30(40)	100
		열 퍼센트	58.33%	37.5%	
		행 퍼센트	70%	30%	
	여 자	관찰빈도(기대빈도)	50(60)	50(40)	100
		열 퍼센트	41.67%	62.5%	
		행 퍼센트	50%	50%	
Total			120	80	200

• 영가설(H_0): 두 변수는 서로 독립적이다(관찰빈도와 기대빈도는 차이가 없다).

$$\chi^2 = \sum_{i=1}^{k} \frac{(O_i - E_i)^2}{E_i}, \ df = k - 1$$

O_i: i범주의 관찰빈도
E_i: i범주의 기대빈도
k: 범주의 수

기대빈도와 관찰빈도의 차이가 0과 유의하게 다르면, 즉 두 변수가 관련이 없다고 가정했을 때 기대되는 빈도와 다른 빈도가 관찰되는 경우, χ^2값은 0보다 유의하게 크므로 이 때 영가설을 기각하고 두 변수 간에는 유의한 관계가 있다고 해석한다. 분할표 분석에서 유의할 점은 χ^2값은 관련성 여부만 검정할 뿐 관계의 강도를 뜻하지는 않는다는 것이다. 또한, 범주의 수가 두 개일 때 각 셀의 기대도수는 5 이상이어야 하며, 범주의 수가 두 개 이상일 때 20% 이상의 셀에서 기대도수가 5 이하이거나 하나의 범주의 기대빈도라도 1보다 작으면 χ^2값이 정확하지 않으므로 범주를 재구성하여 분할표를 다시 만드는 것이 바람직하다.

χ^2값은 범주의 수와 표본 수에 따라 달라지고, 최대값과 최소값이 일정하지 않다는 한계가 있어 χ^2값을 수정하여 개발된 여러 가지 통계치들을 이용하여 검정하기도 한다. χ^2값을 기본으로 하는 검정통계량에는 파이제곱, 유관계수, Cramer의 V 등이 있다.

3) 분할표 분석의 예

나종연 등(2010)은 명품모조품 소비 연구에서 명품모조품 구매자와 비구매자의 차이를 비교하기 위하여 분할표 분석을 실시하였다. 그 결과, 명품모조품 구매 경험은 연령, 성별, 결혼 여부, 자녀 유무, 최종학력, 월평균 소득과 유의한 관계가 있었는데, 20대와 여성, 대학생이 상대적으로 명품모조품 구매 경험이 많았고, 미혼인 경우와 월평균 소득이 200만 원 이하인 경우에 명품모조품 구매 경험이 상대적으로 많았다.

표 12-11 명품모조품 구매자와 비구매자의 차이 비교

구 분		구매경험 있음		구매경험 없음		계	χ^2값
		빈도(행%)	열%	빈도(행%)	열%	빈도(행%)	
연령대	20대	272(32.8)	(82.7)	57(17.9)	(17.3)	329(100)	27.56***
	30대	189(22.8)	(67.5)	91(28.5)	(32.5)	280(100)	
	40대	195(23.5)	(71.2)	79(24.8)	(28.8)	274(100)	
	50대	173(20.9)	(65.3)	92(28.8)	(34.7)	265(100)	
성 별	남	242(29.2)	(64.5)	133(41.7)	(35.5)	375(100.0)	16.37***
	여	587(70.8)	(75.9)	186(58.3)	(24.1)	773(100.0)	
결혼여부	기 혼	525(63.3)	(68.7)	239(74.9)	(31.3)	764(100.0)	13.96***
	미 혼	305(36.7)	(79.2)	80(25.1)	(20.8)	384(100.0)	
최종학력	고졸 이하	172(20.7)	(66.2)	88(27.6)	(33.8)	260(100.0)	12.47***
	대학 재학	122(14.7)	(82.4)	26(8.2)	(17.6)	148(100.0)	
	대 졸	474(57.2)	(72.4)	181(56.7)	(27.6)	655(100.0)	
	대학원졸	61(7.4)	(71.8)	24(7.5)	(282)	85(100.0)	
개인소득 (만 원/월)	0	147(17.7)	(73.9)	52(16.3)	(26.1)	199(100.0)	23.09***
	1～50	97(11.7)	(74.6)	33(10.3)	(25.4)	130(100.0)	
	51～100	153(18.5)	(77.7)	44(13.8)	(22.3)	197(100.0)	
	101～200	229(27.6)	(76.6)	70(21.9)	(23.4)	299(100.0)	
	201～300	107(12.9)	(66.9)	53(16.6)	(33.1)	160(100.0)	
	301 이상	96(11.6)	(58.9)	67(21.0)	(41.1)	163(100.0)	
계		829(100.0)		319(100.0)		1148(100.)	

***$p < .001$

출처: 나종연·이기춘·여정성·김난도·전상민(2010), "한국의 명품모조품 소비: 누가, 무엇을, 왜 소비하는가?", 소비자학연구, 21(1), 273～298.

별표 1 표준정규분포표

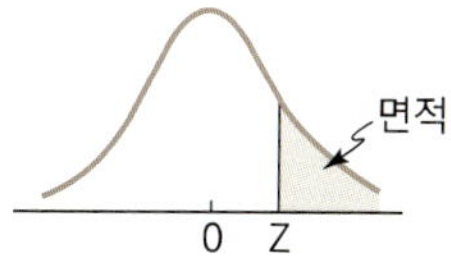

z	z의 소수점 둘째자리수									
	.00	.01	.02	.03	.04	.05	.06	.07	.08	.09
0.0	.5000	.4960	.4920	.4880	.4840	.4801	.4761	.4721	.4681	.4641
0.1	.4602	.4562	.4522	.4483	.4443	.4404	.4364	.4325	.4286	.4247
0.2	.4207	.4168	.4129	.4090	.4052	.4013	.3974	.3936	.3897	.3859
0.3	.3821	.3783	.3745	.3707	.3669	.3632	.3594	.3557	.3520	.3483
0.4	.3446	.3409	.3372	.3336	.3300	.3264	.3228	.3192	.3156	.3121
0.5	.3085	.3050	.3015	.2981	.2946	.2912	.2877	.2843	.2810	.2776
0.6	.2743	.2709	.2676	.2643	.2611	.2578	.2546	.2514	.2483	.2451
0.7	.2420	.2389	.2358	.2327	.2296	.2266	.2236	.2206	.2177	.2148
0.8	.2119	.2090	.2061	.2033	.2005	.1977	.1949	.1922	.1894	.1867
0.9	.1841	.1814	.1788	.1762	.1736	.1711	.1685	.1660	.1635	.1611
1.0	.1587	.1562	.1539	.1515	.1492	.1469	.1446	.1423	.1401	.1379
1.1	.1357	.1335	.1314	.1292	.1271	.1251	.1230	.1210	.1190	.1170
1.2	.1151	.1131	.1112	.1093	.1075	.1056	.1038	.1020	.1003	.0985
1.3	.0968	.0951	.0934	.0918	.0901	.0885	.0869	.0853	.0838	.0823
1.4	.0808	.0793	.0778	.0764	.0749	.0735	.0722	.0708	.0694	.0681
1.5	.0668	.0655	.0643	.0630	.0618	.0606	.0594	.0582	.0571	.0559
1.6	.0548	.0537	.0526	.0516	.0505	.0495	.0485	.0475	.0465	.0455
1.7	.0446	.0436	.0427	.0418	.0409	.0401	.0392	.0384	.0375	.0367
1.8	.0359	.0352	.0344	.0336	.0329	.0322	.0314	.0307	.0301	.0294
1.9	.0287	.0281	.0274	.0268	.0262	.0256	.0250	.0244	.0239	.0233
2.0	.0228	.0222	.0217	.0212	.0207	.0202	.0197	.0192	.0188	.0183
2.1	.0179	.0174	.0170	.0166	.0162	.0158	.0154	.0150	.0146	.0143
2.2	.0139	.0136	.0132	.0129	.0125	.0122	.0119	.0116	.0113	.0110
2.3	.0107	.0104	.0102	.0099	.0096	.0094	.0091	.0089	.0087	.0084
2.4	.0082	.0080	.0078	.0075	.0073	.0071	.0069	.0068	.0066	.0064
2.5	.0062	.0060	.0059	.0057	.0055	.0054	.0052	.0051	.0049	.0048
2.6	.0047	.0045	.0044	.0043	.0041	.0040	.0039	.0038	.0037	.0036
2.7	.0035	.0034	.0033	.0032	.0031	.0030	.0029	.0028	.0027	.0026
2.8	.0026	.0024	.0024	.0023	.0023	.0022	.0021	.0021	.0020	.0019
2.9	.0019	.0018	.0017	.0017	.0016	.0016	.0015	.0015	.0014	.0014
3.0	.00135									
3.5	.000 233									
4.0	.000 031 7									
4.5	.000 003 40									
5.0	.000 000 287									

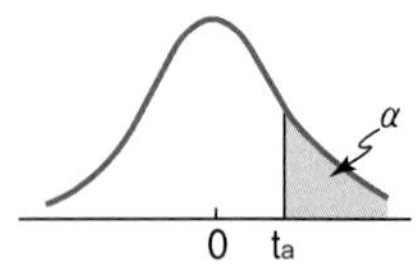

별표 2 t-분포표

df	$t_{.100}$	$t_{.050}$	$t_{.025}$	$t_{.010}$	$t_{.005}$
1	3.078	6.314	12.706	31.821	63.657
2	1.886	2.920	4.303	6.965	9.925
3	1.638	2.353	3.182	4.541	5.841
4	1.533	2.132	2.776	3.747	4.604
5	1.476	2.015	2.571	3.365	4.032
6	1.440	1.943	2.447	3.143	3.707
7	1.415	1.895	2.365	2.998	3.499
8	1.397	1.860	2.306	2.896	3.355
9	1.383	1.833	2.262	2.821	3.250
10	1.372	1.812	2.228	2.764	3.169
11	1.363	1.796	2.201	2.718	3.106
12	1.356	1.782	2.179	2.681	3.055
13	1.350	1.771	2.160	2.650	3.012
14	1.345	1.761	2.145	2.624	2.977
15	1.341	1.753	2.131	2.602	2.947
16	1.337	1.746	2.120	2.583	2.921
17	1.333	1.740	2.110	2.567	2.898
18	1.330	1.734	2.101	2.552	2.878
19	1.328	1.729	2.093	2.539	2.861
20	1.325	1.725	2.086	2.528	2.845
21	1.323	1.721	2.080	2.518	2.831
22	1.321	1.717	2.074	2.508	2.819
23	1.319	1.714	2.069	2.500	2.807
24	1.318	1.711	2.064	2.492	2.797
25	1.316	1.408	2.060	2.485	2.787
26	1.315	1.706	2.056	2.479	2.779
27	1.314	1.703	2.052	2.473	2.771
28	1.313	1.701	2.048	2.467	2.763
29	1.311	1.699	2.045	2.462	2.756
∞	1.282	1.645	1.960	2.326	2.576

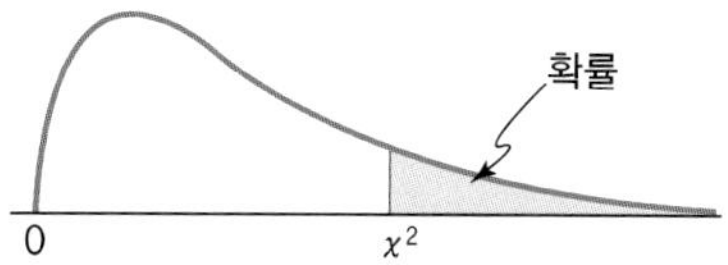

별표 3 χ^2-분포표

df	.99	.98	.95	.90	.80	.70	.50
1	$.0^{3}157$	$.0^{3}628$	.00393	.0158	.0642	.148	.455
2	.0201	.0404	.103	.211	.446	.713	1.386
3	.115	.185	.352	.584	1.005	1.424	2.366
4	.297	.429	.711	1.064	1.649	2.195	3.357
5	.554	.752	1.145	1.610	2.343	3.000	4.351
6	.872	1.134	1.635	2.204	3.070	3.828	5.348
7	1.239	1.564	2.167	2.833	3.822	4.671	6.346
8	1.646	2.032	2.733	3.490	4.594	5.527	7.344
9	2.088	2.532	3.325	4.168	5.380	6.393	8.343
10	2.558	3.059	3.940	4.865	6.179	7.267	9.342
11	3.053	3.609	4.575	5.578	6.989	8.148	10.341
12	3.571	4.178	5.226	6.304	7.807	9.034	11.340
13	4.107	4.765	5.892	7.042	8.634	9.926	12.340
14	4.660	5.368	6.571	7.790	9.467	10.821	13.339
15	5.229	5.985	7.261	8.547	10.307	11.721	14.339
16	5.812	6.614	7.962	9.312	11.152	12.624	15.338
17	6.408	7.255	8.672	10.085	12.002	13.531	16.338
18	7.015	7.906	9.390	10.865	12.857	14.440	17.338
19	7.633	8.567	10.117	11.651	13.716	15.352	18.338
20	8.260	9.237	10.851	12.443	14.578	16.266	19.337
21	8.897	9.915	11.591	13.240	15.445	17.182	20.337
22	9.542	10.600	12.338	14.041	16.314	18.101	21.337
23	10.196	11.293	13.091	14.848	17.187	19.021	22.337
24	10.856	11.992	13.848	15.659	18.062	19.943	23.337
25	11.524	12.697	14.611	16.473	18.940	20.867	24.337
26	12.198	13.409	15.379	17.292	19.820	21.792	25.336
27	12.879	14.125	16.151	18.114	20.703	22.719	26.336
28	13.565	14.847	16.928	18.939	21.588	23.647	27.336
29	14.256	15.574	17.708	19.768	22.475	24.577	28.336
30	14.953	16.306	18.493	20.599	23.364	25.508	29.336

(계속)

df	.30	.20	.10	.05	.02	.01	0.01
1	1.074	1.642	2.706	3.841	5.412	6.635	10.827
2	2.408	3.219	4.605	5.991	7.824	9.210	13.815
3	3.665	4.642	6.251	7.815	9.837	11.341	16.268
4	4.878	5.989	7.779	9.488	11.668	13.277	18.465
5	6.064	7.289	9.236	11.070	13.388	15.086	20.517
6	7.231	8.558	10.645	12.592	15.033	16.812	22.457
7	8.383	9.803	12.017	14.067	16.622	18.475	24.322
8	9.524	11.030	13.362	15.507	18.168	20.090	26.125
9	10.656	12.242	14.684	16.919	19.679	21.666	27.877
10	11.781	13.442	15.987	18.307	21.161	23.209	29.588
11	12.899	14.631	17.275	19.675	22.618	24.725	31.264
12	14.011	15.812	18.549	21.026	24.054	26.217	32.909
13	15.119	16.985	19.812	22.362	25.472	27.688	34.528
14	16.222	18.151	21.064	23.685	26.873	29.141	36.123
15	17.322	19.311	22.307	24.996	28.259	30.578	37.697
16	18.418	20.465	23.542	26.296	29.633	32.000	39.252
17	19.511	21.615	24.769	27.587	30.995	33.409	40.790
18	20.601	22.760	25.989	28.869	32.346	34.805	42.312
19	21.689	23.900	27.204	30.144	33.687	36.191	43.820
20	22.775	25.038	28.412	31.410	35.020	37.566	45.315
21	23.858	26.171	29.615	32.671	36.343	38.932	46.797
22	24.939	27.301	30.813	33.924	37.659	40.289	48.268
23	26.018	28.429	32.007	35.172	38.968	41.638	49.728
24	27.096	29.553	33.196	36.415	40.270	42.980	51.179
25	28.172	30.675	34.382	37.652	41.566	44.314	52.620
26	29.246	31.795	35.563	38.885	42.856	45.642	54.052
27	30.319	32.912	36.741	40.113	44.140	46.963	55.476
28	31.391	34.027	37.916	41.337	45.419	48.278	56.893
29	32.461	35.139	39.087	42.557	46.693	49.588	58.302
30	33.530	36.250	40.256	43.773	47.962	50.892	59.703

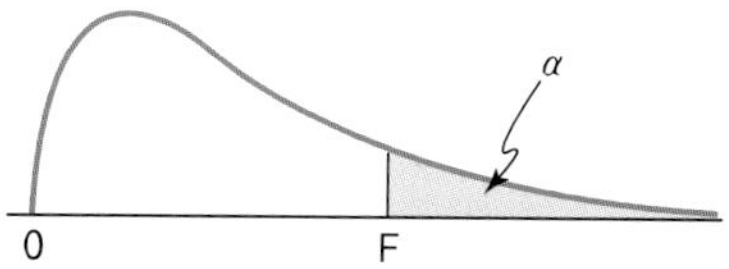

별표 4 F-분포표 α=.05

df_2 \ df_1	1	2	3	4	5	6	8	12	24	∞
1	161.4	199.5	215.7	224.6	230.2	234.0	238.9	243.9	249.0	254.3
2	18.51	19.00	19.16	19.25	19.30	19.33	19.37	19.41	19.45	19.50
3	10.13	9.55	9.28	9.12	9.01	8.94	8.85	8.74	8.64	8.53
4	7.71	6.94	6.59	6.39	6.26	6.16	6.04	5.91	5.77	5.63
5	6.61	5.79	5.41	5.19	5.05	4.95	4.82	4.68	4.53	4.36
6	5.99	5.14	4.76	4.53	4.39	4.28	4.15	4.00	3.84	3.67
7	5.59	4.74	4.35	4.12	3.97	3.87	3.73	3.57	3.41	3.23
8	5.32	4.46	4.07	3.84	3.69	3.58	3.44	3.28	3.12	2.93
9	5.12	4.26	3.86	3.63	3.48	3.37	3.23	3.07	2.90	2.71
10	4.96	4.10	3.71	3.48	3.33	3.22	3.07	2.91	2.74	2.54
11	4.84	3.98	3.59	3.36	3.20	3.09	2.95	2.79	2.61	2.40
12	4.75	3.88	3.49	3.26	3.11	3.00	2.85	2.69	2.50	2.30
13	4.67	3.80	3.41	3.18	3.02	2.92	2.77	2.60	2.42	2.21
14	4.60	3.74	3.34	3.11	2.96	2.85	2.70	2.53	2.35	2.13
15	4.54	3.68	3.29	3.06	2.90	2.79	2.64	2.48	2.29	2.07
16	4.49	3.63	3.24	3.01	2.85	2.74	2.59	2.42	2.24	2.01
17	4.45	3.59	3.20	2.96	2.81	2.70	2.55	2.38	2.19	1.96
18	4.41	3.55	3.16	2.93	2.77	2.66	2.51	2.34	2.15	1.92
19	4.38	3.52	3.13	2.90	2.74	2.63	2.48	2.31	2.11	1.88
20	4.35	3.49	3.10	2.87	2.71	2.60	2.45	2.28	2.08	1.84
21	4.32	3.47	3.07	2.84	2.68	2.57	2.42	2.25	2.05	1.81
22	4.30	3.44	3.05	2.82	2.66	2.55	2.40	2.23	2.03	1.78
23	4.28	3.42	3.03	2.80	2.64	2.53	2.37	2.20	2.00	1.76
24	4.26	3.40	3.01	2.78	2.62	2.51	2.36	2.18	1.98	1.73
25	4.24	3.38	2.99	2.76	2.60	2.49	2.34	2.16	1.96	1.71
26	4.22	3.37	2.98	2.74	2.59	2.47	2.32	2.15	1.95	1.69
27	4.21	3.35	2.96	2.73	2.57	2.46	2.31	2.13	1.93	1.67
28	4.20	3.34	2.95	2.71	2.56	2.45	2.29	2.12	1.91	1.65
29	4.18	3.33	2.93	2.70	2.54	2.43	2.28	2.10	1.90	1.64
30	4.17	3.32	2.92	2.69	2.53	2.42	2.27	2.09	1.89	1.62
40	4.08	3.23	2.84	2.61	2.45	2.34	2.18	2.00	1.79	1.51
60	4.00	3.15	2.76	2.52	2.37	2.25	2.10	1.92	1.70	1.39
120	3.92	3.07	2.68	2.45	2.29	2.17	2.02	1.83	1.61	1.25
∞	3.84	2.99	2.60	2.37	2.21	2.09	1.94	1.75	1.52	1.00

α=.01

df_2 \ df_1	1	2	3	4	5	6	8	12	24	∞
1	4052	4999	5403	5625	5764	5859	5981	6106	6234	6366
2	98.49	99.01	99.17	99.25	99.30	99.33	99.36	99.42	99.46	99.50
3	34.12	30.81	29.46	28.71	28.24	27.91	27.49	27.05	26.60	26.12
4	21.20	18.00	16.69	15.98	15.52	15.21	14.80	14.37	13.93	13.46
5	16.26	13.27	12.06	11.39	10.97	10.67	10.27	9.89	9.47	9.02
6	13.74	10.92	9.78	9.15	8.75	8.47	8.10	7.72	7.31	6.88
7	12.25	9.55	8.45	7.85	7.46	7.19	6.84	6.47	6.07	5.65
8	11.26	8.65	7.59	7.01	6.63	6.37	6.03	5.67	5.28	4.86
9	10.56	8.02	6.99	6.42	6.06	5.80	5.47	5.11	4.73	4.31
10	10.04	7.56	6.55	5.99	5.64	5.39	5.06	4.71	4.33	3.91
11	9.65	7.20	6.22	5.67	5.32	5.07	4.74	4.40	4.02	3.60
12	9.33	6.93	5.95	5.41	5.06	4.82	4.50	4.16	3.78	3.36
13	9.07	6.70	5.74	5.20	4.86	4.62	4.30	3.96	3.59	3.16
14	8.86	6.51	5.56	5.03	4.69	4.46	4.14	3.80	3.43	3.00
15	8.68	6.36	5.42	4.89	4.56	4.32	4.00	3.67	3.29	2.87
16	8.53	6.23	5.29	4.77	4.44	4.20	3.89	3.55	3.18	2.75
17	8.40	6.11	5.18	4.67	4.34	4.10	3.79	3.45	3.08	2.65
18	8.28	6.01	5.09	4.58	4.25	4.01	3.71	3.37	3.00	2.57
19	8.18	5.93	5.01	4.50	4.17	3.94	3.63	3.30	2.92	2.49
20	8.10	5.85	4.94	4.43	4.10	3.87	3.56	3.23	2.86	2.42
21	8.02	5.78	4.87	4.37	4.04	3.81	3.51	3.17	2.80	2.36
22	7.94	5.72	4.82	4.31	3.99	3.76	3.45	3.12	2.75	2.31
23	7.88	5.66	4.76	4.26	3.94	3.71	3.41	3.07	2.70	2.26
24	7.82	5.61	4.72	4.22	3.90	3.67	3.36	3.03	2.66	2.21
25	7.77	5.57	4.68	4.18	3.86	3.63	3.32	2.99	2.62	2.17
26	7.72	5.53	4.64	4.14	3.82	3.59	3.29	2.96	2.58	2.13
27	7.68	5.49	4.60	4.11	3.78	3.56	3.26	2.93	2.55	2.10
28	7.64	5.45	4.57	4.07	3.75	3.53	3.23	2.90	2.52	2.06
29	7.60	5.42	4.54	4.04	3.73	3.50	3.20	2.87	2.49	2.03
30	7.56	5.39	4.51	4.02	3.70	3.47	3.17	2.84	2.47	2.01
40	7.31	5.18	4.31	3.83	3.51	3.29	2.99	2.66	2.29	1.80
60	7.08	4.98	4.13	3.65	3.34	3.12	2.82	2.50	2.12	1.60
120	6.85	4.79	3.95	3.48	3.17	2.96	2.66	2.34	1.95	1.38
∞	6.64	4.60	3.78	3.32	3.02	2.80	2.51	2.18	1.79	1.00

α=.001

df_2 \ df_1	1	2	3	4	5	6	8	12	24	∞
1	405284	500000	540379	562500	576405	585937	598144	610667	623497	636619
2	998.5	999.0	999.2	999.2	999.3	999.3	999.4	999.4	999.5	999.5
3	167.5	148.5	141.1	137.1	134.6	132.8	130.6	128.3	125.9	123.5
4	74.14	61.25	56.18	53.44	51.71	50.53	49.00	47.41	45.77	44.05
5	47.04	36.61	33.20	31.09	29.75	28.84	27.64	26.42	25.14	23.78
6	35.51	27.00	23.70	21.90	20.81	20.03	19.03	17.99	16.89	15.75
7	29.22	21.69	18.77	17.19	16.21	15.52	14.63	13.71	12.73	11.69
8	25.42	18.49	15.83	14.39	13.49	12.86	12.04	11.19	10.30	9.34
9	22.86	16.39	13.90	12.56	11.71	11.13	10.37	9.57	8.72	7.81
10	21.04	14.91	12.55	11.28	10.48	9.92	9.20	8.45	7.64	6.76
11	19.69	13.81	11.56	10.35	9.58	9.05	8.35	7.63	6.85	6.00
12	18.64	12.97	10.80	9.63	8.89	8.38	7.71	7.00	6.25	5.42
13	17.81	12.31	10.21	9.07	8.35	7.86	7.21	6.85	5.78	4.97
14	17.14	11.78	9.73	8.62	7.92	7.43	6.80	6.13	5.41	4.60
15	16.59	11.34	9.34	8.25	7.57	7.09	6.47	5.81	5.10	4.31
16	16.12	10.97	9.00	7.94	7.27	6.81	6.19	5.55	4.85	4.06
17	15.72	10.66	8.73	7.68	7.02	6.56	5.96	5.32	4.63	3.85
18	15.38	10.39	8.49	7.46	6.81	6.35	5.76	5.13	4.45	3.67
19	15.08	10.16	8.28	7.26	6.61	6.18	5.59	4.97	4.29	3.52
20	14.82	9.95	8.10	7.10	6.46	6.02	5.44	4.82	4.15	3.38
21	14.59	9.77	7.94	6.95	6.32	5.88	5.31	4.70	4.03	3.26
22	14.38	9.61	7.80	6.81	6.19	5.76	5.19	4.58	3.92	3.15
23	14.19	9.47	7.67	6.69	6.08	5.65	5.09	4.48	3.82	3.05
24	14.03	9.34	7.55	6.59	5.98	5.55	4.99	4.39	3.74	2.97
25	13.88	9.22	7.45	6.49	5.88	5.46	4.91	4.31	3.66	2.89
26	13.74	9.12	7.36	6.41	5.80	5.38	4.83	4.24	3.59	2.82
27	13.61	9.02	7.27	6.33	5.73	5.31	4.76	4.17	3.52	2.75
28	13.50	8.93	7.19	6.25	5.66	5.24	4.69	4.11	3.46	2.70
29	13.39	8.85	7.12	6.19	5.59	5.18	4.64	4.05	3.41	2.64
30	13.29	8.77	7.05	6.12	5.53	5.12	4.58	4.00	3.36	2.59
40	12.61	8.25	6.60	5.70	5.13	4.73	4.21	3.64	3.01	2.23
60	11.97	7.76	6.17	5.31	4.76	4.37	3.87	3.31	2.69	1.90
120	11.38	7.31	5.79	4.95	4.42	4.04	3.55	3.02	2.40	1.56
∞	10.83	6.91	5.42	4.62	4.10	3.74	3.27	2.74	2.13	1.00

참고문헌

고은주·도현지·김선숙(2010), "여성잡지광고에 나타난 소비가치의 변화와 광고소구방법 및 문장표현방법 분석연구", 한국의류학회지, 34(2), 226~241.

고정원·이성림·김민정(2010), "소비자의 로하스 소비의식과 로하스 상품소비", 소비자학연구, 21(4), 89~112.

김경동·이온죽(1986), 사회조사연구방법, 박영사.

김경자(2010), "GM Foods에 대한 소비자 지식과 소비자 인식 및 구매의도", 소비자문제연구, 38, 21~42.

김문희·양재호(2010), "식품의 영양강조표시가 소비자의 건강신념과 브랜드태도, 질병리스크지각에 미치는 영향", 소비자학연구, 21(3), 53~81.

김미라·황덕순(2008), "소비자파산의 특성과 파산원인에 관한 연구", 소비자학연구, 19(3), 121~145.

김미정·박상일(2012), "레스토랑의 서비스 실패에 대한 관계품질의 효과", 호텔경영학연구, 21(1), 161~176.

김민정·이정교(2008), "소비자 행동 관찰을 통한 가전 브랜드 샵 연구", 한국공간디자인학회논문집, 3(3), 통권 7호, 95~105.

김선우·김난도(2011), "소비문화의 차원화 및 척도개발: 서울, 뉴욕, 스톡홀름의 소비자를 대상으로", 소비자학연구, 22(4), 135~162.

김정애·이은희(2012), "지역사회 노인의 정신건강 향상을 위한 웃음치료 프로그램의 효과 연구", 한국가족복지학, 18(1), 85~104.

김정현·최현자(2012), "우리나라 소비자의 재무관리역량", 소비자학연구, 2(1), 229~254.

김주호·가영현(2005), "소비자의 개인적 특성이 브랜드 구매의사결정에 미치는 영향 연구: 중국 20~30대 화장품 소비자 라이프스타일 연구를 중심으로", 마케팅과학연구, 15(3), 1~30.

나종연·이기춘·여정성·김난도·전상민(2010), "한국의 명품모조품 소비", 소비자학연구, 21(1), 273~298.

박정식·윤영선·박래수(2011), 현대통계학, 다산출판사.

박지우·여정성(2009), "소비자의 금융정보탐색장애와 신문·팸플릿의 유용성 평가", 소비자학연구, 20(1),

백혜란·이기춘(2009), "프로슈머의 개념화와 성향측정도구 개발", 소비자학연구, 20(3), 135~161.

손상희·정영숙(2003), "중년기 가족의 교육비 문제와 디지털 시대의 해결방안 모색", 한국가정관리학회지, 21(1), 49~60.

안선영·나종연(2009), "휴대폰 구매시 정보탐색과정에서의 소비자혼란", 소비자학연구, 20(2), 53~80.

양세정(2005), "맞벌이 소비지출유형별 가계경제구조 분석", 사회과학연구, 20, 1~23.

여정성·손상희·나종연·김소연·최신애·최아영·신수현(2011), "녹색소비생활확산을 위한 녹색소비", 서울대학교 생활과학대학-AIEES.

유선미·정재윤(2011), "자기애 유형에 따른 네일 서비스 구매행동과 만족 비교", 한국디자인문화학회지, 17(4), 268~282.

이기춘·여정성·최현자·김난도·나종연(2007), "소비자학의 재조명과 조망", 소비자학연구, 18(4), 93~111.

이성림·손상희·박미혜·정주원·천경희(2011), "소비생활에서의 행복과 갈등", 소비자학연구, 22(1), 139~166.

이영선·신은주(2011), "문화예술상품에 대한 소비자의 가치인식과 추구혜택에 관한 질적 연구", 한국마케팅저널, 12(4), 27~54.

이유리·나종연(2007), "온라인 3D 쇼핑환경에 대한 소비자 태도와 이용의도: 소비자혁신성과 사이트 속성의 영향을 중심으로,: 소비자학연구, 18(4), 159~185.

이준영(2009), "소비욕망의 개념화와 소비욕망 - 구매 전환모델 연구", 서울대학교 박사학위논문.

이혜연(2000), "제조물책임법 입법과정에서의 소비자단체의 정책결정 참여 분석", 서울대학교 석사학위논문.

전미영(2011), "소비자행복의 개념과 그 영향요인의 구조: 소유와 경험을 중심으로", 서울대학교 박사학위논문.

전미영·김난도·최영락·이춘선(2011), "비용-편익 관점에서 본 서비스 산업에서의 고객만족도 분석", 소비자학연구, 22(1), 69~91.

전상민(2008), "가공식품의 소비자지향적 건강강조표시제도 도입 방안 연구", 서울대학교 박사학위논문.

전해은(2001), "현대 소비공간과 소비행동: 동대문 쇼핑몰의 소비문화적 의미분석", 서울대학교 석사학위논문.

진혜은(2005), "기능소비와 상징소비에 대한 사적 고찰: 조선시대와 근대화기를 중심으로", 서울대학교 석사학위논문.

천경희(2006), “공동체화폐운동에 참여하는 소비자의 경험과 소비자주의적 함의 연구”, 서울대학교 박사학위논문.

최신애(2010), “소비자정책으로서의 표시·광고규제 성과 평가”, 서울대학교 박사학위논문.

최은실(2007), “공산품의 소비자위험 수준과 특성 연구”, 서울대학교 박사학위논문.

최현자·최은진(2005), “초·중·고등학교 교과과정에서의 금융소비자교육 내용분석: 교육영역을 중심으로”, 소비자학연구, 16(3), 109~132.

홍연금·송인숙(2008), “친환경농산물 소비자의 구매동기 분석을 통한 윤리적 소비 행동 사례연구”, 소비문화연구, 11(3). 23~42.

Bower, J. A., Mohammad A. S. and Catherine W.(2003), Effect of liking, information and consumer characteristics on purchase intention and willingness to pay more for a fat spread with a proven health benefit, Food Quality and Preference, 14(2003), 65~74.

Maxwell, J. A.(2005), Qualitative Research Design: An Interactive Approach, Thousand Oaks, CA: Sage.

Tashakkori & Teddlie(1998), Mixed Methodology: Combining Qualitative and Quantitative Approaches, Sage Publications, Inc, 통합연구방법론, 학지사, 2001.

찾아보기

ㅅ

ㅊ

ㅋ

저자 소개

여정성

미국 코넬대학교 소비자경제학과 석사 및 박사

한국소비자학회 회장, 국민경제자문회의 위원, 한국소비자원 비상임이사

현재 서울대학교 소비자학과 교수

저서 소비자와 법의 지배(서울대학교출판부)

열일곱 가지 소비자이슈(교문사)

소비자학의 이해(학현사)

전상민

서울대학교 소비자학과 졸업

서울대학교 소비자학과 석사 및 박사

현재 한국연구재단 박사 후 연구원

현재 서울대학교 소비자학과 강사

김소연

서울대학교 소비자학과 졸업

서울대학교 소비자학과 석사

미국 오하이오주립대학교 소비자학과 박사

현재 서울대학교 소비자학과 강사

소비자연구방법

정량적 분석과 정성적 분석

2012년 8월 24일 초판 인쇄
2012년 8월 30일 초판 발행

지은이 여정성 · 전상민 · 김소연
펴낸이 류제동
펴낸곳 (주)교문사

디렉터 양계성
책임편집 모은영
본문디자인 에바다에딧
표지디자인 이혜진
제작 김선형
영업 정용섭 · 이진석 · 송기윤

출력 현대미디어
인쇄 동화인쇄
제본 한신제본

우편번호 413-756
주소 경기도 파주시 교하읍 문발리 출판문화정보산업단지 536-2
전화 031-955-6111(代)
팩스 031-955-0955
등록 1960. 10. 28. 제406-2006-000035호

홈페이지 www.kyomunsa.co.kr
E-mail webmaster@kyomunsa.co.kr
ISBN 978-89-363-1300-5 (93590)

값 18,000원
* 저자와의 협의하에 인지를 생략합니다.
* 잘못된 책은 바꿔 드립니다.